한국중세의 吉禮와 雜祀

김철웅

景仁文化社

책을 내면서

1 김부식은 『삼국사기』를 내면서 간장독 덮개로 쓰이지 않았으면 좋겠다는 겸양을 나타냈지만, 필자의 책은 그 만한 용도라도 쓰였으면 다행이겠다. 사실 간장독 덮개가 그렇게 하찮은 물건인가. 집안의 1년 먹을거리가 다 간장독에 있는 것은 예나 지금이나 마찬가지인데, 그 1년의 양식을 위한 덮개용이란 건, 쓰임새가 다를 뿐이지 그 효용성으로 따지자면 그래도 값어치를 하는 것이 아니겠는가.

책을 내면서 밀려오는 생각은 자신의 주인에게 책값이나 온전히 다할 수 있을까 하는 염려뿐이다. 이 책이 어느 연구자의 책꽂이에 조용히 자리 하나 쯤 차지하고 있으면 다행이겠다. 그러다가 커피 잔받침으로라도 쓰이며 그 가치나마 가끔 확인해 주면 더욱 영광이겠다.

2 이 책은 필자의 박사학위논문을 근간으로 하여 그 이후의 연구를 일부 포함하였다. 따라서 국가제사에 대해 지금까지 연구해온 필자의 성과를 정리하는 의미를 갖고 있다. 미흡한 부분은 후속 연구를 통해 더 보완할 것이니 부족한 부분이 있더라도 널리 양해해 주시길 바란다.

3 책을 내기까지 많은 사람의 도움을 받았다. 우선 지도교수이신 박용운 선생님께 감사드린다. 선생님께서는 늘 연구에 정진하시는 모습을 보여주시어 필자에게 귀감이 되셨고, 연구에 매진하도록 격려해 주셨다. 그리고 학위논문을 꼼꼼히 읽고 부족한 점을 날카롭게 지적해주신 이희덕·허흥식·최광식·김갑동 교수님께 감사드린다. 그나마 온전한 학위논문이 나올 수 있던 것은 모두 이 분들 덕분이다.

학위논문을 엮어낼 수 있었던 데는 고대 고려시대반의 역할이 컸다. 함께 사료를 읽으며 이를 필자가 새롭게 볼 수 있도록 자극을 주었으며, 뒷풀이에서는 격의 없는 어울림으로 연구에 활력을 주었다. 고려시대반 선·후배, 동학에게 감사드린다.

또한 윤내현, 최희재 두 분 선생님에게도 큰 도움을 받았다. 지금이 인문'학'의 위기라고 말하지만 그것이 사실은 인문'학자'의 위기임을 우리 모두 알고 있다. 이러한 때에 연구를 계속할 수 있도록 배려해주셨다. 아울러 필자의 앞날을 늘 걱정해준 고려대, 단국대 여러 교수님께도 감사 인사를 드린다.

그리고 인문학 서적 출판에 앞장선 경인문화사에게도 감사드린다. 앞으로도 큰 발전이 있기를 기원한다.

2007년을 기다리며
김 철 웅

<목 차>

책을 내면서

서 론

　禮는 神을 섬김으로써 복을 받기 위한 것이다.[1] 그리고 예는 治人의 수단이 된다. 예는 시초를 돌아보는 것이며, 귀신을 공경하고, 화평과 재용의 넉넉함을 이루며, 의리를 존중하게 하고, 겸양하는 풍속에 이르게 한다. 그리하여 예를 통해 시초를 돌아본다면 근본을 두텁게 할 것이고, 귀신에게 공경하면 윗사람을 존중할 것이며, 재용을 넉넉히 하면 백성의 기강이 확립될 것이고, 도의가 크게 흥하면 상하의 충돌이 생기지 않으며, 겸양의 미풍이 왕성하면 다툼이 사라진다. 이것으로 천하의 예를 다스리면 다스려지지 못할 것이 없다고 한다.[2]

　또한 예는 사람에게 가장 근본이 되는 일이었다. 예는 서로 신뢰와 화목을 두텁게 하는 것이며, 살아있는 이를 봉양해서 만족케 하고, 죽은 이를 편하게 보내는 것이다. 아울러 예는 神을 섬기는 근본으로 天道를 존중하고 人情을 따르게 하는 중요한 방법으로 여겨졌다.[3]

　결국 예는 서로의 신뢰와 친화를 바탕으로 단결을 강화하고 사회 구성원의 대립을 완화하여 피지배층을 순화시키는 기능을 가짐으로써 통치의 중요한 수단이 되었다. 그리고 개인에게는 효의 수단이자

---

1) 『說文解字』禮, "所以事神致福也"
2) 『禮記』祭義, "天下之禮 致反始也 致鬼神也 致和用也 致義也 致讓也 致反始 以厚其本也 致鬼神 以尊上也 致物用 以立民紀也 致義 則上下不悖逆矣 致讓以去爭也 合此五者 以治天下之禮也 雖有奇邪 而不治者則微者"
3) 『禮記』禮運, "… 故禮義也者 人之大端也 所以講信脩睦 … 所以養生送死 事鬼神之大端也 所以達天道順人情之大竇"

祈福의 방법으로 생활을 안정시키는 역할을 한다.

이러한 기능을 가진 예는 대체로 五禮와 四禮로 구분되었다. 오례는 吉·凶·軍·賓·嘉禮 등을, 사례는 冠·婚·喪·祭禮 등을 말한다. 이들 예 중에서 가장 중요하게 여겨진 것은 國家祭祀인 길례였다.[4]

대체로 국가제사는 다음과 같은 원칙에 의해 정해졌다. 먼저 백성에게 선정을 베푼 사람을 제사지낸다. 또 죽음을 무릅쓰고 나라 일에 힘쓴 사람, 노고를 아끼지 않고 국가를 안정시킨 사람, 큰 재해를 예방하고 구출한 사람, 국난을 예방하고 물리친 사람 등을 제사지낸다. 또한 日月星辰은 백성이 우러러보는 것이고, 山林·川谷·丘陵은 백성이 필요한 물자를 얻는 근원이 됨으로 이에 대해서도 제사를 지낸다. 결국 인간에게 神異나 보답을 주는 존재는 모두 神으로 간주되는데, 이러한 대상이 아니면 祀典에 실리지 않는다.[5]

길례는 제사 대상을 天神, 地祇, 人鬼의 三才로 분류하고, 이에 대한 제의를 각각 祀, 祭, 享이라 하여 의식의 절차와 의미 등을 구분하였다.[6] 이것은 천신, 지기, 인귀로 상징되는 신과 인간의 관계를 설명해 준다. 그리고 길례는 그 중요도에 따라 大·中·小祀로 나눈다.[7] 이러한 길례를 통해 국왕은 신에게 국가의 안정과 질서를 기원하고, 그 의식을 통해서 천명에 의해서 왕실이 세워졌음을 국가 구성

---

4) 『禮記』祭統, "凡治人之道 莫急於禮 禮有五經 莫重於祭"
   『晉書』권19 禮志, "周官五禮 吉凶軍賓嘉 而吉禮之大 莫過祭祀"
5) 『禮記』祭法, "夫聖王之制祭祀也 法施於民祀之 以死勤事則祀之 以勞定國則祀之 能禦大菑則祀之 能捏大患則祀之 … 及夫日月星辰 民所瞻仰也 山林川谷丘陵 民所取財用也 非此族 不在祀典"
6) 『國朝五禮儀』序, "由祭祀有吉之禮"
   『國朝五禮儀序例』吉禮 辨祀 細註, "凡祭祀之禮 天神曰祀 地祇曰祭 人鬼曰享 文宣王曰釋奠"
7) 大·中·小祀는 각기 제사의 절차, 헌관의 지위, 祭物 등에서 차이를 둔다. 이러한 차이는 제사의 중요도에 따른 것이다.
   『周禮』春官 小宗伯, "立大祀 用玉帛牲牷 立次祀 用牲幣 立小祀 用牲"

원에게 천명한다. 따라서 禮制는 통치권의 확립과 긴밀한 관계를 갖는다.[8]

국가제사인 길례는 祀典에 기록되는데, 이는 후대에 祭祀志나 禮志의 길례로 정리되어 그 실상을 알려준다. 한국고대의 길례는『三國史記』雜志 祭祀條에 그 실상이 나타나 있으며, 고려의 길례는『高麗史』禮志 吉禮를 통해 알 수 있다. 그리고 조선의 길례는『世宗實錄』「五禮」와『國朝五禮儀』에 상세히 기록되어 있다. 여기에는 각 왕조가 가진 길례의 특징이 나타나 있다. 따라서 각 왕조의 예제나 길례에 대한 연구는 이들 자료를 중심으로 이루어졌다.

지금까지 한국의 예와 길례에 대한 연구는 주목할 만한 성과를 내고 있다.[9] 특히 고대와 조선시대의 제례에 대해서는 상당한 연구 성과를 축적하고 있다. 이에 비해 고려시대 부분의 연구는 상대적으로 다소 미약한 편이다. 따라서 아직 해결해야 할 문제가 많이 남아 있다. 지금까지 진행된 연구의 문제점과 앞으로 해결해야 될 과제를 살펴보면 다음과 같다.

현재 고려의 길례에 대한 연구는『고려사』예지 길례의 내용을 통

---

8) 『周禮』春官宗伯, "大宗伯之職 掌建邦之天神人鬼地示之禮 以佐王建保邦國
   以吉禮事邦國之鬼神示 … 以凶禮哀邦國之憂 … 以賓禮親邦國 … 以軍禮
   同邦國 … 以嘉禮親萬民"
   『史記』권24 樂書 2, "王者 功成作樂 治定制禮"
   『舊唐書』권21 禮儀志, "故肆覲之禮立 則朝廷尊 郊廟之禮立 則人情肅 冠
   婚之禮立 則長幼序 喪祭之禮立 則孝慈著 蒐狩之禮立 則軍旅振 享宴之禮
   立 則君臣篤"

9) 논문은 제외하고 대표적인 저서만을 들면 다음과 같다.
   李範稷, 『韓國中世禮思想研究』, 一潮閣, 1991.
   池斗煥, 『朝鮮前期 儀禮研究』, 서울대출판부, 1994.
   崔光植, 『고대한국의 국가와 제사』, 한길사, 1995.
   韓亨周, 『朝鮮初期 國家祭禮 研究』, 一潮閣, 2002.
   金海榮, 『朝鮮初期 祭祀典禮 研究』, 집문당, 2003.
   나희라, 『신라의 국가제사』, 지식산업사, 2003.
   안지원, 『고려의 국가불교의례와 문화』, 서울대출판부, 2005.

해 진행되어 왔는데, 이것은『詳定古今禮』가 남아 있지 않은 자료의 한계성 때문이었다. 그런데『고려사』예지의 내용은 고려의 유교문화를 반영하는 것으로 고려의 유교 정치이념과 관계가 있다.[10] 따라서『고려사』예지 길례에 나타난 내용만을 가지고 고려시대의 길례를 이해하는 데는 문제가 있다.

고려시대 길례의 실상은『고려사』예지 길례의 내용과는 상당히 달랐던 것 같다. 고려시대의 예제는 유교 예제를 철저히 적용하지 않고 있었다. 祭天禮는 제후국에서는 행할 수 없었지만 고려는 천명사상에 의해 圜丘와 方澤 등의 제사를 거행하고 있었다. 그리고 太廟의 경우 천자 7묘, 제후 5묘라는 유교 규범이 있었지만,[11] 고려는 9묘 혹은 9실을 갖추고 있었다.[12] 이렇게 볼 때 유교의 관점에서 편찬된『고려사』예지를 그대로 수용하여 고려의 길례를 이해하는 것은 문제가 있다.

『고려사』예지 길례에는 고려시대에 중요시되던 불교 의례가 빠져 있고, 단지 燃燈會와 八關會에 관한 의식만이『고려사』예지 嘉禮 부분에 '雜儀'로 실려있다. 그리고 국왕이 빈번히 親祀를 거행하고 있었던 醮禮와, 자주 봉작을 내렸던 山川·城隍神에 대한 제사가 '雜祀'로 분류되어 있다는 사실은『고려사』예지를 통해 고려시대의 길례를 이해하는데 문제점이 있음을 말해 준다.

그리고『고려사』예지 길례를 보면 大祀·中祀·小祀 이외에 雜祀라는 항목에 祭祀나 祠廟가 기록되어 있다. 앞의 대·중·소사와는 달리 제사 의례는 실려 있지 않고, 다만 연대 순서에 따라 그 거행 사실만이 나열되어 있다. 이러한『고려사』예지의 辨祀와 기록 방식은 잡사를 어떻게 구분한 것인지 불분명하게 한다. 대사·중사·소사·잡사로 구분되었는지 아니면 잡사는 소사로 편입되어 대사·중사·

---

10) 李範稷,『韓國中世禮思想研究』一潮閣, 1991, 70쪽.
11)『禮記』王制, "王子七廟 三昭三穆 與太祖之廟而七 諸侯王廟 二昭二穆 與太祖之廟而五"
12) 金澈雄,「고려시대 太廟와 原廟의 운영」『國史館論叢』106, 2005.

소사〈잡사〉로 나누어지는지 확실하지 않다. 현재 고려의 길례 체제에
대해서 대사, 중사, 소사, 잡사로 나누어지는 것으로 설명하기도 하
고,13) 잡사를 소사의 한 형태로 보기도 한다.14) 결국 고려의 길례 체
제를 파악하려 할 때 잡사의 해명이 중요한 문제로 대두된다.

이처럼『고려사』예지 길례의 특징은 '잡사'라는 항목이 있다는 점
이다. '잡사'는『삼국사기』제사지,『세종실록』의「오례」나『국조오례
의』에는 없는 항목이다. 따라서 '잡사'는 고려 길례의 특징이라 할 수
있으며, 그 내용은 고려의 길례를 이해하는데 가장 중요한 요소라 할
수 있다. '잡사'는 고려의 길례를 이해하고자 할 때 가장 주목해야 할
것이다.

한편, 조선의 지배층은 유교사상을 기반으로 하여 체제를 운영하고
자 하였으며, 예제의 정비 역시 유교를 바탕으로 하였다. 그 결과는
『세종실록』「오례」와『국조오례의』로 정리되었다. 이들 사전은 고려
국가제사의 체제를 비판, 수정하여 완성한 것이다. 따라서 이들 사전
에 나타난 길례를 통해 고려와 조선 예제의 특성을 규명해 낼 수 있을
것이다.

그런데 지금까지 조선의 길례에 대한 연구는 유교사상과 예제의 관
계에 주목하여 왔기 때문에 다양한 사상적 측면을 파악하지 못하였
다. 조선초기에 있어 길례의 실제 거행 내용을 보면 종래의 인식과 차
이를 보이고 있다. 고려말부터 대두되기 시작한 異端論은 조선초에
이르러서도 구체적으로 적용되지 못하고 있었다. 조선초기에도 불교
와 도교 그리고 토착신앙에 근거한 의례들이 공존하고 있었던 것이
다. 따라서 유교사상을 기초로 하여 정비된 조선초의 사전이 다른 종
교 의례들을 어떻게 수용했는지 주목해야 할 것이다.

이상과 같은 문제 인식을 바탕으로 본 연구는 한국중세의 길례 체

---

13) 金泰永,「朝鮮初期 祀典의 성립에 대하여」『歷史學報』58, 1973.
14) 韓㳓劤,「朝鮮王朝初期에 있어서의 儒敎理念의 實踐과 信仰·宗敎」『韓國
史論』3, 1976.

제와 잡사의 내용을 규명해보고자 한다. 먼저 1장에서는 고려의 길례 체제는 어떻게 성립되어 갔는지 밝혀보려 한다. 이 시기 길례는 대·중·소사를 기본으로 하면서도 '雜祀', '未分等第' 등으로 지칭되는 제사들이 있었다. 이러한 체제는 그 시대의 특성을 말해주는 것임으로 '잡사' 혹은 '미분등제' 제사를 중심으로 살펴보고자 한다. 그리하여 대·중·소사와 잡사의 관계를 해명해보고자 한다. 그리고, 2장에서는 고려 길례의 가장 큰 특징인 '잡사'에 주목하여 도교제례인 醮禮와 산천제, 성황제 등을 살펴보고자 한다. 그 이유는 이들 제례가 '잡사'에서 주류를 차지하고 있기 때문이며, 고려 사회에 큰 영향을 주고 있었던 신앙이었기 때문이다.

3장에서는 조선초기에 길례가 어떻게 정비되었는지를 살펴보고자 한다. 이를 통해 고려와 조선의 길례가 어떻게 변화되어 갔는지를 밝혀보려 한다. 그리하여 그 결과를 통해 고려의 길례 체제를 『세종실록』「오례」, 『국조오례의』등과 비교하여 한국중세의 길례가 갖는 역사성을 살펴보고자 한다. 이어 4장에서는 조선의 초례, 산천제, 성황제를 구체적으로 살펴봄으로써 이른바 '잡사'가 조선시대에 어떻게 변화하였는지 그 실상을 규명하고자 한다.

5장에서는 길례 체제와 잡사의 변화를 통해 고려·조선의 길례가 지닌 특징을 살펴보고자 한다. 이를 통해 고려와 조선의 시대상과 사상의 차이를 조명해 보고자 한다.

이상과 같은 연구를 통해 한국중세 길례의 특징과 다른 왕조와 비교되는 역사성, 그리고 다양한 신앙 형태를 살펴봄으로써 고려부터 조선전기에 이르는 시기의 사상 및 사회상을 이해하는데 보탬이 되고자 한다.

제 1장

고려시대의 길례

1. 고려전기 길례의 형성

1) 태조대의 국가의례

『고려사』예지 서문에는 고려시대 예제의 성립 과정을 다음과 같이 말하고 있다. "고려 태조가 나라를 세워 경륜을 시작함에 그 규모가 굉장히 원대한 것이었으나 초창기임으로 예를 의논할 겨를이 없었다. 성종에 이르러 先業을 크게 넓혀서 원구를 제사하고 적전을 갈고 종묘·사직을 세웠다. 예종이 처음으로 局을 두어 예의를 정하였으나 전적의 전함이 없다. 의종 때에 이르러 평장사 최윤의가 『詳定古今禮』 50권을 찬하였으나 빠진 것이 오히려 많다. 여타의 서적들은 거듭 전쟁을 겪어 십분의 일·이만 남아 있다."[1] 이에 의하면 『高麗史』편찬

---

[1] 『高麗史』卷59 志 13 禮1 序, "高麗太祖 立國經始 規模宏遠 然因草創 未遑議禮 至于成宗 恢弘先業 祀圓丘耕籍田建宗廟立社稷 睿宗始立局定禮儀 然載籍無傳 至毅宗時 平章事崔允儀 撰詳定古今禮五十卷 然闕遺尙多 自餘文

자들은 고려의 예제가 성종대에 이르러 유교식 예제로 성립되었고, 예종이 예제를 정비하였으며, 의종대에 비로소 사전인『상정고금례』가 완성되었다고 보았다.

이처럼『고려사』예지 서문에 의하면 태조대는 예제를 정비할 겨를이 없었다고 한다. 과연『고려사』편찬자의 표현대로 태조대에는 국가제례가 행해지지 않은 것일까. 그런데『고려사』가례 雜儀에는 연등회와 팔관회에 대한 의례가 수록되어 있다. 연등회와 팔관회는 태조 때부터 정기적으로 거행되고 있었다. 따라서 이들 행사에 대한 의례 내용도 이미 태조대에 갖추어져 있었을 것이다.

태조는 원년 11월에 처음으로 팔관회를 열고 위봉루에 나아가 관람하였으며, 이를 해마다 상례로 삼게 하였다. 그리고 정월이 되면 연등회를 열었다.[2] 그런데 연등회와 팔관회는 신라 때부터 거행되기 시작하였다. 경문왕 6년(866)과 진성왕 4년(890) 정월 보름에 황룡사에 행차하여 看燈하였다고 한 사실로 보아 통일신라에서는 정월 15일에 연등회가 정기적으로 거행되었던 것으로 보인다. 팔관회는『護國仁王經』을 講說하는 百高座會와 함께 국가를 위해 싸우다가 숨져간 군사들을 위해 열렸기 때문에 당시 국가불교의 호국적인 면을 대표하는 법회였다.[3]

籍 再經兵火十存一二 今據史編及詳定禮 旁采周官六翼式目編綠蕃國禮儀等書 分纂吉凶軍賓嘉五禮 作禮志"
 2)『高麗史』卷69 志 23 禮 嘉禮雜儀 上元燃燈會儀, "恭愍王二十三年正月壬午 燃燈 初太祖 以正月燃燈 顯宗 以二月爲之 至是 有司 以公主忌日 請復用正月"
 3) 李基白,「三國時代 佛敎 受容과 그 社會的 意義」『新羅思想史研究』, 一潮閣, 1985.
   『三國史記』卷4 진흥왕 33년, "冬十月二十日 爲戰死士卒 設八關筵會於外寺 七日罷"
   『三國史記』卷44 열전 4 居柒夫, "(진흥왕)十二年 … 惠亮法師 領其徒出路上 居柒夫下馬 以軍禮揖拜 … 王以爲僧統 始置百座講會 及八關之法"
   『三國遺事』卷3 탑상 4 皇龍寺九層塔, "設八關會 赦罪人 則外賊不能爲害"

그런데 태봉을 세운 궁예는 효공왕 2년(898) 11월에 팔관회를 개최하여 신라의 팔관회와 시기를 달리하였다. 그리고 개최 목적도 祈福을 위한 것이었다. 신라 때의 팔관회가 위령제의 성격을 가진 것에 비해 궁예 때의 팔관회는 그 성격에 있어 어느 정도 변화가 있었음을 알 수 있다. 신라에 대한 극도의 반감을 가졌던 궁예로서는 신라적인 요소를 제거하고 태봉의 독자성을 강조하는 의례로 팔관회를 정비한 것으로 생각된다. 즉 신라가 10월에서 열었던 것을 11월로 바꾼 것이나 위령제의 성격이 강했던 의례를 '祈福'을 위한 행사로 거행한 점 등이 이러한 사실을 말해준다.

태조 왕건은 태봉의 팔관회를 이어받아 仲冬에 팔관회를 개최하였다. 그러나 그 거행 의례는 신라의 것을 따랐던 것 같다.[4] 태조대의 팔관회는 신라적 요소와 태봉의 것이 혼재되어 있는 셈인데, 그 의미도 전 시기와는 다른 요소가 들어 있었던 것으로 생각된다.

11월에 열었던 팔관회는 "供佛樂神之會"였다. 그런데, 태조의 「훈요십조」에 의하면 "연등은 부처를 섬기는 것이요, 팔관은 天靈과 五嶽·名山大川·龍神 등을 섬기는 것"이라 하였다. 그리고 명종 때의 문극겸은 팔관회가 "神祇"를 위한 것이라고 하였다. 이런 의미로 볼 때 태조대의 연등회는 불교행사였으며, 팔관회는 불교를 비롯한 천신·산천신·용신 등의 토착신앙을 포함한 다신적인 성격을 가진 의례로 생각된다.[5]

---

4) 『三國史記』卷50 열전 궁예, "光化元年 … 冬十一月 始作八關會"
『高麗史』卷69 志 23 禮 嘉禮雜儀 仲冬八關會儀, "太祖元年十一月 有司言前主 每歲仲冬 大設八關會 以祈福 乞遵其制 王從之 遂於毬庭 置輪燈一座 列香燈於四旁 又結二綵棚 各高五丈餘 呈百戲歌舞於前 其四仙樂部 龍鳳象馬車船 皆新羅故事 百官袍笏 行禮觀者傾都 王御威鳳樓 觀之 歲以爲常"

5) 『高麗史節要』卷1 태조 원년 11월, "設八關會 … 王御威鳳樓觀之 名爲供佛樂神之會"
『高麗史節要』卷1 태조 26년 4월, "親授訓要 … 其六曰 燃燈所以事佛 八關所以事天靈及五嶽名山大川龍神也"
『高麗史節要』卷13 명종 14년 11월, "設八關會 … 叅知政事文克謙曰 太祖

그런데 주목되는 점은 팔관회가 천령, 오악, 명산대천, 용신 등을 섬기는 것이라고 한 사실이다. 이들 신은 길례에서 중요하게 취급되는 神格들이다. 하늘에 대한 신앙은 천손 관념에 따라 통치자의 권위를 높여주고 지배권을 강화시켜 주는 역할을 한다. 서긍이 『高麗圖經』에서 팔관회를 고구려의 東盟과 관련하여 이해한 것은 바로 고려의 팔관회에 제천의 요소가 포함되어 있었기 때문으로 이해된다.[6] 그리고 산천신앙은 한국고대부터 매우 중시되었던 것으로 신라의 사전에 의하면 오악은 중사로, 명산대천은 소사에 올라 있었다. 그러나 고려의 팔관회에 들어있는 오악, 명산대천은 신라 때의 祭場과는 달랐을 것이다. 신라는 경주를 중심으로 오악, 명산대천을 배치하였는데, 이 제장들은 신앙적인 목적뿐만 아니라 대사의 제장은 왕실을, 중사의 제장은 국토방위를, 소사의 제장은 지역 방호를 위한 목적으로 배치한 것이었다.[7] 이렇게 볼 때 오악과 명산대천은 개경을 중심으로 편제된 것으로 보아야 한다.

태조대의 팔관회에는 용신이 나타나 있는데, 흔히 용은 국가와 불법의 수호자, 혹은 水神·海神으로 이해되었다. 팔관은 "천령과 오악·명산대천·용신 등을 섬기는 것"이라는 표현은 주요 신격의 순서에 따라 기록한 것으로 생각되는데, 이렇게 보면 아마 용신은 수신 혹은 해신으로 판단된다.

길례로 취급되는 이들 신격들이 팔관회에 포함되어 있었다는 것은 태조대의 길례를 이해하는데 중요한 단서를 제공해 준다. 『고려사』 예지 서문에서 태조대에 예제를 제정할 겨를이 없었다고 한 것은 어

始設八關盖爲神祇也"

6) 『高麗圖經』卷17 祠宇, "十月東盟之會 今則以其月望日具素饌 謂之八關齋
禮儀極盛"
『宋史』卷487 高麗, "歲以建子月(11월)祭天 國東有穴 號歲神 常以十月望日
迎祭 謂之八關齋 禮儀甚盛 王與妃嬪登樓 大張樂宴飮 賈人曳羅爲幕 至百
疋相聯 以示富"
7) 최광식, 『고대한국의 국가와 제사』, 한길사, 1994, 319~322쪽.

느 정도 사실에 가까운 표현으로 생각된다. 즉 팔관회를 통해 천, 오 악 및 명산대천, 용신 등의 제사가 행해지고 있었다는 것은 이들 의례 가 태조대에 독자적인 형태로 갖추어지지 못하고 있었음을 의미한다. 태조대는 후삼국의 항쟁기였음으로 국가제례를 갖추기에 시대적 상 황이 여의치 않았을 것이다. 더구나 당시의 신앙이 신라의 전통에서 나온 것이었기 때문에 그대로 수용하기에는 문제가 있었다. 제례의 내용이나 제장은 신라와의 단절한다고 하더라도, 이들 토착신앙을 무 시할 수는 없었을 것이다. 왜냐하면 태조대는 후삼국의 통합이 가장 중요한 과제였고, 거기에 따르는 사회 통합이 가장 절실하였기 때문 이다. 사회 통합을 위해서는 불교를 기반으로 하여 토착신앙을 포괄 하는 방법이 효과적이었을 것이다. 그리하여 팔관회는 불교와 토착신 앙을 아우르는 국가제례로 거행하였던 것이다.

이처럼 태조대의 팔관회는 천제, 산천제, 용신제로 세분할 수 있다. 그런데, 최승로는 상소문에서 "山嶽之祭", "星宿之醮", "別例祈祭" 등 을 비판하고 있다. 성종 원년에 올린 상소의 내용임으로 이들 제사는 태조대부터 경종대까지 거행된 사실을 언급한 것으로 생각된다. 이렇 게 볼 때 이들 의례는 점차 독자성을 확보해 나갔던 것으로 생각된다.

먼저 팔관회의 天靈은 도교의례가 아닌가 여겨진다. 태조 왕건이 도교제례인 醮禮를 거행한 사실은 다음에서 알 수 있다.

> 醮禮山 〈현 서쪽 20리에 있다. 고려 태조가 桐藪에서 견훤을 정벌하
> 다가 이 산에 올라 하늘에 제사지냈다. 그러므로 이에 (초례산이라) 이
> 름하였다.〉[8]

이에 따르면 초례산이라는 이름이 붙여진 것은 태조 왕건이 이곳에 서 제천하였기 때문이라고 한다. 그리고 『고려사』예지 길례 잡사조 에는, "國家故事 往往遍祭天地及境內山川于闕庭 謂之醮"라고 하였다.

---

8) 『新增東國輿地勝覽』卷27 慶尙道 河陽縣 山川, "醮禮山 〈在縣西二十里 高
麗太祖 征甄萱于桐藪 登此山祭天 故仍名焉〉"

즉, 초례는 제천행사였던 것이다. 따라서 태조대에 팔관회에서 행한 천령 제사는 도교 제례인 초례를 의미함을 알 수 있다.

그런데 태조의 초례 거행과 최승로가 언급한 "星宿之醮"는 태조 7년에 있었던 九曜堂의 건립과 관련되어 있다.[9] 구요당에 대해 일부에서 불교 사원이라고 주장하고 있지만,[10] 道觀임이 분명하다. 그 이유로는 첫째, 구요당에서는 초례만이 거행되고 있음이 『고려사』와 『고려사절요』를 통해 확인된다. 둘째는 태조대의 사찰 건립을 밝히고 있는 『삼국유사』 왕력편에 구요당에 대한 기록이 없다는 점이다. 『삼국유사』 왕력편에 의하면,

> 기묘년(태조 2, 919)에 송악군으로 도읍을 옮겼다. … 경진년(태조 3) … 10월에 大興寺를 세웠다. 혹은 임오년(태조 5)에 세웠다고 한다. 임오년에 또 日月寺를 세우니 혹 신사년(태조 4)이라고도 한다. 갑신년(태조 7)에 外帝釋院, 神衆院, 興國寺를 세웠다. 정해년(태조 10)에 妙□寺를, 기축년(태조 12)에 龜山寺를 세웠다.[11]

는 것이다. 태조 7년에 외제석원, 신중원, 홍국사를 창건하였다고 기록하면서도 구요당의 창건 사실에 대해서는 언급하지 않고 있다. 이때에 건립한 구요당은 사찰이 아니었기 때문이다. 즉 구요당은 태조대 이후에 "星宿之醮"를 거행하던 도관이었던 것이다.

한편, 성종 원년에 최승로가 '山嶽之祭'를 언급하고 있는 것을 보면 산천제도 팔관회의 영향 아래 놓여 있었다고 하더라도 점차 독자적인 제사로 거행되어 있었을 것이다. 신라에서는 삼산을 대사로, 오악 및 명산을 중사·소사로 辨祀하여 제사하였는데,[12] 이러한 산악신앙은

---

9) 『高麗史』 卷1 태조 7년 9월, "是歲 創外帝釋院九曜堂神衆院"

10) 徐閏吉, 「九曜信仰과 그 思想源流」 『高麗密敎思想史研究』, 불광출판부, 1993.

11) 『三國遺事』 卷1 王曆, "己卯 移都松岳郡 … 庚辰 … 十月 創大興寺 或系壬午 壬午又創日月寺 或系辛巳甲申創外帝釋院神衆院興國寺 丁亥創妙□寺 己丑創龜山"

고려초까지 전승되고 있었다. 『고려사』高麗世系에 의하면 평나군 사람들이 虎景을 구룡산의 대왕으로 봉하고 사당을 세워 제사지냈다고 한다.13) 여기에 나타난 산악신앙은 『編年通錄』이 편찬된 의종대에 형성된 관념이 아니었다. 고려를 건국한 태조로서는 조상에 대한 신성성의 확보가 곧 왕권의 확립으로 이어지는 문제였기 때문에 집권이후로 '虎景'처럼 산악과 연결된 신앙이 형성되어 갔을 것이다. 그리고 「훈요십조」에서 "우리나라의 대업은 불교의 호위하는 힘을 입는 것이다 … 삼한 산천의 신령한 도움을 힘입어 대업을 성취하였다"14)고 한 것에서도 알 수 있듯이 태조는 불교와 산신에 대해 깊은 신앙심을 가지고 있었다. 아마도 태조는 개성 주변의 명산에 대해 제사를 거행하였을 것이고, 이것이 최승로가 언급한 "山嶽之祭"일 것이다.

요컨대 태조는 연등회와 팔관회를 국가 의례의 중심으로 삼고 있었다. 연등회는 불교행사인데 비해, 팔관회는 천·오악·명산대천·용신에 대한 제사를 포함하고 있는 다신적인 종합 제례였다. 이처럼 팔관회가 다신 제례로 기능하고 있었다는 것은 결국 이때의 예 사상이 다원성을 띠었음을 말해준다. 아울러 태조는 불교와 산천신앙을 중시하였고, 도교에도 관심을 가지고 있었다. 이에 따라 태조는 여러 사상을 포함한 제례를 거행했던 것이다. 이러한 제례 이념의 다양성은 나말여초의 사회통합에 크게 기여하였을 것이다.

2) 성종대의 유교 예제

성종 원년에 최승로가 불교 행사와 "山嶽之祭", "星宿之醮", "別例祈祭" 등을 비판하고, "我朝宗廟社稷之祀 尙多未加法者"이라고 한 사

---

12) 『三國史記』 卷32 잡지 제사.
13) 『高麗史』 高麗世系, "郡人 因封虎景 爲大王 立祠祭之 以九人同亡 改山名
　　曰九龍"
14) 『高麗史』 卷2 태조 26년 4월, "其一曰 我國家大業 必資諸佛護衛之力 … 其
　　五曰 朕賴三韓山川陰佑 以成大業"

실에서도 알 수 있듯이 성종대의 국가의례는 유교 사상을 기반으로 재편되었다. 『고려사』 예지 서문에 따르면 성종대에 시행한 제례는 원구, 적전, 종묘, 사직 등이었다고 한다. 즉 성종대는 고려 祀典의 정비에 있어 주목할 만한 시기였던 것이다.

성종 2년(983) 정월에 圜丘祭, 籍田 親耕, 神農祭가 고려시대에 들어서 처음으로 거행되었다.[15] 圜丘祭는 祈穀을 위한 제천 의례였다. 籍田은 先農 즉, 중국에서 처음으로 농사를 가르쳤다는 神農氏에 대한 제례이다.[16] 이들 제사는 농업을 중시하는 관념에서 나온 것이다.[17] 성종 3년 3월에는 雩祀가 처음으로 거행되었는데, 이것은 祭天 祈雨祭였다.[18]

성종 7년 12월에는 오묘제에 의거한 종묘제 시행 방침이 정해지고, 이듬해 4월에 태묘를 건설하기 시작하여 11년 11월에 이르러 완공하였다. 태묘의 완공과 함께 昭穆의 位次와 禘祫 의식을 정하고 이에 따라 祫祭가 거행되었다.[19]

성종 9년 9월에 산천제가 刪定되었다.[20] 그 자세한 내용은 알 수 없

---

15) 『高麗史』 卷59 지 13 예지 길례대사 圜丘, "成宗二年正月辛未 王親祀圜丘 祈穀 配以太祖 祈穀之禮 始此"
   『高麗史』 卷62 지 16 예지 길례중사 籍田, "成宗二年正月乙亥 王親耕籍田 祀神農 配以后稷 籍田之禮 始此"
16) 『新唐書』 卷14 예악 4, "籍田祭先農 唐初爲帝社 亦曰籍田壇"
17) 『漢書』 卷4 文帝本紀 2년 정월, "夫農天下之本也 其開籍田 朕親率耕 以給宗廟粢盛"
18) 『太宗實錄』 卷27 태종 14년 5월 을유, "禮曹請築雩祀壇 壇之制 依宋朝皇祐風師壇制 … 李膺進言 曰我朝君臣上下之禮極備 且祭天尙矣 今當雩祀 祭天禱雨宜矣 …"
   『經國大典註解』 後集 下 禮典 雩祀, "旱祭也 雩者吁也 吁嗟而請雨也 祭句芒祝融后土蓐收玄冥后稷"
   『說文』 雩, "雩 夏祭樂於赤帝 以祈甘雨"
   『說苑』 辨物, "大旱則雩祭而請雨"
19) 성종대의 태묘는 현종 2년에 화재를 당해 한동안 태묘 시향을 본릉 제향으로 거행하다가 현종 18년 2월에 태묘를 수축하여 다시 신주를 봉안하였다.

으나 유교 예제에 의한 정비이거나 아니면, 신라 경주 중심의 산천제
를 송악 중심의 제사로 편제하고, 고려의 체제에 맞게 산천제를 재편
한 것으로 생각된다.

성종 10년 윤2월에는 사직단을 건립하였다. 사직단은 토신과 오곡의
장인 稷神에게 제사하는 것이다. 성종은 사직단을 세우고 교하기를,

> 내가 듣건대 社는 토지의 주신이며 땅이 넓어서 다 공경할 수 없으
> 므로 封土하여 社를 세움은 그 공에 보답하고자 하는 것이다. 稷은 오
> 곡의 장인데, 곡식이 많아 두루 제사지내지 못하므로 稷神을 세워서 제
> 사하는 것이다. 『예기』에 말하기를, '왕이 백성을 위하여 사를 세우는
> 것을 大社라고 하고, 스스로를 위하여 사를 세우는 것을 王社라고 하
> 며, 제후가 백성을 위하여 사를 세우는 것을 國社라고 하고, 스스로를
> 위하여 사를 세우는 것을 侯社라고 하며, 대부 이하가 공동으로 사를
> 세우는 것을 置社라고 한다' 하였다. 그러므로 국가가 있으면 사직을
> 세우지 않을 수 없다.[21]

라고 하여 그 건립 목적을 밝히고 있다. 이처럼 유교의 사직 개념을
고려왕조의 사직단에 그대로 반영하고자 하였다. 성종은 사직단을 건
립하게 된 사상의 근거로 『예기』를 들고 있는데, 유교 제례를 수용하
고자 하는 성종의 의도를 엿볼 수 있다.

한편, 성종대에는 文廟 釋奠이 시행되었을 가능성이 있다. 문묘 석
전은 유교와 관련되는 제례이므로 유교 교육기관의 정비와 관련되어
시행되었을 것이다. 국자감은 성종 11년에 창건하였다고 하나 종래의
국학을 국자감으로 개편·정비된 것이거나 아니면 단순히 국자감 건

---

20) 『高麗史節要』 卷2 성종 9년 9월, "教曰 … 删定山川之祀 其儀仗侍從官僚
御膳樂官 皆當減損"

21) 『高麗史』 卷3 成宗 10년 윤2월 癸酉, "始立社稷 教曰 予聞 社 土地之主也
地廣不可盡敬 故封土爲社 以報功也 稷 五穀之長也 穀多不可徧祭 故立稷
神 以祭之 禮曰 王爲群姓立社 曰大社 自爲立社 曰王社 諸侯爲百姓立社 曰
國社 自爲立社 曰侯社 大夫以下成群立社 曰置社 故有國有家者 不可不立
社稷"

물을 세운 것으로 생각된다.[22] 그리고 국초부터 국자감에 文宣王廟를 세웠다고 하였으므로[23] 개경에는 국초부터 국자감과 문묘가 있었을 것으로 짐작된다. 성종 2년에 太廟堂圖, 社稷壇圖, 文宣王廟圖, 祭器圖, 七十二賢贊記 등을 송나라에서 들여왔던 것으로 보아 문묘 석전은 성종대에 제도적으로 완비되었던 것으로 보인다.

이상과 같이 성종대에 처음으로 거행된 원구, 적전, 태묘, 사직, 문묘 등의 의례는 유교 사상을 기반으로 이루어진 것이었다. 유교 사상을 기반으로 하여 고려 예제를 유교식으로 정비하려는 성종의 의지는 유교 禮書에 대한 강조로 나타나고 있다. 성종은 교하기를,

> 무릇 국가를 다스림에는 반드시 먼저 근본을 힘써야 한다. 근본을 힘쓰는 것은 효보다 더함이 없다. … 과인은 어려서 어버이를 잃고 자라서도 庸昧한데 외람되이 왕위를 이어 받아 宗祧를 이어 지키게 되었다. 祖考를 추모하니 세월의 덧없음에 마음 상하고 매양 형제의 옛 일을 생각하니 더욱 마음이 간절해진다. 이러므로 법칙은 六經에 취하고 규범은 三禮에 의거하여 한 나라의 풍속으로 하여금 모두 五孝의 門으로 돌아가게 하기를 바란다.[24]

고 하여, 효를 강조하고 六經 三禮를 준수하라고 하였다. 이처럼 성종은 유교를 정치 이념으로 천명하고 있으며, 유교 禮書의 실천을 강조하고 있다. 성종은 태묘에 대해 "천자는 칠묘이며 제후는 오묘이며

---

22) 『高麗史』 卷74 지 28 선거 학교 국학, "成宗 … 十一年十二月 … 又創國子監"
   閔丙河, 「高麗時代의 敎育制度」『歷史敎育』 2, 1957.
   申千湜, 「高麗前期 學制 成立과 敎育理念」『高麗敎育制度史硏究』, 형설출판사, 1983.
23) 『高麗史』 卷74 지 28 선거 학교 國學, "睿宗 … 十四年七月 國學 始立養賢庫以養士 自國初 肇立文宣王廟于國子監 建官置師 至宣宗 將欲敎育而未遑"
24) 『高麗史』 卷3 성종 9월 9월 丙子, "敎曰 凡理國家 必先務本 務本 莫過於孝 … 寡人幼而藐孤 長亦庸昧 叨承顧托 嗣守宗祧 追思祖考之平生 幾傷駒隙 每念兄弟之在昔 益感鴒原 是以取則六經 依規三禮 庶使一邦之俗 咸歸五孝之門"

祖功 宗德에 左昭右穆으로 하는 것이다"라고 하여 혜종·정종·광종·경종을 1묘로 하여『예기』의 종묘제를 따르고 있다.[25] 그리고 사직단을 건립하면서 그 전거로『예기』제법을 들었다. 이처럼 성종은『예기』를 그 기반으로 예제를 정비하였다.

그런데『예기』를 중시하는 이러한 경향은 성종을 측근에서 보좌하고 있던 崔承老, 李陽도 마찬가지였다. 최승로는 상서문에서 功德齋, 毗盧遮那懺悔法, 無遮水陸會 등의 불교 齋會 거행을 비판하는 한편,『예기』에서 "천자는 당의 높이를 9척으로 하고 제후는 7척으로 한다"는 것을 인용하여 존비에 따라 家舍制度를 정할 것을 건의하고 있다. 또한 春秋 講會 및 先王 忌齋는 줄이되, 만약 줄일 수 없으면『예기』월령에 따라 5월 中氣와 11월 中氣에 재계하고 거처에 반드시 몸을 가리고 시끄럽게 하지 않아야 하며, 聲色을 그치고 嗜欲을 절제하고 몸과 마음을 안정시켜 일은 고요하게 하면서 음양이 정하여지는 바를 기다려야 할 것이라고 요청하고 있다. 그리고『논어』에서 "그 귀신이 아닌데 제사함은 아첨함이다"라 한 것이나『춘추좌씨전』에서 "귀신은 그 族類가 아니면 제사를 받지 않는다"는 것을 근거로 淫祀는 복이 없다[26]고 하였다. 그러면서 종묘·사직의 제사는 아직도 법답게 하지 못함이 많은데, 산악의 제사와 星宿의 醮는 번잡스러움이 도를 넘고 있으니, 別例의 祈祭를 없애고 항상 삼가고 몸소 책하는 마음을 가지면 재해가 스스로 없어져 福祿이 올 것이라고 하였다.[27] 이처럼

---

25)『高麗史』卷3 成宗 12년 3월 乙未, "敎曰 朕聞 王者父天母地 兄日姊月 因時制禮 追孝敬親 天子七廟 諸侯五廟 祖功宗德 左昭右穆 大孝感于神明 至德動乎天地 我國以大聖生聖 重明繼明 保大定功 超今越古 … 晋書所云 兄弟旁及 禮之變也 則宜爲主立室 不可以室限神 兄弟一行 禮文斯在 宜奉惠定 光景四主 通爲一廟"

26)『論語』爲政, "子曰 非其鬼而祭之 諂也"
『春秋左氏傳』僖公 10년, "神不歆非類 民不祀非族"
『禮記』曲禮 下, "天子 祭天地 祭四方 祭山川 祭五祀 歲徧 諸侯 祭山川 祭五祀 歲徧大夫 祭五祀 歲徧 士 祭其先 … 非其所祭而祭之 名曰淫祀 淫祀無福"

최승로는『논어』,『춘추좌씨전』,『예기』등을 근거로 산천제와 초례
가 음사임을 주장하고 있다.

　최승로의 주장과 마찬가지로 중국 예서를 준수할 것을 건의한 또
다른 사람은 李陽이었다. 이양은 성종 7년(988) 2월에 봉사를 올려,
『예기』월령에 "입춘 전에 土牛를 내어 농사의 이르고 늦음을 보인
다"는 내용을 들어 이를 따라 행할 것을 건의하였다. 그리고『주례』
의 內宰職에서 "상춘에 왕후에게 조하여 六宮의 사람들을 거느리고
晚稻와 早稻의 종자의 눈을 틔워 왕에게 바치게 한다"고 한 구절을
인용하면서 상춘에 상제에게 祈穀하고, 길일에 동교에서 적전을 친히
경작하고 있으나, 왕후가 종자를 바치는 의례를 빠뜨리고 있으니『주
례』에 의하여 이를 행할 것을 건의하였다. 이에 성종은 토우의 일은
이미 입춘이 지났으므로 내년 입춘 전에 시행하도록 하고, 종자를 바
치는 일은 예관에게 명하여 의논하여 결정하도록 하며, 적전은 길일
을 정해 아뢰면 왕후가 직접 행하도록 하고 이를 통상적인 규례로 삼
도록 하였다.[28)]

　이상에서 살펴본 바와 같이 성종은『예기』에 깊은 이해를 가지고
있었고, 최승로・이양 등도『예기』나『주례』를 근거로 하여 의례 정
비를 건의하고 있다. 결국 성종대의 예제는『예기』・『주례』와 같은
유교 예서를 바탕으로 정비되었던 것이다.[29)]

---

27)『高麗史』卷93 열전 6 최승로.

28)『高麗史』卷3 성종 7년 2월 壬子, "左補闕兼知起居注李陽 上封事 其一曰
　… 按月令 立春前 出土牛 以示農事之早晚 請擧故事 以時行之 其二曰 …
　按周禮內宰職 曰上春 詔王后 率六宮之人 生種稑之種 而獻之于王 以此言
　之 王者所擧 后必贊之 方今上春 祈穀於上帝 吉日 耕籍于東郊 君雖有事於
　籍田 后乃虧儀於獻種 願依周禮 光啓國風 … 敎曰 李陽所論 皆據典經 合垂
　兪允 其出土牛事 今年立春已過 取後年立春前 所司更奏施行 其獻種之事
　宜令禮官議定 奏取籍田吉日 王后親行 始自今歲 以作通規"

29)『禮記』는『周禮』와 함께 國學의 주요과목 중의 하나였고, 經筵에서 자주
　강론되었다. 그리고 靖宗 11년(1045) 4월에 秘書省에서는『禮記正義』70
　本을 새로이 간행하여, 1本은 御書閣에 보관하고 나머지는 文臣들에게 하

그런데, 역대 국왕들과는 달리 성종이 유교 예제를 추진하자 이에 대한 반발이 일어났다. 이지백은 "선왕의 연등, 팔관, 仙郎 등의 일을 행하되 타방의 異法을 행하지 아니하여 국가를 보전하고 태평을 이룩함이 좋지 않겠습니까."라고 하여 성종이 華風, 즉 유교 예제를 따르고 있음을 비판하고 있다.[30] 성종대의 예제가 유교 사상을 기본으로 하여 정비되어 가자, 불교·도교 등의 신앙을 중시하여야 한다는 반발이 크게 일어났던 것이다. 따라서 성종 이후에는 전통 의례의 부활, 그리고 유교 예제와 전래적인 예제의 절충 문제가 대두되었다.

3) 예종대의 禮儀詳定所

성종 이후 고려의 예제는 다시 변화를 겪었다. 우선 현종은 성종이 폐지한 연등회와 팔관회를 부활시켰다. 그리고 현종 5년 7월에 中樞使 姜邯贊의 건의에 따라 사직단을 수축하고 禮司로 하여금 儀注를 찬정토록 하였다.[31] 성종대에 축조된 사직단은 요의 2차 침입 때 태

사하였다. 그리고 문종 13년(1059) 4월에는 『三禮圖』 54板을 새로 조성하여 秘閣에 두었다. 한편 科擧에는 製述·明經의 2業과 함께 醫·卜·地理·律·書·算·三禮·三傳·何論 등의 雜業이 있었다. (『高麗史』 卷73 지 27 選擧志 서문 참조.) 유교의 禮와 宋 禮制에 대한 성종의 관심은 다음에 잘 나타나 있다.

『宋史』 卷431 열전 190 孔維, "孔維 字爲則 開封雍丘人也 以九經及第 爲國子周易博士 遷禮記博士 使高麗 王治問禮 維以君臣父子之道 升降等威之序 爲對 治大悅 稱之曰 吾今日復見中國之夫子也"

　　이 내용은 성종 2년(983) 3월, 光祿少卿 李巨原과 함께 성종을 책봉하기 위하여 고려에 파견된 將作少監 孔維(928-991)와 성종 간의 대화이다. 성종은 공유에게 禮에 대해 묻고서 그를 칭찬하고 있다. 그런데 孔維가 고려에 온 시기에 대해 『高麗史』 卷3 성종 2년 3월, 『宋史』 卷487 열전 246 高麗條 등에는 太平興國 7년(성종 원년)으로 되어 있다.

30) 『高麗史』 卷94 列傳 7 徐熙, "前民官御事李知白奏曰 … 曷若復行先王燃燈八關仙郎等事 不爲他方異法 以保國家致大平乎 … 時成宗 樂慕華風 國人不喜 故知白及之"

묘와 함께 파괴되었던 것 같다. 그런 이유로 사직단을 수축하였던 것
인데, 이때 사직단의 儀注를 새로 정하였다고 하나 儀文이 전하지 않
아 자세한 사항은 알 수 없다.

사직단은 문종 6년 2월에 皇城 안 서편에 사직단을 신축하고 親祀
하였다[32]고 하는데, 이것이 고려말까지 전해진 사직단으로 생각된다.
또한 문종은 같은 해 8월에 사단에 后土勾龍氏를 배하였으나 그 제주
와 축문에 稱名하는 것이 마땅하지 않다고 하여 勾龍을 고쳐 后土氏
로 하였다.[33] 그리고 문종은 26년(1072)에 예부로 하여금 禮服 제도를
정하게 하였다.[34]

한편, 『高麗史』 刑法志 避馬式條에는 현종 즉위년에 禮儀司에서 건
의한 '文武官路上相見禮'[35]를 비롯해 덕종 2년과 선종 10년의 避馬式
연대기 기사가 실려있다. 이 의례들은 실제로는 嘉禮에 해당하는 것
이다. 그리고 형법지의 相避條와 官吏給暇條는 凶禮에 해당한다.

그런데 이러한 성종대 이후의 예제 정비과정에서 대두된 문제는 중
국 예제의 도입문제였다. 그러나 송의 예제를 수용하려는 태도는 고
려의 전통과 갈등을 빚기도 했다. 즉,

> 그들의 풍속을 그대로 따라 임금의 딸은 신하나 庶人에게 시집보내
> 지 않고 반드시 형제에게 시집보냈고, 종친과 貴臣들도 그러하였다. 둘

---

31) 『高麗史』 卷59 志 13 吉禮大祀 社稷, "顯宗五年七月 中樞使姜邯贊 請修社
    稷壇 令禮司 撰定儀注 從之 然儀文 史無傳焉"
32) 『高麗史』 卷7 文宗 6년 2월 辛巳, "新築社稷壇於皇城內西 戊子 親幸祀事
    賜執事員吏爵一級 隨駕軍士 賜物有差 又賜築壇監役員吏職一級"
33) 『高麗史』 卷59 志 13 禮 吉禮大祀 社稷, "文宗六年 … 八月乙酉制 社壇 配
    以后土勾龍氏 其題主 及祝文 不宜稱名 改勾龍 爲后土氏"
34) 『高麗史』 卷9 문종 26년 2월 辛亥朔, "詔禮部 重定禮服制度"
35) 『高麗史』 卷84 志 38 刑法 公式 避馬式, "顯宗卽位 禮儀司 奏定文武官路上
    相見禮 一品官 正三品以上 馬上祗揖 從三品以下 下馬迴避 三品官 五品以
    上 馬上祗揖 六品以下 下馬迴避 四品官 六品以上 馬上祗揖 七品以下 下馬
    迴避 五品官 七品以上 馬上祗揖 八品以下 下馬迴避 六品官 八品以上 馬上
    祗揖 九品以下 下馬迴避 七品官 九品以上 馬上祗揖 流外雜吏 下馬迴避"

요컨대 예종 8년에 설치된 예의상정소는 박승중, 이재(이궤), 박경
인(박경작), 김황원, 최선, 이덕우 등이 상정관으로 참여하고 있었고,
예종 11년 4월까지 활동하고 있었음이 확인된다. 그리고 예의상정소
는 예제 뿐 아니라 표장과 서간 등의 행정 서식과 의복 제도 등 예의
와 관련된 사항을 정비하였다. 그리고 예종대의 예제는 고려의 전통
의례를 기본으로 하고 宋의 예제를 수용하는 방향으로 정비되었다.

이상에서 살펴본 바와 같이 예종대의 예의상정소는 고려 전통의 예
제와 송의 예제 등의 유교례를 절충하여 고려 예제를 확정짓는 역할
을 하고 있었다. 성종대에는 유교식 예제가 시행되고 이에 따라 불교
행사를 비롯한 전통 의례는 축소 혹은 폐지되었다. 이러한 정책은 유
교 예제에 대한 반발을 불러왔는데, 성종대에 폐지된 전통 의례는 현
종대에 이르러 복구될 수 있었다. 이렇듯 전통과 유교 의례 사이의 갈
등은 점차 절충적인 방향으로 자리잡아가게 되었고, 그 결과 예의상
정소를 통해 고려식의 예제가 점차 완비되어 갔던 것이다.

예의상정소에서 정비된 예제는 의종대에 이르러 『상정고금례』의
완성으로 일단락된다. 그리고 고종대에 이르러 『상정고금례』를 다시
인출하여 諸司에 간직하게 한 것은[53] 이때까지 『상정고금례』가 고려
예제의 전형이었음을 말해준다.

2. 『詳定古今禮』와 길례

고려의 예제는 『고려사』 예지에 정리되어 있다. 이것은 『詳定古今
禮』를 비롯해 『周官六翼』, 『式目編錄』, 『蕃國禮儀』 등의 자료를 참고

大晟樂 … 庚寅 御會慶殿 召宰樞侍臣 觀大晟新樂"

『高麗史』卷14 睿宗 11년 10월, "戊辰 閱大晟樂于乾德殿 癸酉 親祼大廟 薦
大晟樂 西都所得瑞玉祭器 倂奏新制九室登歌"

53)『東國李相國集』後集 卷11「新序詳定禮文跋尾 代晉陽公行」, "用鑄字印 成
二十八本 分付諸司藏之"

로 하여 정리한 것이다.[54] 그러나 이들 서적의 내용이 『고려사』예지에 어떻게 반영되어 있는지 불분명하다. 더구나 이 자료들은 현재 남아있지 않으며, 단지 일부의 내용만이 전하고 있을 뿐이다.[55] 따라서 고려의 예제는 『고려사』예지를 통해 연구되어 왔다.[56] 그러나 『고려사』는 조선초의 역사 인식을 반영하는 것임으로 이를 가지고 고려시대를 연구하기 위해서는 정밀한 사료 비판이 필요하다.

『고려사』가 고려의 사회상을 얼마나 충실히 반영하고 있는가 하는 의문은 고려 당대 사료의 중요성을 일깨워 준다. 따라서 『상정고금례』, 『주관육익』, 『식목편록』 등에 대한 연구는 매우 중요한 의미를 가진다.[57] 특히 『상정고금례』는 고려 당대의 祀典으로 고려 예제를 파악하는 일차 자료가 하겠다.

현존하는 사료에 의하면 『상정고금례』의 편찬 시기는 인종대와 의종대로 나타나고 있다.[58] 이규보는 『상정고금례』의 편찬이 인종 때였다고 하였으며, 『고려사』 편찬자들은 의종 때로 보았다.[59] 이규보는

---

54) 『高麗史』卷59 志 13 禮1 序, "今據史編及詳定禮 旁采周官六翼式目編綠蕃國禮儀等書 分纂吉凶軍賓嘉五禮 作禮志"

55) 金海榮, 「詳定古今禮와 高麗朝의 祀典」『國史館論叢』55, 1994.

56) 黃元九, 「高麗史 禮志의 編年的 考察」『李弘稙回甲論文集』, 1969.
　　李範稷, 「高麗史 禮志 분석」『韓㳓劤停年紀念史學論叢』, 1981.
　　＿＿＿, 「高麗史 禮志 吉禮 검토」『金哲埈華甲紀念史學論叢』, 1983.
　　＿＿＿, 「高麗史 禮志 軍禮, 賓禮의 검토」『明知史論』 창간호, 1983.

57) 許興植, 「金祉의 選粹集·周官六翼과 그 價値」『奎章閣』4, 1981.
　　김인호, 「金祉의 周官六翼 편찬과 그 성격」『역사와 현실』40, 2001.

58) 『東國李相國集』後集 卷11 「新序詳定禮文跋尾 代晉陽公行」 "… 本朝自有國來 其禮制之損益隨 代靡一病之久矣 至仁廟朝始勅平章事崔允儀等十七臣 集古今同異 商酌折中成書五十卷 命之曰 詳定禮文"
　　『高麗史』卷59 志 13 禮1 序 "至毅宗時 平章事崔允儀 撰詳定古今禮五十卷"
　　『高麗史』卷72 志 26 輿服 1, "毅宗朝平章事崔允儀 褒集祖宗憲章 雜采唐制 詳定古今禮"

59) 『詳定古今禮』의 편찬 시기에 대한 異見은 연구자들에게도 이어진다. 李範稷은 인종조에 찬정되었다고 보았고, 金海榮은 「『詳定古今禮』와 高麗朝의 祀典」에서 의종대라고 하였다.

『상정고금례』의 편찬과 가까운 시기의 인물이고, 이 책을 다시 간행하면서 밝힌 내용이므로 신빙성이 있다고 하겠다. 그러나, 조선초의 예제 정비 과정에서 『상정고금례』는 주요한 참고 자료였으므로, 『고려사』 편찬자의 견해 또한 무시할 수 없다. 그런데 이들 견해에서 공통되는 점은 『상정고금례』의 편찬이 평장사 최윤의에 의해 주도되고 있다는 사실이다. 결국 편찬 시기는 최윤의의 활동 시기와 관련하여 살펴보아야 할 것이다.

최윤의는 대대로 고위직을 지낸 귀족가문에서 태어났다.[60] 그의 고조는 중서령 崔冲이고, 증조는 중서령 崔惟善이었다. 조부는 중서시랑 평장사 崔思齊, 부는 금자광록대부 崔瀹이었다. 그는 인종 6년에 과거에 합격하여 入仕하였다. 그의 생애와 주요 관력을 살펴보면 다음과 같다.

〈표 1〉 최윤의의 생애와 주요 관력

시 기	역 임 관 직	참 고	전 거
숙종 7년(1102)		生	묘지명
인종 6년(1128)	監門衛錄事	과거 합격	묘지명
인종 8년(1130)	太學博士		묘지명
의종 2년(1148)	中書舍人	國子試 試員	『高麗史』選擧 2
의종 5년(1151)	御史大夫 同知樞密院使		묘지명, 절요
의종 6년(1152)	知樞密院事		절요
의종 7년(1153)	禮部尙書 判御史臺事兼太子太傅		묘지명
의종 8년(1154)	知門下省事	知貢擧	『高麗史』選擧 1
의종 9년(1155)	中書侍郎同中書門下平章事 判尙書吏部事 兼西京留守使		묘지명
의종 10년(1156)	守太尉 集賢殿太學士		묘지명
의종 11년(1157)	門下侍郎同中書門下平章事		묘지명
의종 15년(1161)	判尙書吏禮部事 監修國史		묘지명
의종 16년(1162)	門下侍郎平章事		묘지명
의종 16년(1162) 8월		卒	묘지명, 절요

* 묘지명=『高麗墓誌銘集成』, 절요=『高麗史節要』

60) 그의 가문에 대해서는 朴龍雲,「高麗時代 海州崔氏와 坡平尹氏 家門 分析」 『白山學報』23, 1977, 126～130쪽 참조.

〈표 1〉에 나타나 있듯이 최윤의는 인종조에 중요한 관직을 거의 맡지 못했으며, 의종대에 이르러서야 고위직에 올랐다. 즉, 그의 주요 활동 시기는 의종대였다. 그가 평장사를 역임한 시기는 의종 9년에서 16년에 이르는 기간이었다. 최윤의에 의해 『상정고금례』가 편찬된 시기를 이때로 추정한 것은 타당하다고 여겨진다.[61] 그리고 이 책을 자료로 하여 편찬한 『고려사』 예지의 기준이 의종대임을 볼 때 그러한 추정을 가능케 한다.[62]

이처럼 『상정고금례』는 의종대에 편찬된 것이 확실해 보이는데, 그 시기는 의종 9년에서 16년 사이로 추정된다. 그런데 다음의 자료를 보면 『상정고금례』의 편찬 시기가 명확히 드러난다.

> ① 명종 18년 2월 임신일에 제하기를, "樂工이 소속에서 도피하여 마음대로 다른 곳에 속한 자는 본업으로 돌려보내라"고 하였다. 史臣이 이르기를, "樂의 결함과 혼란이 막심하다. 太常에서 근자에 선왕 때에 시행하던 제도를 그대로 답습할 것을 청하여 결재를 받았으나 유사에서 지연시키고 시행하지 않았다. 식자들이 한탄하여 이르기를, 이 악은 송나라에서 제작한 新樂으로 예종께 선물로 보낸 것이다. 본래 송 태조가 제정한 음악은 아니며, 이 악을 사용한 지 얼마 안되어 송나라가 어지러워졌다. 더욱이 辛巳年에 우리나라의 儒臣과 미친 樂師들이 함부로 개작한 탓에 차서가 드나들며, 그 상하가 뒤섞여 어지러워졌다. 그리고 간·척·약·적 등 악기의 盈縮이 같지 않아 착오가 발생하게 되었다' 고 하였다 …"라고 하였다.[63]

---

61) 金塘澤, 「詳定古今禮文의 편찬시기와 그 의도」『湖南文化研究』 21, 1992.
62) 『고려사』 길례의 「太廟禘祫儀」에서 '태조, 혜종, 문종, 예종, 인종'을 언급하고 있는데, 이들 神主는 의종의 先代에 해당하는 것이므로, 이 의례는 바로 의종 당시를 기준으로 한 것임을 알 수 있다. 또 『고려사』 길례 別廟의 細注에 의하면 "의종 때 太廟는 太祖, 惠宗, 顯宗, 文宗, 順宗, 宣宗, 肅宗, 睿宗, 仁宗으로 하고, 別廟는 定宗, 光宗, 景宗, 成宗, 穆宗, 德宗, 靖宗으로 하였다"고 하였으므로 「別廟禘祫享」도 의종조를 기준으로 만들어진 것이다.
63) 『高麗史』 卷70 志 24 樂 1 雅樂, "明宗十八年二月壬申制 樂工逃所隷 冒居他肆者 令還本業 史臣曰 樂之缺亂難甚矣 太常近 取旨請從聖考代所行之制

이에 따르면 악공들의 소속이 문란해지자 명종은 이들을 본업에 충실하도록 조처했다. 그리고 이에 대한 사론이 기재되어 있다. 이 사론에서 주목되는 것은 "신사년에 우리나라의 유신과 미친 악사들이 함부로 개작한 탓에 차서가 드나들며, 그 상하가 뒤섞여 어지러워졌다"라고 지적한 내용이다.

명종 18년 2월 임신일의 편년 기사에 이어 기록된 이 사론은『명종실록』에 있었던 것을『고려사』를 편찬할 때 전재한 것으로 생각된다. 따라서 "신사년"은 명종 18년(1188) 이전을 말한다. 그리고 송의 신악은 大晟樂을 말하는데, 이것을 도입한 시기는 예종 11년(1116)이었다. 이렇게 볼 때 "신사년"은 의종 15년(1161년)에 해당한다. 그리고 〈표 1〉에서 보듯이 의종 15년은 최윤의가 평장사로서 判尙書吏禮部事 監修國史로 있을 때였다. 이렇게 볼 때 사론에서 "우리나라의 유신과 미친 악사들이 함부로 개작"했다고 한 표현은『상정고금례』의 편찬 사실을 말한 것이다. 결국『상정고금례』는 의종 15년에 평장사 최윤의의 주도로 편찬된 것임이 분명해진다.[64]

한편, 이규보의「新序詳定禮文跋尾」에 의하면 최윤의는 '17臣'과『상정고금례』를 편찬하였다고 한다. 그리고 자료 ①에 의하면 이들은 유신과 악사였다고 한다. 아마 이들은 문한직과 대악서 같은 관아에 속한 관원이었을 것이다. 이들 중 최윤의와 함께『상정고금례』의 편찬에 참여한 인물로 崔均이 확인된다.[65]

有司遷延 莫肯施行 識者恨之以謂 是樂宋朝以新樂 賜睿廟者也 本非宋太祖所制之樂 樂之行不久而宋朝亂 況辛巳年 本朝儒臣狂瞽擅改 而進退其次序錯亂其上下 干戚籥翟 致有盈縮不等之差"

64)『상정고금례』가 성종 15년에 완성된 사실은『고려사』와『고려사절요』에 누락되어 있다. 그러나 안정복은『상정고금례』가 의종 15년 11월에 완성되었음을 밝히고 있다.
　『東史綱目』권9 의종 15년 11월, "詔詳定禮樂 … 定古今禮五十卷 …"

65)『高麗史』卷99 列傳 12 崔均, "崔均 … 仁宗朝登第 累轉少府注簿 時宰相崔允儀 奉旨擇文士 詳定禮儀 均 首居其選"
　최균에 대해서는 김철웅,「『상정고금례』의 편찬시기와 내용」『동양학』

이렇게 하여 완성된『상정고금례』는 고려 예제의 근간이 되었다. 고종대에 이르러『상정고금례』를 인쇄하여 여러 관아에 간직하게 한 것은[66] 이 책이 고려 사전의 전형이었음을 말해준다. 그리하여『상정고금례』는『고려사』지를 편찬하면서 주요 자료로 이용되었고, 조선 초의 예제 정비과정에서도 참고한 중요 자료였다. 그러나『상정고금례』는 현재 전해지지 않고 있어 그 전체적인 모습을 파악하기 어렵다. 다만 단편적으로 전해오는 내용을 통해『상정고금례』의 특성을 분석할 수밖에 없다. 먼저『고려사』지에서 의종대에 상정한 것으로 나타나고 있는 의례를 보면〈표 2〉와 같다.

〈표 2〉『高麗史』志 중의 의종대 詳定 儀禮

	詳定 儀禮	근거 내용	典 據
1	禘祫親享儀	太祖位 在西東向 惠宗文宗睿宗爲昭 在北南向 顯宗順宗宣宗肅宗仁宗爲穆 在南北向	禮 2 吉禮大祀 太廟
2	別廟禘祫享四時常享 及臘享攝事儀	毅宗時 太廟太祖惠宗顯宗文宗順宗宣宗肅宗睿宗仁宗 別廟定宗光宗景宗成宗穆宗德宗靖宗	禮 3 吉禮大祀 別廟
3	登歌軒架樂迭奏節度	太廟禘祫享時享臘享 … 太祖曰太定 惠宗曰紹聖 顯宗曰興慶 文宗曰大明 順宗曰翼善 宣宗曰淸寧 肅宗曰重光 睿宗曰美成 仁宗曰理安	樂 1 雅樂
4	王祭服	毅宗朝詳定 凡祀圓丘社稷大廟先農 服袞冕九旒	輿服 1 冠服
5	視朝服	毅宗朝詳定 凡正至節日朝賀大觀殿大宴 … 服梔黃衣	輿服 1 冠服
6	百官祭服	毅宗朝詳定 七旒冕	輿服 1 冠服
7	朝服	毅宗朝詳定 凡正至節日朝賀 每朔三大朝賀 等事服之	輿服 1 冠服
8	公服	毅宗朝詳定 文官四品以上 服紫紅鞓佩金魚 …	輿服 1 冠服

33, 238~240쪽 참고.
66)『東國李相國集』後集 卷11「新序詳定禮文跋尾 代晉陽公行」, "用鑄字印 成 二十八本 分付諸司藏之"

9	王輿輅	毅宗朝詳定 象輅朱漆金塗銀裝 … 六祀郊廟乘之	輿服 1 輿輅
10	朝會儀仗	凡遇大禮大朝會 則有內外儀仗 毅宗朝詳定 …	輿服 1 儀衛
11	法駕儀仗	凡法駕儀仗 毅宗朝詳定 …	輿服 1 儀衛
12	上元燃燈奉恩寺眞殿親幸衛仗	上元燃燈奉恩寺眞殿親幸衛仗 毅宗朝詳定 …	輿服 1 儀衛
13	仲冬八關會出御看樂殿衛仗	仲冬八關會出御看樂殿衛仗 毅宗朝詳定 …	輿服 1 儀衛
14	西南京巡幸衛仗	西南京巡幸衛仗 毅宗朝詳定 …	輿服 1 儀衛
15	西南京巡幸回駕奉迎衛仗	西南京巡幸回駕奉迎衛仗 毅宗朝詳定 …	輿服 1 儀衛
16	法駕鹵簿	法駕鹵簿 毅宗朝詳定 …	輿服 1 鹵簿
17	上元燃燈奉恩寺眞殿親幸鹵簿	上元燃燈奉恩寺眞殿親幸鹵簿 毅宗朝詳定 …	輿服 1 鹵簿
18	仲冬八關會出御看樂殿鹵簿	仲冬八關會出御看樂殿鹵簿 毅宗朝詳定 …	輿服 1 鹵簿
19	西南京巡幸還闕奉迎鹵簿	西南京巡幸還闕奉迎鹵簿 毅宗朝詳定 …	輿服 1 鹵簿
20	小駕鹵簿	小駕鹵簿 毅宗朝詳定 …	輿服 1 鹵簿
21	王太子鹵簿	王太子鹵簿 毅宗朝詳定 …	輿服 1 鹵簿

『고려사』지에서 의종대에 상정한 것으로 표기된 이들 의례는『상정고금례』를 근거로 한 것임이 분명하다. 〈표 2〉에 따르면 의종대에 상정된 의례는 태묘 의례(1~3)와 연등회(12·17), 팔관회(13·18) 등의 불교의례였다. 그리고 서경과 남경 순행에 대한 儀仗(14·15·19)과 儀衛(10·11)도 있다. 또한 여기에는 雅樂(3), 鹵簿(9·16·20·21), 服飾(4~8)이 포함되어 있다. 이렇게 볼 때『상정고금례』는 국가제사, 불교행사, 음악, 의장, 노부, 복식 등에 대해 종합적으로 규정한 의례집이라고 할 수 있다.

그런데 아악, 의장, 노부 등은『고려사』에서 악지나 여복지에 기재되어 있으나, 이것들은 오례 중에 길례와 가례에 해당하는 의식들이

다. 아악, 의장, 노부 등은 『세종실록』「오례」나 『국조오례의』에도 길
례와 가례로 편입되어 있다. 이렇게 볼 때 『상정고금례』에 있는 이들
의식은 『고려사』를 편찬하면서 그 내용에 따라 악지나 여복지로 분류
하였음을 말해준다.

그리고 의종대에 상정된 사실을 직접 기재하지는 않았지만 『고려
사』지에 수록된 여러 의식들도 『상정고금례』에서 전재한 것으로 생
각된다. 아울러 예지의 내용은 『상정고금례』 이외에도 『주관육익』,
『식목편록』, 『번국예의』 등의 자료도 포함되어 있을 것이다. 특히 예
지의 연대기 자료는 史編에서 인용한 것으로 생각된다. 왜냐하면 예
지 서문에서 이들 자료를 참고하였다고 밝히고 있기 때문이다.

한편, 조선초의 예제 정비 과정에서 『상정고금례』는 주요 참고 자
료 중의 하나였다. 따라서 『상정고금례』는 조선왕조실록을 통해 그
내용을 일부 살펴볼 수 있다. 이를 정리해보면 〈표 3〉과 같다.

〈표 3〉 『詳定古今禮』의 내용

순번	實錄 중의 『詳定古今禮』	『高麗史』의 관련 내용	내용 분류
1	禮曹 上諸祀之制 啓曰 謹按前朝 詳定古今禮 社稷宗廟別廟爲大祀 先農先蠶文宣王爲中祀 風師雨師 雷師靈星司寒馬祖先牧馬步馬社 禜祭七祀州縣文宣王爲小祀 (『太宗實錄』 卷25 13년 4월 신유)	大祀 圜丘方澤社稷太廟別廟景靈 殿諸陵 中祀 籍田先蠶文宣王廟 小祀 風師雨祀雷神靈星〈禜祭〉 馬祖先牧馬社馬步司寒諸州縣文 宣王廟大夫士庶人祭禮 (『高麗史』 卷59~卷63 吉禮大祀 ~吉禮小祀)	序例 辨祀
2	禮曹 上諸祀齋戒法 啓曰 謹稽文 獻通考 及前朝詳定古今禮 凡大 祀 散齋四日 致齋三日 中祀 散齋 三日 致齋二日 小祀 散齋二日 致 齋一日 今無定式 乞依古制 (『太宗實錄』 卷24 12년 11월 경술)	·大祀 圓丘 … 王 散齋四日於 別殿 致齋三日 二日於正殿 一 日於齋宮 ·社稷 … 凡預祭之官 散齋五日 致齋二日 散齋 皆於正寢 致齋 二日 一日於本司 一日於祭所 ·諸陵 … 王御別殿 齋心兩日 ·中祀 籍田 齋戒 前享五日 散 齋三日於別殿 致齋二日 一日 於正殿 一日於行宮	序例 齋戒

		· 文宣王廟 … 齋戒 前享五日 凡應享之官 散齋三日 皆於正寢 致齋二日 · 小祀 風師雨師雷神 … 前祀三日 應行事執事官 散齋二日 … 致齋一日於祀所(『高麗史』卷59~卷63 吉禮大祀~吉禮小祀)	
3	禮曹承命稽考 上書言 … 前朝古今禮 大祀之牲 預養九旬 中祀三旬 小祀一旬(『太宗實錄』卷21 11년 5월 신미)		序例 牲牢
4	命禮曹稽考薦新之法以聞 … 禮曹承命稽考 上書言 … 本國承前朝及宋初之制 凡新物 必待朔望兼薦 有乖於卽日登獻之義 願自今 凡新物之及時出者 不待朔望 亦不卜日而卽薦 …(『太宗實錄』卷21 11년 5월 신미)	二月望 薦冰 若春分之日 在望後則以別日薦之 四月望 薦麥櫻桃 七月望 薦黍稷粱米 八月望 薦麻子 九月望 薦稻米 十二月望 薦魚(『高麗史』卷61 吉禮大祀 太廟 朔望薦新祈禱及奏告儀)	吉禮 太廟
5	凡祀神之物 當時所無者 以時物代之〈前朝詳定禮〉(『世宗實錄』卷128 五禮 吉禮序例 饌實圖說)	太廟四孟月及臘 親享儀 凡享神之物 當時所 無者 以時物代之(『高麗史』卷60 吉禮 大祀 太廟 禘祫親享儀, 有司攝事儀)	吉禮 太廟
6	禮曹啓 謹按高麗詳定禮 出於唐制 禘祫儀注 配享功臣位次 隨其平日所事先王位次 各爲一行 第一行 設太祖功臣 第二行 設二世之君之功臣 第三行以下倣此(『世宗實錄』卷15 4년 1월 갑자)		吉禮 太廟
7	詳定所提調府院君李稷 … 等以爲 … 前朝詳定古今禮 時享太廟儀 設祝站於每室戶外之右 奠爵出戶北向立 大祝進戶外之右 讀祝再拜 朔望享太廟儀 各設祝版加站上 置於神座之右 上香酒 俛伏興 小退北向立 祝史持版 進神座之右 東向跪 讀祝文 獻官再拜 拜陵儀 奠酒三爵 小退北向立 大祝持版 詣神座右跪 讀再拜(『世宗實錄』卷43 11년 3월 병인)	四孟月及臘親享儀 陳設 設祝站於每室戶外之右 … 饋食 太常卿 前導王入奠爵 … 太常卿 引王出戶 北向立 樂止 太祝持祝板 進室戶外之右 東向跪 讀祝文訖 俛伏興 樂作 王小東再拜 小西又再拜 樂止 · 太廟 朔望薦新祈禱及奏告儀 … 各設祝版加站上 置於神座之右 … 謁者 引祝官 升自阼階 詣太祖室神座前 上香酒 俛伏興 少退北向立 祝史 持祝版	吉禮 太廟

		進神座之右 東向跪讀訖 獻官 再拜 小西又再拜 ・諸陵 拜陵儀 … 王進神座 前 奠酒三爵 又於王后神座前 奠 爵三爵訖 少退北向立 太祝持 祝版 詣神座右 跪讀訖 … 退 立於階下 … 太常卿請再拜 王 再拜 (『高麗史』 卷60 吉禮大 祀 太廟 四孟月及臘親享儀 ; 卷61 吉禮大祀 太廟 朔望薦新 祈禱及奏告儀 ; 卷61 吉禮大 祀 諸陵 拜陵儀)	
8	議政府 據禮曹呈文啓 … 高麗詳 定古今禮 於諸妃 並稱國王 今宗 廟及文昭殿文宗室祝文 稱嗣王臣 〈諱〉 顯陵稱嗣王 昭陵稱國王 (『世 祖實錄』 권11 1년 윤6월 무오)		吉禮 太廟
9	㉠ 禮曹 上圓壇祭儀 上書曰 … 前朝古今詳定錄 圓壇 周丈 高五尺 十有二陛 三壇 每壇 二十五步 周垣四門 燎壇 廣一 丈 高一丈二尺 戶方六尺 (『太 宗實錄』 卷21 11년 3월 정축) ㉡ 禮曹啓 詳定古今禮 圜丘壇 周六丈三尺 高五尺 十有二陛 三壇 每壇二十五步 周垣四門 燎壇在神壇南 大祀 廣一丈 高一丈二尺 戶方六尺 開上南 出 (『世祖實錄』 卷5 2년 12월 병오) ㉢ 禮曹兼判書黃守身 參判閔瑗 等 啓曰 … 詳定古今禮圓壇 周六丈三尺 高五尺 十二陛三 壇 每壇二十五步 周垣四門 燎壇 廣一丈 高一丈二尺 高 方六尺 開上南出 (『世祖實錄』 卷7 3년 3월 정축)	圜丘壇 … 周六丈三尺 高五尺 十有二陛 三壇 每壇二十五步 周 垣四門 燎壇 在神壇南 廣一丈 高一丈二尺 戶方六尺 開上南出 (『高麗史』 卷59 吉禮大祀 圜丘)	吉禮 圜丘
10	㉠ 禮曹 詳定祭祀用幣之制 上言 … 洪武禮制州縣社稷儀 前朝 詳定禮 亦承古制 凡禮神之幣	・圜丘 … 玉幣 上帝以蒼璧 四 圭有邸 幣以蒼 青帝以青圭 赤 帝以赤璋 黃帝以黃琮 白帝以	吉禮 圜丘

	皆用丈八尺 其祀上帝 則幣以蒼 五帝各隨其方之色 先農以靑 先蠶以黑 其除祀神之幣 皆用白(『太宗實錄』 卷22 11년 8월 갑인) ⓛ 禮曹啓 … 前朝詳定古今禮云 上帝有蒼璧 四圭有邸(『世祖實錄』 卷5 2년 12월 정미)	白琥 黑帝以玄璜 幣如其玉 凡幣之制 皆長一丈八尺 ·社稷 … 玉幣 玉以兩圭有邸 幣以黑 長一丈八尺 … 中祀 … 籍田 幣以靑 長丈八尺 … 先蠶 … 幣以黑 長丈八尺(『高麗史』 卷59 吉禮大祀 圜丘·社稷 및 中祀 籍田·先蠶)	
11	禮曹啓 … 前朝詳定古今禮 昊天上帝配位五帝七位 皆烏漆朱字 尺寸體制則無(『世祖實錄』 卷5 2년 12월 갑인)		吉禮 圜丘
12	禮曹啓 前朝祀天陳設圖 三酒 內事酒 酌有事之人 謂於祭末 卑賤之人 得飮之 昔酒 久釀乃熟 故名昔酒 淸酒 今中山冬釀 接夏而成(『世祖實錄』 卷5 2년 12월 무오)		吉禮 圜丘
13	禮曹啓 開元禮 郊祀五帝 有分獻官 各奠一爵 前朝古今詳定禮 郊祀五帝 無分獻官 大祝各奠三爵 宋朝五帝 有分獻官 各奠一爵(『世祖實錄』 卷6 3년 1월 기사)	圜丘 … 獻官 親祀 太子若公侯伯爲亞獻 太尉爲終獻 太尉宰臣爲之 或太尉爲亞獻 光祿卿爲終獻 攝事 太尉爲初獻 太常卿爲亞獻 光祿卿爲終獻 … 王詣上帝前 跪奠爵俛伏興 … 五帝太祝取爵於坫酌太尊之泛齊 各進奠神座前 … 太尉取爵於坫 詣上帝神座前 北向跪奠爵俛伏興 … 五帝太祝各酌著尊之醴齊 進奠神座前 … 終獻如亞獻(『高麗史』 卷59 吉禮大祀 圜丘)	吉禮 圜丘
14	禮曹啓 開元禮郊祀 前祀二日 太尉 告神堯皇帝廟 如常告之儀 前朝詳定古今禮 前祀二日 太尉奏告太祖陵祠 如常告之儀 告以配神作主之意(『世祖實錄』 卷6 3년 1월 임신)	前祀二日 太尉 奏告太祖陵祠 如常告之儀 告以配神作主之意(『高麗史』 卷59 吉禮大祀 圜丘 親祀儀)	吉禮 圜丘
15	禮曹判書李克培 參判金吉通啓 … 前朝詳定古今禮 每年正月上辛 親祀圜丘 亦有攝行之文(『世祖實錄』 卷30 9년 1월 정유)	祀圜丘 有常日者 孟春上辛 祈穀 … 有司攝事儀(『高麗史』 卷59 吉禮大祀 圜丘)	吉禮 圜丘

16	大提學鄭招上書 … 臣謹按 古之 祭社祭石主 … 宋禮不用樂 高麗 詳定古今禮 歌工並在壇下矣 (『世 宗實錄』卷57 14년 7월 신사)		樂
17	前朝詳定古今禮 聖上出入有樂 自餘無用樂 (『世宗實錄』卷50 12년 10월 신미)		樂
18	安崇善辛引孫等議 … 至正條格 前朝詳定古今禮文 風師壇 在城 東北 雨師壇 在城西南 風雨之神 置諸方位 (『世宗實錄』권83 20 년 12월 기사)	雨師壇 … 在國城東北令昌門外 … 雨師及雷神 同壇 … 在國城 內南月山 (『高麗史』卷63 吉禮 小祀 風師壇)	吉禮 風師壇・ 雨師壇
19	張燈于禁中 以上元日祀太一也 … (許)稠啓 考文獻通考無之 唯 出於前朝詳禮 其原則漢祠太一 而始也 (『太宗實錄』권23 12년1 월 경자)	顯宗三年七月 … 國家故事 往往 遍祭天地及境內山川于闕庭 謂之 醮 (『高麗史』卷63 雜祀)	道教儀禮
20	㉠ 禮曹 上憂旱事宜 文獻通考及 前朝詳定古今禮 倣隋唐古制 有曰 凡京都孟夏以後旱則 祈 嶽鎭海瀆 及祭山川能雲雨者 於北郊 又祈社稷宗廟 每七日 一祈 不雨 還從嶽瀆如初 旱 甚則修雩 初祈後一旬不雨 則 徒市 禁屠殺 斷傘扇 造土龍 (『太宗實錄』권21 11년 5월 경진) ㉡ 禮曹啓 謹按高麗詳定古今禮 云 凡京畿孟夏以後旱 則祈嶽 海瀆及諸山川能興雲雨者 於 北郊望而告之 又祈社稷 又祈 宗廟 每七日一祈不雨 還從嶽 瀆如初 (『世宗實錄』권4 1년 5월 계해) ㉢ 禮曹啓 … 按前朝詳定古今禮 云 京都孟夏以後 旱則祈嶽 瀆及諸山川 能興雲雨者 於北 郊望而告之 又祈社稷 又祈宗 廟 每七日不雨 還從嶽瀆如初 (『世宗實錄』권29 7년 7월 기	・有司奏 自春少雨 請依古典 審 理冤獄 賑恤窮乏 掩骼埋胔 先 祈岳鎭海瀆諸山川能興雲雨者 於北郊 次祈宗廟 每七日一祈 不雨 還從岳鎭海瀆如初 旱甚 則修雩徙市斷傘扇禁屠殺 勿 飼官馬以穀 王從之 (『高麗史』 卷6 靖宗 2년 5월 辛卯) ・禮部奏 自孟夏 雨澤愆期 又廣 州 報田野乾焦 殆失歲望 請於 松岳東神廟諸神廟山川朴淵等 五所 每七日一祈 又令廣州等 州郡 各行祈雨 制可 (高麗史』 卷8 文宗 11년 5월 戊寅 ; 卷 54 五行 2 金 旱災 文宗 11년 5월 戊寅) ・仁宗 八年 四月 戊子 日官奏 今旱甚 宜祈岳鎭海瀆諸山川 及宗廟社稷 每七日一祈 不雨 則還從岳瀆如初 旱甚則修雩 從之 (『高麗史』卷59 길례대 사 社稷)	祈雨

	사) ⓔ 議政府啓 … 今更參詳高麗詳定古今禮 凡州縣旱 則祈界內山川能興雲雨雨者 9『世宗實錄』 권85 21년 4월 계사)		
21	禮曹 上報祀之制 啓曰 … 文獻通考及前朝詳定古今禮 凡祈雨已齋 未祈而雨 已經祈禱 皆報而奠物 合用小牢(『太宗實錄』 卷21 11년 5월 계미)	·太廟 朔望薦新祈禱及奏告儀 … 朔祭 則具小牢 饌羞庶品 祈禱報祀如之 ·禜祭國門儀 若雨止報 祠用少牢(『高麗史』 卷61 지 15 太廟 朔望薦新祈禱及奏告儀 ; 卷63 지 17 小祀 禜祭國門儀)	吉禮 大祀太廟·小祀 禜祭國門儀·祈雨
22	㉠ 禮曹啓 高麗古今詳定禮云 凡霖雨不已 禜京城諸門 門別三日 每日一禜 不止乃祈山川岳鎭海瀆 三日 不止 祈社稷宗廟 若州縣禜城門 祈界內山川(『世宗實錄』 卷12 3년 6월 을사) ㉡ 禮曹啓 前朝詳定古今禮云 凡霖雨不已 禜京城諸門 門別三日 每日一禜 不止乃祈山川嶽鎭海瀆 三日 不止 祈社稷宗廟 若州縣禜城門 祈界內山川(『世宗實錄』 卷49 12년 7월 임인)	風師雨師雷神靈星〈久雨則禜祭國門〉 … 禜祭國門儀 … 若雨止報祠用小牢(『高麗史』 卷63 지 17 吉禮小祀 風師雨師雷神靈星 및 禜祭國門儀)	吉禮小祀 風師雨師雷神靈星·禜祭國門儀
23	禮曹啓 一 凡大小朝禮御殿時 … 一 中樞贊拜 高麗詳定古今禮 引駕受笏贊拜 皆密直爲之(『世宗實錄』 卷50 12년 윤12월 기미)		鹵簿
24	兵曹啓 … 高麗詳定古今禮 正郎二人 指揮儀仗(『世宗實錄』 卷68 17년 6월 기유)	法駕鹵簿 … 毅宗朝 詳定 … 指揮儀仗使 正郎二員〈具公服騎〉(『高麗史』 卷72 지 26 興服 鹵簿 法駕鹵簿)	鹵簿
25	議政府 據禮曹呈啓 … 高麗古今詳定禮 王太子亦有鹵簿(『世祖實錄』 卷1 1년 윤6월 경오)	毅宗朝 詳定 先排隊 領將校四人〈放角紫衣束帶佩刀執旗〉 軍士一百人 分左右〈紫衣執長刀〉 淸道電吏八人 分左右〈放角執杖子〉(『高麗史』 卷72 지 26 興服 鹵簿 王太子鹵簿)	鹵簿

| 26 | 禮曹啓　宋制及前朝詳定古今禮
陪祀羣官　東西相向（『世祖實錄』
卷5 2년 12월 임술） | ・籍田　親享儀 … 文東西向　北
　上　武西東向　北上
・文宣王廟　視學酌獻儀 … 設侍
　臣座於宰臣樞密之後　俱重行
　東西相向　北上
・王太子加元服儀 … 典儀　設宰
　臣樞密閣辭位於拜位之東西向
　北上　設左右侍臣位於殿庭東
　西　如常儀（『高麗史』卷62 지
　16 吉禮中祀 籍田　親享儀 및
　文宣王廟　視學酌獻儀 ；卷66
　지 20 嘉禮　王太子加元服儀） | 吉禮中祀
籍田・文
宣王廟,
嘉禮
王太子加
元服儀 |

〈표 3〉을 보면 『고려사』 길례의 의례는 『상정고금례』를 참고하여 작성한 것이 확인된다. 〈표 3〉-7를 보면 『상정고금례』의 「時享太廟儀」, 「朔望太廟儀」, 「拜陵儀」에 관한 의례를 언급하고 있다. 이 내용은 『고려사』 길례의 것과 일치하고 있다. 그리고 〈표 3〉-9에서는 『상정고금례』의 원구단 체제를 언급하였는데, 이것은 『고려사』 길례의 내용과 일치한다. 이렇게 볼 때 『고려사』 예지 길례의 일부 내용은 『상정고금례』를 그대로 인용한 것으로 보인다.

그러나 『고려사』 예지는 『상정고금례』의 내용을 그대로 전재한 것은 아니다. 앞에서 밝힌 바와 같이 『고려사』 예지는 역사서와 『상정고금례』를 기본 자료로 하고 이외에 『주관육익』, 『식목편록』, 『번국예의』 등의 자료를 이용하였던 것이다. 그리고 『상정고금례』의 내용이 『고려사』의 예지에 반영되지 않은 것도 확인된다. 〈표 3〉-3·6·8·11·12·16·17·23 등은 『고려사』의 예지에서 확인되지 않은 내용들이다. 따라서 『고려사』의 예지는 『상정고금례』를 충실히 반영하고 있다고 평가할 수 없다.

〈표 3〉를 보면 『상정고금례』가 어떤 성격을 가지고 있었는지 그 대략을 몇 가지로 지적해 볼 수 있다. 먼저 주요 내용을 차지하고 있는 것은 길례에 관한 것이다. 여기에는 辨祀, 牲牢, 齋戒 등 『세종실록』

「오례」의 서례와『국조오례의서례』에 해당하는 내용이 포함되어 있
다. 그리고 원구단, 태묘 의례, 기우제에 관한 내용도 들어 있다. 이렇
게 볼 때『상정고금례』는 길례에 관한 의례집이었다.

그리고 〈표 3〉에서는 노부, 악에 관한 내용도 언급되어 있다. 이것
은『상정고금례』가 길례만이 아니라 국가의례에 관련된 사항도 포함
하고 있음을 말해준다. 또한 복식에 관련된 사항도 볼 수 있다. 더구
나『고려사』여복지 서문에서는『상정고금례』에 국왕의 면복, 백관의
관복에 관한 내용이 기재되어 있다고 지적하고 있다.

그런데 太一과 같은 도교의례가 포함되어 있다는 사실이 주목된다.
도교의례인 초례는『고려사』예지 雜祀條에 기록되어 있는데, 〈표
3〉-19에서는 太一이『상정고금례』에 등재되어 있다고 하였다. 따라서
고려의 도교의례는 국가의례에 수용되어 있었다. 이렇게 볼 때『상정
고금례』는 국가의례 전반에 걸친 종합적인 예서라고 하겠다.

한편, 〈표 3〉에 나타나 있는『상정고금례』의 체제와 내용을 보면
『고려사』예지와 여러 가지 면에서 차이가 있다. 첫째,『고려사』예지
길례가 제례의 의식이나 儀注에 관한 규정 사항을 개개의 제사 대상
별로 서술하고 있음에 반하여,『상정고금례』에는 이와는 별도로 제사
의 거행에 필요한 준비 절차 및 준비 사항에 관한 규정인 序例가 따로
있다.[67]『상정고금례』의 이러한 내용 체계는『고려사』예지 길례와는
다르지만『세종실록』「오례」,『국조오례의』와 일치한다. 이렇게 볼
때『세종실록』「오례」와『국조오례의』의 체계는 바로『상정고금례』
의 형식을 따른 것으로 짐작된다.

둘째, 길례의 辨祀에 차이가 있다.『고려사』길례에는 이른바 '雜祀'
라는 항목이 있다. 여기에는 醮禮, 嶽海瀆, 名山大川, 籍祭 등이 기록
되어 있다. 고려는 이것을 대・중・소사로 편제하지 않았다. 신라의

---

67) 金海榮, 앞 논문, 77~78쪽.
　　『高麗史』예지에는 序例가 각 의식 서술 내용에 포함되어 있고『세종실
　　록』에는 오례 첫머리에 독립하여 서술하였다.『國朝五禮儀』는 오례 의식
　　을 서술하고 따로 서례를 첨부하였다.

경우『삼국사기』잡지 제사조를 보면 삼산을 대사에, 악진해독을 중
사에, 명산을 소사에 두었다. 그리고『세종실록』「오례」길례에는 명
산대천을 소사로 하였고,『국조오례의』에서는 악진해독은 중사에, 명
산대천·독제는 소사에 올라 있다. 그런데 이러한 사례와는 달리 고
려의 길례는 대·중·소사로만 편제되지 않았다. 이와 관련하여 다음
이 내용이 참고된다.

> 예조에서 산천 祀典의 제도를 올리기를, "삼가 당나라 예악지를 살
> 펴보니, 악진해독은 중사이고, 산림천택은 소사입니다.『문헌통고』의
> 宋制에서도 악독을 중사로 하였고, 본조에서도 前朝의 제도를 이어받
> 아 산천의 제사는 아직도 등제를 나누지 아니하였습니다. 경내의 명산
> 대천과 여러 산천을, 바라건대 古制에 의하여 등제를 나누소서"라 하
> 였다.[68]

이에 따르면 조선 태종대까지 명산대천이 대·중·소사로 등재되
지 않고 있었는데, 그것은 고려에서 명산대천을 대·중·소사로 구분
하지 않았던 제도를 그대로 수용했기 때문이라고 밝히고 있다. '前朝
의 제도'는 바로『상정고금례』를 기준으로 말한 것으로 생각된다.

그리고 纛祭에 대해서는

> 예조에서 계하기를, "봄·가을의 纛祭를 대사·중사·소사에 구분
> 하여 정하지 않았으니, 적당하지 못하므로 여러 제사 의식 중의 소사
> 의 예에 의하여 2일 동안 산재하고, 1일 동안 치재하고, 변두는 각각 여
> 덟 그릇을 쓰며, 그 외의 드리는 제물과 의주는 그 전대로 할 것입니
> 다."하였다.[69]

---

68)『太宗實錄』卷25 태종 13년 6월, "禮曹上山川祀典之制 謹按唐禮樂志 嶽鎭
海瀆爲中祀 山林川澤爲小祀文獻通考宋制 亦以嶽鎭海瀆爲中祀 本朝承前朝
之制 山川之祀 未分等第 境內名山大川及諸山川 乞依古制分等第 從之 嶽
海瀆爲中祀 諸山川爲小祀"
69)『世宗實錄』卷12 세종 3년 7월 기묘, "禮曹啓 春秋纛祭 不分大中小祀未便
依諸祀儀式 小祀例 散齋二日 致齋一日 籩豆各八 其餘奠物儀注 仍舊"

라 하여 독제도 '未分等第', 즉 대·중·소사에 등재되지 않고 있었음을 밝히고 있다.

이렇듯『고려사』예지 길례의 辨祀는 대사, 중사, 소사, 잡사로 되어 있는데 비해『상정고금례』에는 잡사라는 항목을 두지 않았다.『고려사』예지 길례에는 악해독, 명산대천, 독제 등을 '잡사'로 기재하고 있으나『상정고금례』는 이들 제사를 '未分等第'라고 하였다.[70]

셋째로는『상정고금례』와『고려사』예지 길례의 내용에 차이가 난다는 점이다. 禜祭는『고려사』길례에 의하면 풍사·우사·뇌신·영성에 부기되어 있는 비해,『상정고금례』에서는 풍사·우사·뇌신·영성과 분리하여 서술하고 있다(〈표 3〉-1 참조).『고려사』예지 길례소사에「禜祭國門儀」가 실려 있는데, 이것으로 보아 영제는 독자적인 의례를 가진 국가제사로 생각된다. 따라서 풍사·우사·뇌신·영성에 부기하여 마치 독립된 제사가 아닌 것처럼 정리한『고려사』의 기록은 잘못된 것이라 할 수 있다.

이상에서 살펴본 바와 같이『고려사』예지는『상정고금례』를 주로 참고하여 편찬한 것으로 생각되는데, 여기에는 몇 가지 문제점이 발견된다.『고려사』예지는 일부분에서『상정고금례』의 내용을 반영하고 있지 않으며, 심지어 그 내용에 차이가 있다. 결국 고려의 예제를 제대로 파악하기 위해서는『상정고금례』를 검토할 필요성이 절실히 요구된다.

〈표 2〉, 〈표 3〉에서 보듯『상정고금례』에는 태묘 의례와 연등회, 팔관회 등의 불교의례, 그리고 도교의례가 함께 수록되어 있었다. 즉 고려는 유교의례, 불교행사, 도교의례를 국가의례로 거행하고 있었다. 이것은 고려의 예 사상이 유교, 불교, 도교를 기반으로 하였음을 말해준다. 이것은 고려가 불교를 기반으로 한 사회로서, 예제 운용에 있어 유교와 도교사상을 수용하였음을 보여준다. 결국 고려사회는 불교와

---

70) 이에 대해서는 金澈雄,「고려 國家祭祀의 體制와 그 특징」『韓國史硏究』118, 2002 참조.

유교, 도교가 서로 융화되어 있었으며, 사상의 다원성을 지닌 시대였
던 것이다.

그리고 『상정고금례』에는 서경과 남경 순행에 대한 의장, 노부, 복
식 등이 기재되어 있었다. 아악, 의장, 노부 등은 『고려사』 악지나 여
복지에 들어가 있는데, 이들 내용은 오례 중에 길례와 가례에 해당하
는 의식들이다. 따라서 『상정고금례』는 길례, 불교행사, 아악, 의장,
노부, 복식 등에 대해 규정한 국가의례집이라고 할 수 있다.

3. 『高麗史』 禮志 吉禮의 체제와 내용

『상정고금례』는 의종 15년에 최윤의의 주도로 편찬된 예서였다.
『고려사』 예지 서문에 의하면 『고려사』 예지 길례는 『상정고금례』를
기본으로 하여 정리한 것이라고 한다. 그런데 『상정고금례』와 『고려
사』 예지 길례는 辨祀의 내용에서 큰 차이를 보인다. 먼저 『고려사』
예지 길례조에 나타난 고려의 길례를 살펴보면 다음과 같다.

<표 4> 『高麗史』 禮志 吉禮條의 내용

辨祀	祭祀名
大祀	圜丘, 方澤, 社稷, 太廟, 別廟, 景靈殿, 諸陵
中祀	籍田, 先蠶, 文宣王廟
小祀	風師・雨師・雷神・靈星, 禜祭, 馬祖, 先牧・馬社・馬步, 司寒, 諸州縣 文宣王廟, 大夫士庶人祭禮
雜祀	壓兵祭, 醮, 南海神, 城隍神祠, 川上祭, 老人星, 五溫神, 名山大川, 箕子 祠, 東明聖帝祠, 藝祖廟, 纛祭, 禖祭, 天祥祭

고려의 길례는 대사・중사・소사, 이외에 잡사라는 항목이 있다.
앞의 대・중・소사와는 달리 제사 의례는 실려 있지 않고, 다만 연대
순서에 따라 제사나 神名・祠廟가 기록되어 있다. 이처럼 고려 길례

의 특징은 '잡사'라는 항목에 있다.

『고려사』예지 길례 '잡사'조에는 초례, 악진해독, 명산대천, 독제 등이 기재되어 있다. 신라의 경우『삼국사기』잡지 제사조를 보면 삼산을 대사에, 악진해독을 중사에, 명산을 소사에 각각 등재하였다. 그리고『세종실록』길례에는 명산대천을 소사로 하였고,『국조오례의』에서는 악진해독은 중사에, 명산대천·독제는 소사에 올라 있다. 그런데 고려의 경우 이들 길례를 대·중·소사로 등재하지 않았던 것이다. 즉, 조선 태종대까지 명산대천은 '未分等第' 즉, 대·중·소사로 등재되지 않고 있었는데, 그것은 고려에서 명산대천을 대·중·소사로 구분하지 않았던 제도를 그대로 수용했기 때문이다. 그리고 독제도 대·중·소사로 辨祀하지 않았다.

이렇듯『고려사』예지 길례에는 이른바 '잡사'로 분류된 악진해독, 명산대천, 독제 등을 조선의 실록에는 '未分等第', '不分大中小祀'로 표현하였다. 결국 '잡사'는 고려조에 '대·중·소사로 등제하지 않은 제사'라는 것을 의미하며,『詳定古今禮』에서 '未分等第된 제사'는 조선 세종 때까지만 하더라도 '잡사'로 지칭되지는 않았던 것이다. 이것은『고려사』예지의 편찬 단계에 와서야 고려의 길례를 辨祀하면서 이를 대·중·소사로 나누고,『상정고금례』에서 '미분등제된 제사'를 '잡사'라고 하여『고려사』예지에 기록하였음을 말해준다.

그런데 고려시대에 '미분등제' 되어 있었던 '잡사'도 길례였다. 여기에 대해서는 다음이 참고된다.

○ (예종 17년 4월 기축) 문덕전과 연친전에 5일 동안 도량을 베풀고 제하기를 "과인이 삼가 천명을 받들어 외람스럽게 큰 업적을 이어 받아 국가를 다스린 지가 여러 해가 되었다. … 왕명을 펴서 귀신과 사람에게 사례하고자 하니 무릇 명산대천의 신격이 사전에 있는 것은 각각 名號를 가하라. …"고 하였다.[71]

---

71)『高麗史』卷14 睿宗 17년 4월 己丑朔, "設道場於文德宴親殿各五日 制曰 寡人 祇承天命 叨纘丕緒 御于家邦 多歷年所 … 冀推渙汗 以謝幽明 凡各山大

○ 무등산이 있다. 〈일명 무진악, 또는 서석산이라 한다. 신라에서는 소 사로 하였고, 고려에서는 國祭를 지냈다.〉[72]

예종은 17년에 사전에 올라 있는 명산대천에 加號하게 하였다. 그 리고 무등산은 신라 때에는 소사였고, 고려에서는 '國祭'를 지냈다고 하였다. 명산대천이 사전에 올라 있고, 미분등제된 명산 제사를 '國祭' 라고 한 것은 대·중·소사와 함께 잡사도 길례였음이 분명해진다.

한편 초례, 神祠의 제사도 길례 잡사에 기록되어 있다. 이들 제사는 비록 '잡사' 항목에 기록되어 있지만 역시 중요한 길례였다. 따라서 이들 의례를 주관하는 주체는 국가였다. 초례와 신사의 제사가 국가 제사로 거행되었던 사실은 다음의 자료에 잘 나타나 있다.

○ 권지비서랑 이백분이 자신문으로 나아가 아뢰기를, "선왕 때에는 매 번 齋醮의 詞疏에 결제할 때에 반드시 재계하고 새벽에 殿에 앉아 있 고, 교서랑은 御書를 함에 받아 들고, 유원관은 붓과 벼루를 가지고 전 뜰에 서면 상께서는 책상 앞으로 나아가 下押하셨습니다. 그런데 지금은 詞疏가 대궐에 들어가고 비서랑이 공복을 갖추고 문 밖에서 있는 지가 여러 날이 되어도 下押하지 않으니 폐하로서 취할 바가 아 닙니다" 하였다.[73]

○ 추밀원부사 최온이 아뢰기를, "비서성은 齋醮 祭享의 문서를 맡았으 므로 매월 한 사람씩 입직하여 목욕 재계하고 그 달을 채우고야 나옵 니다. 그런데 만약 한림원, 보문각, 동문원, 어서원이 번갈아 숙직하 는데, 혹은 술을 마시고 고기를 먹거나 혹은 더럽고 추잡한 짓을 할 바에는 비서성에서 모여서 숙직하지 말아야 할 것입니다. 청컨대 이 런 것을 금지하시기 바랍니다" 하였다. (왕이) 제하여 가타 하였다.[74]

川 秩在祀典者 各加名號"

72) 『高麗史』卷57 志 11 지리 전라도 승평군, "有無等山〈一云武珍岳 一云瑞 石山 新羅 爲小祀高麗 致國祭〉"

73) 『高麗史』卷22 高宗 11年 閏8月 壬子, "權知秘書校書郞李白賁 詣紫宸門 上 言曰先王之世 每押齋醮詞疏 必齋宿 昧爽坐殿 校書郞奉函御書 留院官奉筆硯 立殿下 上就机下押 今詞疏入內 秘書郞公服立門下 累日不下 竊爲陛下不取"

도교제례의 제문인 靑詞는 詞命을 담당하는 비서성이 사무를 관장
하고 작성은 문한기구에서 담당하였던 것으로 보인다. 위에서 보는
바와 같이 齋醮의 靑詞는 비서성 주관 하에 인원은 한림원, 보문각,
동문원, 어서원에서 충당한 것 같다. 그런데 고려시대의 문한은 직한
림원에서 지제고에 이르기까지 광범위하게 담당하였으나 지제고가
담당하는 것이 원칙이었으며, 정규적인 疏文인 靑詞, 祭文, 道場疏는
한림원에서 작성하였다.[75] 이규보의 청사 중에는 한림직이나 지제고
라 표시한 청사가 있다. 이렇게 문한관이 청사를 작성한 것은 도교의
초례가 길례에 포함되어 있었기 때문이다. 그리고

　　본조의 舊制에 모든 원구, 종묘, 사직, 산릉, 진전, 신사의 제향축문
과 道殿·佛寺의 詞疏는 본래 寺官 한 사람이 매월 번갈아 숙직하여 깨
끗하게 재계하고 써서 올리면 상이 목욕재계하고 친히 압인하였습니
다. 天地 宗社에는 반드시 친히 제사하고 佛宇와 道殿, 神祠에는 혹 대
신을 명하여 섭행케 하였습니다. 그런데 근자에는 기양이 외람되이 많
음으로 혹 正字, 小臣에게 명하여 대신 압인하니 그 근원이 한번 열리
매 지금은 오직 사시 대향에만 친히 압인하고 그 나머지는 모두 대신
압인하여 심히 誠敬의 뜻에 멀어집니다. 원컨대 조종의 舊制에 따라 축
문과 詞疏는 목욕재계하고 친히 압인하여 원구, 사직, 종묘, 적전의 대
향은 반드시 다 친히 제사하고 朔望奠 및 모든 祠禳은 대신을 택하여
섭행케 하되 정전에 나가 친히 祝文 詞疏를 주소서.[76]

---

74) 『高麗史』卷24 高宗 41年 9月 丙寅, "樞密院副使崔溫奏 秘書省掌齋醮禮享
　　文書 故每月一人入直 沐浴齋素 終月乃出若翰林院寶文閣同文院御書院 輪
　　番迭宿 或飮酒食肉 或經穢惡 不宜會宿秘書省 請禁之 制可"
75) 邊太燮, 「高麗의 文翰官」『金哲埈華甲紀念史學論叢』, 1983, 201~202쪽.
76) 『高麗史』卷120 열전 33 尹紹宗, "辛昌立 陞典校令 與同僚奏 本朝舊制 凡
　　圓丘宗廟社稷山陵眞殿神祠 祭享祝文 道殿佛宇詞疏 本寺官一人 每月輪直
　　淸齋寫進 上齋沐親押 天地宗社 則必親祀 佛宇道殿神祠 則或命大臣攝行
　　近以祈禳猥多 或命正字小臣代押 其源一開 今唯四時大享親押 其餘則皆代
　　押 甚遠誠敬之義 願遵祖宗舊制 祝文詞疏 齋沐親押 圓丘社稷宗廟籍田大享
　　必皆親祀 朔望奠及凡祈禳 擇大臣攝行 御正殿 親授祝文詞"

라고 하였다. 전교령 윤소종은 창왕에게 제례가 본래의 의식 절차대로 시행되지 않음을 지적하고 있다. 본래 원구, 종묘, 사직, 산릉, 진전 사원, 신사 등의 제향축문, 그리고 도관, 사찰의 詞疏는 典校寺의 관원 한 사람이 매월 번갈아 숙직하여 재계하고 써서 올리면 상이 목욕재계하고 친히 압인하였다. 사원과 신사, 도관에서 행해진 제사 축문은 원구, 사직 등의 대사와 마찬가지로 그 절차가 준행되고 있었던 것이다. 그 이유는 사원과 신사, 도관 등에서 행해진 제례가 길례였기 때문이었다. 그리고 천지 제사와 종묘·사직에는 반드시 친히 제사하고 사찰과 도관, 신사에는 혹 대신을 명하여 섭행케 하였다고 하는데, 실상은 그렇지 않았다. 오히려 종묘, 사직에 대한 제사는 주로 섭행되었고, 후자의 제사는 빈번히 친제되었다. 그리하여 윤소종은 종묘, 사직의 제사를 강조하여 이들 제사에 대한 親祭를 요청한 것이다.[77]

이상과 같은 윤소종의 의견은 '本朝舊制', '祖宗舊制'에 따른 것이다. 윤소종은 우왕 때에 典校寺丞, 典儀副令, 藝文應敎, 典校副令을 역임한 바 있고, 창왕이 즉위하였을 때에는 전교시령에 있었기 때문에, 그 누구보다도 예제에 밝은 인물이었다. 따라서 그가 언급한 '본조구제', '조종구제'의 내용은 고려 사전의 것을 반영하고 있다고 생각된다. 따라서 그가 밝힌 대로 원구, 종묘, 사직, 산릉, 진전의 제사와 함께 도관, 신사에서 거행된 제사도 역시 국가제례였던 것이다.

윤소종이 국가제례라고 밝힌 도관, 신사의 제사 등은 『고려사』 잡사조에 기록되어 있다. 여기에는 壓兵祭, 醮禮, 老人星, 蠹祭, 嶽海瀆,

---

77) 윤소종의 요청에도 불구하고 종묘, 사직에 대한 親祭는 여전히 섭행되고 있었던 것 같다. 윤소종은 誠·敬·信의 덕목을 들어 宗廟 제사의 親行을 요청하고 있다.
   『高麗史』卷120 列傳 33 尹紹宗, "殿下 既允臣等親祀之請 今大享宗廟 乃以大臣 充大尉 是殿下 不欲親享也 … 今殿下之不親享 有三不可焉 吾不與祭 如不祭 則是不誠也 無疾病大故 而燕居九重 使臣攝行 則是不敬也 既許親祀 下之兩府 播之百姓 未幾而有攝祭之命 是示國人 以不信也 夫誠敬信三字 人君之大寶也 捨是三者 能有其國者 未之有也"

山川, 城隍, 箕子祠, 東明王祠, 川上祭, 天祥祭, 溫神祭, 禖祭 등이 제사의례는 없고 단지 거행 사실을 전하는 연대기 자료만 실려 있다. 『고려사』 잡사조에서 주요 내용을 차지하고 있는 초례의 경우를 보면, 그 의례의 거행이 "據科式", "按妙科於寶典"이라고 분명히 청사에 밝히고 있다.[78] 이처럼 초례의 거행 의식이 있었음에도 『고려사』 잡사조에는 이에 대한 언급이 없다. 결국 『고려사』 잡사조에는 의례 내용이 생략된 것임을 알 수 있다. 그리고 이것은 『국조오례의』에서 유교 의례에 맞지 않은 '잡사' 부분의 의례를 생략한 것과 같은 방식이다. 즉 『국조오례의』에서 '禳'·'謝'를 '잡사'로 호칭하며, 그 의례를 생략하고 있다. '禳'이나 '謝' 같은 '잡사'도 자체의 상례가 있었으나 기재하지 않는다[79]라고 밝히고 있는데, 이것은 유교 중심의 사전 체제에 맞지 않기 때문에 기록에서 제외하였음을 뜻한다. 이러한 사례로 볼 때 『고려사』 예지 길례 잡사조에서 그 의례가 생략되었던 것은 『국조오례의』에서 '잡사'의 의례를 생략한 이유와 같이 유교식 의례가 아니었기 때문이다.

그런데 '잡사'라는 용어는 『통전』과 『문헌통고』에서 유래한 것 같다. 『통전』 권55에는 '諸雜祠'라는 항목에 주의 壽星祠, 진의 陳寶祠, 한의 蚩尤祠 등의 祠廟와, 동진의 鴻祀, 후위에서 지낸 彗星·歲神·土神 등에 제사가 기록되어 있다. 그리고 『문헌통고』 권90 郊社考 23에는 '雜祠 淫祠'라는 항목에 주의 壽星祠, 한의 蚩尤釁鼓旗와 蚩尤祠, 巫祠 등의 내용이 실려 있다. 壽星(노인성), 蚩尤 즉 纛祭, 巫覡이 활동한 神祠 등은 『고려사』 길례 잡사조의 내용과 일치하고 있다. 그리고 『통전』과 『문헌통고』는 조선초 예제 정비에서 '古制'라 하여 조선 예제의 기준이 되고 있었다. 따라서 『통전』과 『문헌통고』 등의 '雜祠'條

---

78) 『東文選』 卷115 金富軾, 「乾德殿醮禮靑詞」, "遂據科式 灑淸闕庭 薦酌彼之潢汚"

　　『東文選』 卷115 金克己, 「王本命靑詞」, "按妙科於寶典"

79) 『國朝五禮儀序例』 吉禮 辨祀 細註, "凡祭祀之禮 天神曰祀 地祇曰祭 人鬼曰享 文宣王曰釋奠如禳謝等雜祀 自有常例 今不幷載"

의 내용이 고려의 길례에도 나타남으로『고려사』예지를 편찬하면서 고려 길례의 辨祀에 참고하였던 것으로 생각된다.

요컨대 고려 길례의 체제는 다른 시대와 비교되는 독특한 특징을 가지고 있다. 신라는 대·중·소사 이외에 '特祀'·'別制' 혹은 '別祀' 등의 국가제례를 두었고,『고려사』에는 '잡사'라고 하여 고려의 재래적인 諸神들에 대한 제사 기록을 연대별로 모아 놓았다. 그러나 '잡사'라는 용어는 유교의 길례 체계 속에는 없는 항목으로,『고려사』편찬자가 대·중·소사 이외의 제사를 지칭한 것이었다.『고려사』예지 '잡사'에 대해 조선의 실록에는 '未分等第'라고 하였다. 이런 사실로 보아 고려 길례의 辨祀는 대·중·소사와 '미분등제'된 국가제사로 나뉘어 있었음을 알 수 있다. 그리고 '잡사'라는 용어는 '대·중·소사로 등제하지 않은 고려의 국가제사'를『고려사』의 편찬자들이『통전』, 『문헌통고』의 예에 따라 임의로 붙인 용어였다. 즉『고려사』잡사조에 있는 명산대천, 독제 등 제사는『상정고금례』에서는 '미분등제된 국가제사'였다. 그리고 이러한『고려사』예지 '잡사'조의 제사는 고려 길례의 특징을 보여준다.

이처럼『고려사』예지 길례에 따르면 고려의 길례는 대·중·소사와 잡사로 나누어져 있다. 여기에 나타난 국가제사를 살펴보면 몇 가지 특징을 찾을 수 있다. 먼저 고려시대의 예제는 천자국 내지 황제의 례로 행해졌다는 점이다.[80] 이러한 사실은 원구나 방택, 그리고 태묘에 대한 제사를 통해 잘 드러난다.

---

80) 고려가 황제국 체제라거나 황제 의식을 가졌다는 견해에 대해서는 다음이 참고된다.

김기덕,『高麗時代 封爵制 研究』, 청년사, 1998.

노명호,「高麗時代의 多元的 天下觀과 海東天子」『韓國史研究』105, 1999. 그리고 開京 궁성의 구조와 건물 명칭이 황제의식을 표출하고 있다는 견해가 있다.

金昌賢,「고려시대 개경 궁성 안 건물의 배치와 의미」『韓國史研究』117, 2002.

원구제는 성종 2년(983) 정월에 처음으로 시행되었으며, 祈穀·祈雨
를 위한 제천의례였다.[81] 원구제는 상제와 함께 청제, 적제, 황제, 백
제, 흑제 등의 오방제에게 행하는 제천의례였고, 태조를 配神으로 하
여 제사하고 있었다. 제천례는 제후국에서는 행할 수 없었던 의례였
지만 고려는 천명사상에 의해 원구제를 거행하고 있었던 것이다.

그리고 원구와 서로 대응되는 것으로 方澤(혹은 方丘)이 있다. 중국
에서 원구와 방택은 천지에 대한 제사로서 각각 南郊와 北郊에서 하
지에 거행되었다.[82] 고려에서 천신과 지신에 대한 제사가 대사의 첫
머리에 올라 있었다는 사실은 이들 제사가 고려에서 가장 중요한 국
가제사였음을 말해준다. 이것은 고려가 독자적인 천명 의식 내지 고
려 중심의 천하관을 가지고 있었음을 의미한다.

또한, 태묘는 천자 7묘, 제후 5묘라는 유교 규범과는[83] 달리 운용되
고 있었다. 성종대는 오묘제를 준수하기도 하였지만, 후에 9묘제 혹은
9실제를 갖추어 나갔다.[84] 태묘 제향은 한식, 납일, 사맹월에 거행되
었으며, 이와 별도로 3년마다 祫祭를, 5년마다 禘祭를 지낸다. 그런데
태묘의 체제는 천자의 예였다.[85] 이러한 이유로『세종실록』「오례」에

---

81)『高麗史』卷59 지 13 예지 길례 대사 圜丘, "成宗二年正月辛未 王親祀圜丘
 祈穀 配以太祖 祈穀之禮 始此"
 圜丘는 圓丘라고도 한다.『高麗史』예지 서문에는 '圓丘'로, 吉禮大祀條에
 는 '圜丘'로 표기되어 있다. '圜'의 음은 '원'이다.『禮記注疏』禮器 권24,
 "周坐尸詔侑武方其禮亦基道一也〈… 圜音圓 下圜丘同〉"
82)『晉書』卷19 지 9 禮上, "今祀圜丘 以始祖帝舜配 號圜丘曰皇皇帝天 方丘所
 祭曰皇皇后地 以舜妃伊氏配"
 『新唐書』卷13 지 13 예악 3, "古者祭天於圓丘 在國之南 祭地於澤中之方
 丘 在國之北 所以順陰陽因高下而事天地以其類也"
 『宋史』卷98 지 51 예, "夏至 祭皇地祇 孟冬 祭神州地祇"
83)『禮記』王制, "王子七廟 三昭三穆 與太祖之廟而七 諸侯王廟 二昭二穆 與
 太祖之廟而五"
84)『高麗史』卷61 지 15 예3, "成宗七年十二月 始定五廟"
 『高麗史』卷7 문종 10년 10월 임술, "親祫于大廟 加上九廟尊號"
 『高麗史』卷14 예종 11년 10월 계유, "親祼大廟 … 倂奏新制九室登歌"

는 체제는 없고 협제 의례만이 실려 있다. 그리고 『국조오례의』에서 협제마저 사라진 것을 보면 협제는 폐지되었던 것으로 생각된다.[86] 이처럼 고려 태묘의 운용은 천자의 예를 따르고 있었다.

두 번째 특징은 고려왕실의 조상제사가 매우 다양하게 거행되고 있었다는 점이다. 太廟, 別廟, 景靈殿, 諸陵은 대사에, 서경의 藝祖廟가 잡사에 등재되어 있다. 경령전은 고려 태조와 역대 국왕의 진영을 봉안한 影殿이었다.[87] 경령전은 5실로 구성되었으며, 제기 등의 제사 도구를 독자적으로 갖추고 있었다.[88] 경령전은 국왕이 즉위하면 이곳에 알현하고 즉위 사실을 고하였다.[89] 따라서 국왕들에게 있어 경령전은 매우 중요한 의미를 가진 곳이었다. 이런 이유로 경령전은 대사로 올라 있었던 것이다. 그리고 서경에는 태조 왕건의 사당인 藝祖廟가 있었다. 예조묘에는 태조의 의관이 보관되어 있었는데, 후대왕은 연등회과 팔관회 때에 대신을 보내어 제사하였다.[90] 태조 왕건은 즉위 이

---

85) 『世宗實錄』 卷11 세종 3년 4월 무오, "禮曹判書許稠等啓 … 儀禮經傳通解續云 禮不王不禘"
『成宗實錄』 卷178 성종 16년 윤4월 임오, "禮曹啓曰 郊禘天子事 非諸侯所得爲"
86) 조선초기 종묘의 禘·祫祭에 대해서는 韓亨周, 『朝鮮初期 國家祭禮 硏究』, 一潮閣, 2002, 129~132쪽 참조.
87) 『高麗史』 卷120 열전 33 윤소종, "景靈殿 太祖皇考之別廟 孝思觀 太祖之眞之所在"
『高麗史』 卷127 열전 40 이자겸, "王 步至景靈殿 命內侍白思淸 奉祖宗眞納諸內帝釋院眢井中乃出西華門 乘馬至延德宮"
88) 『高麗史』 卷28 충렬왕 1년 12월 丁未.
경령전은 원래 7묘였다가 5묘로 변하였다는 견해도 있다. 이에 대해서는 許興植, 『高麗佛敎史硏究』, 一潮閣, 1986, 62쪽 참조.
고려의 경령전은 송의 경령전에서 유래한 것으로 보인다. 따라서 고려의 경령전은 송의 경령전과 같이 5묘(실)로 구성되었을 것이다.
89) 『高麗史』에서 그 사례를 찾아보면 덕종 즉위년 6월 庚子, 인종 즉위년, 충선왕 복위년 8월, 충숙왕 즉위년 6월, 공민왕 즉위년 12월 등이다.
90) 『高麗史』 卷63 지 17 吉禮 雜祀, "明宗 … 二十年十月甲申 遣使西都 祭藝祖廟 西都 藝祖之所興也 至今衣冠 猶在其廟 故後王 每於燃燈八關 遣大臣

후로 서경을 매우 중시하였음으로, 그의 사후에 사당이 건립되었던 것으로 생각된다. 이렇듯 고려 왕실의 조상 제례는 대사와 잡사에 올라 있었다. 이것은 조선의 조상 제례가 대사인 종묘를 중심으로 이루어진 것과는 큰 차이를 보인다.

세 번째 특징은 악진해독, 명산대천 등이 대·중·소사로 구분되지 않았다는 점이다. 『삼국사기』 잡지 제사조를 보면 신라의 경우 삼산을 대사에, 악진해독을 중사에, 명산을 소사에 각각 등재하였다. 그리고 『세종실록』 길례에는 명산대천을 소사로 하였고, 『국조오례의』에서는 악진해독은 중사에, 명산대천은 소사에 올라 있다. 그런데 『고려사』 예지 길례는 이러한 사례와는 달리 대·중·소사로 등제하지 않았다. 고려시대에 악진해독, 명산대천 등이 대·중·소사로 편제되지 않았다는 것은 다른 시대나 중국과도 비교되는 독특한 점이다.

네 번째 특징은 도교의례인 초례가 국가의례로 거행되고 있었다는 점이다. 초례는 "국가의 고사로 천지 및 경내 산천을 대궐 뜰에서 두루 제사지내는 것"이었다.[91] 『고려사』에는 '親醮', '大醮', '醮'로 기록되어 있는데, 원구·방택의 親祀보다 親醮의 사례가 훨씬 많이 기록되어 있다. 따라서 국가의례에서 매우 중요하게 생각되었음을 알 수 있다. 이처럼 초례가 국가의례로 거행되고 있었던 것은 불교, 유교와 함께 도교가 널리 숭배되고 있었음을 말해준다. 그리고 고려 국가의례의 사상적 기반이 유교만이 아니었음을 말해준다.

그리고 다섯 번째로 주목되는 특징은 東明聖王에 대한 제사이다. 이것은 고려가 고구려 계승의식을 표방하고 있었음을 말해준다. 고려는 고구려를 계승했다고 하는 의식이 자리잡고 있었으며,[92] 국초부터

致祭"

藝祖廟는 왕조의 太祖에 대한 사당을 의미한다.

『書經』 舜典, "歸格于藝朝用特 [傳] 巡守四岳 然後歸告至文祖之廟 藝文也"

『釋文』 藝, "魚世反 馬王云 禰也"

91) 『高麗史』 卷63 志 17 吉禮 雜祀, "顯宗三年七月 … 國家故事 往往遍祭天地 及境內山川于闕庭 謂之醮"

서경을 매우 중시하고 있었다. 이러한 의식을 바탕으로 하여 고려에
서는 고구려의 시조 동명성왕에 대한 제사가 이루어지고 있었다.[93]
그리고 개경의 선인문 안에는 東神祠에 있었는데, 정전에 "東神聖母
之堂"이라고 되어 있었다. 東神聖母는 바로 주몽의 어머니를 가리키
는데, 이러한 東神祠가 개경에 있었던 것은 고려가 고구려에 대한 계
승 의식을 가지고 있었음을 말해준다.[94] 이에 반해 백제와 신라의 시
조에 대해서는 국가 차원에서 제사가 이루어지지 않고 있었다. 이렇
게 볼 때, 고려는 국가제사를 통해 고구려의 계승을 적극적으로 표방
하고 있다고 할 수 있다.

　이상에서 살펴본 바와 같이 고려의 국가제사는 고려만의 독특한 특
징을 가지고 있었다. 이것은 고려 나름의 독자 의식과 정체성이 국가
제사로 표출되었던 것임을 말해준다. 고려의 국가제사가 신라나 중국
과 차별성을 보이는 것은 이러한 사실에 기인한 것이다. 이러한 고려
사전의 체제와 내용은 조선시대에 들어 유교 예제에 다가가는 양상을
보인다.

---

92) 고려가 고구려 계승의식을 가지고 있었으며, 이러한 차원에서 東明王에
　　대한 제사가 이루어지고 있었던 사실은 탁봉심,「東明王篇에 나타난 李
　　奎報의 歷史意識」『韓國史硏究』44, 94～95쪽 참조.
　　한편, 고려가 고구려적 이념과 신라적 전통이라는 이중적 성격에서 출발
　　하여, 고구려와 신라 두 왕조와 연결 의식을 갖고 있었다는 견해에 대해
　　서는 河炫綱,「高麗時代의 歷史繼承意識」『韓國의 歷史認識(上)』, 1975와
　　金毅圭,「高麗前期의 歷史意識」『韓國史論』6, 1979 참조. 그리고 고려 건
　　국에서『三國史記』가 출현하기 전까지는 고구려 계승의식이, 그후 고려
　　말까지 신라 계승의식이 지배적인 방향이었다는 견해는 李佑成,「『三國
　　史記』의 構成과 高麗王朝의 正統意識」『震檀學報』38, 1974이 참고된다.
93)『高麗史』卷58 지 12 지리 북계 西京留守官 平壤府, "東明王墓〈在府東南
　　中和境 龍山谷 號眞珠墓 又仁里坊 有祠宇 高麗 以時降御押 行祭朔望 亦令
　　其官行祭 邑人至今 有事輒禱 世傳東明聖帝祠〉"
94)『高麗圖經』卷17 祠宇 東神祠, "東神祠 在宣仁門內 … 正殿榜曰東神聖母
　　之堂 … 或云乃夫餘妻河神女也 以其生朱蒙 爲高麗始祖 故祠之"

제2장

고려시대의 雜祀

1. 『高麗史』 禮志 雜祀의 내용

지금까지 고려의 길례에 대한 연구는 『상정고금례』가 남아 있지 않아 『고려사』예지를 통해 이를 해명하는 노력을 기울여 왔다. 여기에는 대·중·소사에 이외에 '雜祀'라는 항목이 있다. 잡사는 고려 길례의 특징을 보여준다. 『고려사』잡사조의 제사를 살펴보면 〈표 5〉와 다음과 같다.

〈표 5〉『고려사』 예지 잡사조의 내용 (醮禮 제외)

祭祀名	거 행 시 기	제 사 거 행	제사 관련 내용
壓兵祭	穆宗 11년 10월	改軷祭 爲壓兵祭	
	文宗 2년 2월	行壓兵祭于西京北郊	
老人星祭	靖宗 5년 2월	祀老人星於南郊	
	睿宗 3년 8월	命有司 祀老人星于南壇	
	睿宗 6년 2월	祀老人星于南壇	
嶽海瀆·山川祭	顯宗 2년 2월	以丹兵至長湍 風雲暴作 紺岳神祠 若有旌旗上馬 丹兵	

			懼不敢前 令所司修報祀	
	顯宗 3년 12월			作西京木覓祠神像
	顯宗 16년 5월			以海陽道定安縣 再進珊瑚樹 陞南海神祀典
	靖宗 원년 5월		祈晴于川上 每水旱祭百神於松岳溪上 號曰川上祭	
	文宗 5년 12월			制 大雪之候 雪不盈尺 宜令諏日 祈雪於川上 禮部奏仲冬以來 雖無盈尺之雪 雨復霈然 況令節近立春 不宜祈雪 從之
	宣宗 6년 2월		親祀天地山川于毬庭	
	肅宗 6년 2월		遣使 秋祭于山川	
	肅宗 6년 4월		合祭 己卯年幸三角山所過名山大川 于開城及楊州	
	肅宗 9년 12월		祈雪于山川	
	睿宗 11년 4월		遣使 祈雨於上京川上 松岳東神諸神廟朴淵 及西京木覓東明祠道哲嵒梯淵	
	仁宗 1년 12월		秩祭山川	
	元宗 14년			討三別抄于耽羅也 無等山神 有陰助之驗 命春秋致祭
	忠烈王 1년 6월		遣使于忠淸慶尙全羅東界等道 遍祭山川	
	忠烈王 3년 5월			以耽羅之役 錦城山神有陰助之驗 令所在官 歲致米五石 以奉其祀
	忠烈王 4년 9월		遣使于平壤 享太祖東明木覓廟	
	恭愍王 8년 12월		以賊起 祭中外山川於神廟以求助	
城隍祭	文宗 9년 3월			宣德鎭新城 置城隍神祠賜號崇威 春秋致祭
	恭愍王 9년 3월		祭諸道州郡城隍于諸神廟以謝戰捷	
溫神祭	肅宗 5년 6월		祭五溫神於五部 以禳溫疫	
	肅宗 6년 2월		祭溫神于五部 以禳溫疫	
	肅宗 6년 3월		祭五溫神	
歷代帝王廟	肅宗 7년 10월			禮部奏 我國敎化禮義自

				箕子始 而不載祀典 乞求 其墳塋 立祠以祭 從之
	肅宗 10년	8월	遣使 祭東明聖帝祠 獻衣幣	
	明宗 20년	10월	遣使西都 祭藝祖廟	西都藝祖之所興也 至今 衣冠猶在其廟 故後王每 於燃燈八關 遣大臣致祭
	忠烈王 4년	9월	遣使于平壤 享太祖東明木 覓廟	
	忠肅王 12년	10월		令平壤府 立箕子祠以祭
	恭愍王 5년	12월		令平壤府 修營箕子祠宇 以時致祭
	恭愍王 20년	12월		命平壤府 修箕子祠 以時 祭之
纛 祭	忠烈王 7년	3월	以將征日本 祭纛于宮南門	
	忠烈王 13년	6월	將助征乃顏 親祭纛于宮門	
	忠烈王 16년	9월	將征日本 祭纛于壽康宮	
	禑王 3년	7월		都評議司言 往歲玄陵親 討紅賊 始立纛 每月朔望 祭之 其弊不細 請停罷 從之
天祥祭	文宗 27년	2월	行天祥祭 以禳災變	
禖 祭	明宗 14년	5월	以太子無嗣 遣使禖祭于白 馬山	
기 타	忠烈王 5년	5월	用樂 祀竹板宮新殿鴛瓦	

『고려사』잡사조의 제사 중 초례, 산천제, 성황제를 제외한 나머지
의 제사를 살펴보면 다음과 같다.

① 壓兵祭

『고려사』잡사조의 첫 기사는 목종 11년 10월에 軷祭를 壓兵祭로
고쳤다는 내용이다. 軷祭는 길을 떠나면서 무사하기를 道路神에게 비
는 것이었다. 목종 11년에 軷祭를 압병제로 고친 것은 단순히 명칭만
을 바꾼 것이기 보다는, 그 제사의 내용이나 의식도 함께 개정하였을
것으로 생각된다. 중국에서는 禡祭를 통해 '師行'과 戰勝을 기원하였
는데,[1] 목종 때의 압병제는 禡祭와 같은 성격의 제사로 생각된다. 마
제는『국조오례의』에서 소사에 올라 있다.

② 老人星祭

老人星은 南極星을 말하는데, 추분 아침에 丙方(정남쪽에서 남동쪽으로 15도 방향)에 나타났다가 춘분 저녁에 丁方(정남쪽에서 남서쪽으로 15도 방향)으로 사라진다. 노인성이 나타나면 군왕의 장수와 나라의 태평을 나타내는 징조였으며, 보이지 않으면 병란과 기근이 생긴다고 여겼다.[2]

老人星祭는 2월과 8월에 南郊 혹은 南壇에서 제사하는 것으로 나타나 있다. 고려시대의 경우 2월과 8월에 노인성에 제사지낸 것은 춘분과 추분에 맞춘 것으로 생각된다.

노인성 제사를 위해서 老人堂이 건립되었는데, 지방 여러 곳에도 노인당이 있었다. 의종 24년 3월에 지문하생사 최온으로 하여금 서경 노인당에서, 우부승선 임종식은 海州 床山에서 노인성에 제사를 지내게 하였다. 그리고 內外의 老人堂에도 사신을 보내어 제사를 지내게 하였다. 같은 해 4월에 충주목부사 최광균이 "앞 달 28일에 老人星을 竹杖寺에서 제사하였는데, 그날 저녁에 壽星(老人星)이 나타나 三獻에 이르러 사라졌습니다"고 보고하였다.[3] 충주 죽장사에서 거행된 노인성 제사는 의종 24년 3월에 '내외의 노인당'에 제사를 지내게 한 조처에 의한 것으로 생각된다.

의종은 24년 4월 신사일에 직접 내전에서 노인성에 대해 초례를 지냈다. 의종은 노인성이 다시 나타났다고 하여 태자에게 명하여 福源

---

1) 『說文』 禡, "師行所止 恐有慢其神 下而祀之曰禡"
  『禮記』 王制, "禡於所征之地 [注]禡師祭也 爲兵禱"
  신라의 壓丘祭는 고려의 壓兵祭가 아닌가 생각된다. 『삼국사기』 권32 잡지 1 제사, "壓丘祭辟氣祭 上件或因別制"
2) 『晉書』 天文志, "老人一星在弧南 一曰南極 常以秋分之旦 見於丙 春分之夕而沒于丁"
  『經國大典註解』 後集 下 禮典 老人星, "一曰南極 常以秋分之朝見于丙 春分之夕沒于丁 秋分候之南郊 明大則人主有壽 天下安寧 不見則人主憂兵起 歲荒 客星入爲民疫 一曰兵起 老者憂流星犯之老人多疾 一曰兵起"
3) 『高麗史』 卷19 의종 24년 3월, 4월 참조.

宮에 초례하게 하고, 평장사 허홍재로 하여금 상춘정에서 초례하게 하고, 좌승선 금돈중은 충주 죽장사에서 제사하게 하였다. 의종은 친히 노인성에 초례하고자 하여 판예빈성사 김우번과 낭중 진력승에게 명하여 진관사 남쪽 산기슭에 堂을 짓게 하였다.[4]

이처럼 노인성은 2월과 8월에 정기적으로 제사되었다. 국왕은 친히 내전에서 노인성에 대해 제사하였는데, 서경, 해주, 충주 등의 老人堂 혹은 山頂에서 거행되었다.

조선의 노인성제는 태종 8년 5월에 종래 춘분과 추분에 행하던 것을 古制에 의거하여 추분에 한하여 제사하도록 하고 남교에 제단을 만들게 하였다. 그리고 세종 8년 5월에 의주가 마련되었으며, 『국조오례의』에 소사로 등재되었다.

③ 纛祭

纛旗는 검은 소의 꼬리로 만들었는데, 치우의 머리를 본뜬 것이다.[5] 치우는 전쟁을 좋아하여 黃帝에게 주벌당했다고 한다. 이에 국왕의 행차에 독기로 장식하거나 친정군의 상징으로 사용하였다.

고종 4년에 거란이 침입하자 서경병마사인 상장군 최유공과 판관인 예부낭중 김성 등에게 서경의 병사를 거느리고 이를 치게 하였는데, 최광수가 서경에서 반란을 일으켰다. 이때 최광수는 독기를 세우고 군사를 소집하였다고 하는데,[6] 독기가 국왕의 군대를 상징하는 것이므로 사람들을 속여서 쉽게 군사를 모을 수 있었다고 생각했기 때문일 것이다. 이렇듯 독기는 국왕 친정군의 상징이었다.

---

4) 『高麗史』 卷19 의종 24년 4월.
  『新增東國輿地勝覽』에 의하면 文義縣 九龍山의 山頂에 老人星殿의 옛 터가 있다고 하였다. 이 노인성전은 아마도 고려시대부터 있었던 것이 조선시대에 들어 없어진 것으로 생각된다.
  『新增東國輿地勝覽』卷15 충청도 文義縣 山川, "九龍山 在縣西十二里 山頂有老人星殿古基 其畵像 至今猶存"
5) 『經國大典註解』 後集 下 禮典 纛祭, "纛以犛牛尾爲之 象蚩尤之頭"
6) 『高麗史』 권121 열전 34 鄭顗.

纛祭는 충렬왕 이후 일본 원정과 관련하여 중요한 제사로 인식되기 시작하였다. 충선왕은 太淸觀에 종9품의 판관을 두고 독기를 주관케 하였으며, 출정에 있으면 반드시 제사케 하였다. 그리고 공민왕은 홍건적을 치고자 하여 大纛을 만들고 관청을 두고 이를 纛赤라 하였다.[7] 이렇듯 독제는 전쟁에 대한 승리를 기원하는 것이었다. 그런 의미에서 압병제와 독제는 같은 성격의 제사로 생각된다.

한편, 독제는 太淸觀에서 행해졌던 것 같다. 즉,

> 태청관. 충선왕 때 판관을 두었는데 품질은 종9품으로 독기를 보관하는 일을 맡게 했다. 무릇 출정할 때에는 반드시 本觀에서 제사지내게 하였다.[8]

고 한다. 道觀인 태청관은 독제를 담당하게 함으로써 그 기능이 확대되고 있었던 것 같다. 독제는 충렬왕대에 원의 일본 원정으로 인해 활발히 거행되기 시작하였는데, 그 거행 장소는 궁궐의 남문이나 수강궁이었다.[9]

이렇게 승전을 기원하는 제사는 이미 고려초부터 軷祭, 壓兵祭라는 이름으로 거행[10]되어 왔으며, 출정하는 의식에서는 大社에 제사지내고 태묘에 고한 후 斧鉞을 장수에게 내리는데, 이때 국왕은 경령전에

---

7) 『高麗史』 卷77 志 31 百官 太淸觀.
  『고려사』와 조선왕조실록에 의하면, 大淸觀·太淸觀으로 표기되어 있다. 그런데 도교에서는 太淸·上淸·玉淸을 三淸이라고 한다. 그리고, 『세종실록』 권48 세종 4년 11월 신미조에서 '重創古記'를 인용하면서 '太淸觀'이라 표기하였다. 따라서 太淸觀이 바른 표기일 것이다.

8) 『高麗史』 卷77 백관 2 太淸觀, "忠宣王 置判官 秩從九品 主藏纛 凡出征 必禱于本觀"

9) 『高麗史』 卷63 지 17 예5 잡사, "(忠烈王) 七年三月甲子 以將征日本 祭纛于南宮門 … 十三年 … 六月己巳 將助征乃顏 親祭纛于宮門"; "十六年九月庚申 將征日本 祭纛于壽康宮"

10) 『高麗史』 卷63 지 17 예5 잡사, "穆宗十一年十月 改軷祭 爲壓兵祭 … 文宗二年二月己丑 行壓兵祭于西京北郊"

친히 告祭를 지냈다.[11] 이러한 의식에 따라 예종은 여진을 정벌하려 가는 윤관에게, 인종은 서경의 난을 진압하려 가는 김부식에게, 각각 부월을 내렸다.[12] 그러나 공민왕 18년 11월에는 이인임을 서북면도통사로 임명하면서 大纛을 내리는 것[13]을 보면 충렬왕대 이후 원의 일본 정벌과 관련하여 독제가 거행되었고, 부월을 대신하여 독기를 하사하는 것으로 바뀌고 있음을 알 수 있다. 이러한 변화는 아마 원의 영향 때문인 듯하다.

조선시대의 독제는 춘추에 정기적으로 행해졌으며, 『국조오례의』에 소사로 등재되었다.

④ 嶽·海·瀆

악·해·독 및 산천에 대한 제사는 다른 시대의 국가제사와는 달리 고려시대에는 중·소사에 등재되어 있지 않고 '미분등제'되어 있었다. 악·해·독은 악·진·해·독이라고도 한다. 嶽·鎭은 山嶽神인데, 嶽은 오악 혹은 사악을 말하며, 진은 진호하는 산신을 말한다. 독은 흔히 사독이라 하며, 발원하여 바다로 들어가는 하천을 말한다.[14]

고려의 악·독은 확인되지 않고 있다. 송악, 감악이 있으나 이것이 오악 혹은 사악인지 확인되지 않는다. 다만 三蘇를 중요하게 생각하였다. 독 역시 확인되지 않는데 津, 淵, 溟所 등을 중요하게 생각하였던 것 같다.

海神은 각 방위별로 제사되었던 것으로 생각된다. 남해신은 해양도 定安縣[15]에서 산호수를 바친 것을 계기로 현종 16년에 사전에 올랐

---

11) 『高麗史』 卷64 지 18 예6 군례 遣將出征儀, "遣將出征 宜大社告太廟 … 出鉞還鉞 王皆親告景靈殿"
12) 『高麗史』 卷64 지 18 예6 군례 예종 2년 10월과 인종 13년 정월.
13) 『高麗史』 卷64 지 18 예6 군례 공민왕 18년 11월.
14) 『說文』 嶽, "東岱 南霍 西華 北恒 中太室 王者之所以巡狩所至"
  『爾雅』 釋水, "江河淮濟爲四瀆者 發源注海者也"
15) 成宗 14년에 羅州·光州·靜州·昇州·貝州·潭州·朗州 등의 州縣으로 海陽道를 삼았다가 顯宗 9년에 江南道와 합하여 全羅道라 하였다. 定安縣

다. 그리고, 이규보가 「食蒸蟹」라는 시에서 "게는 8월에 稻芒을 동해 신에게 보내야만 먹을 수 있다"고 하였다.[16] 어부들은 게의 풍작을 위해 8월에 동해신에게 제사지냈음을 알 수 있다.

그런데 신라에서는 四海神이 중사로, 『세종실록』 「오례」에는 동 해·남해·서해 등이 중사로 등재되어 있다.[17] 고려의 海는 『세종실 록』 「오례」에 기재되어 있는 바와 같이 동해·남해·서해 등이 치제 된 것으로 생각된다. 왜냐하면 양성지(1415~1482)는 동·남·서해의 神祠가 모두 개성부를 기준으로 하여 정한 것이어서 방위가 틀리다고 지적하고 있기 때문이다. 이에 양성지는 동해신을 강릉으로, 서해신 을 인천으로, 남해신을 순천으로, 북해신을 갑산에 옮겨서 제사하기 를 청하였다.[18] 양성지는 『세종실록』 「오례」에서 정한 三海와 달리 四海에 대해 치제해야 한다고 하였고, 동해의 강원도 양양, 남해의 전

은 신라 景德王 때 寶城郡의 領縣이었다가 고려에 들어서 定安縣으로 고 쳐 부르고, 靈岩 任內에 소속시켰다. 仁宗 때에 恭睿太后 任氏의 고향이 라 하여 長興府라 하였다.
　　『高麗史』卷57 志 11 全羅道 長興府.
16) 『東國李相國集』卷7「食蒸蟹」, "東海輸芒今已了〈蟹八月輸稻芒於東海神然 後可食〉"
17) 『三國史記』卷32 잡지 1 祭祀, "新羅 … 中祀 … 四海 東 阿等邊〈…退火 郡〉 南 兄邊〈居柒山郡〉 西 未陵邊〈屎山郡〉 北 非禮山〈悉直郡〉"
　　『世宗實錄』卷128 五禮 吉禮 辨祀, "中祀 … 嶽海瀆〈… 東海 江原道襄州東 南海 全羅道羅州南 西海 豊海道豐川西 …〉"
　　『世宗實錄』卷151 지리지 전라도 나주목, "南海神祠堂〈在州南 祭例中祀 春秋降香祝祭之〉"
　　『世宗實錄』卷152 지리지 황해도 풍천군, "西海神〈壇在郡西 古立所臨海 峯頭 春秋降香祝 行祭中祀〉"
　　『世宗實錄』卷153 지리지 강원도 양양도호부, "東海神祠堂〈在府東 春秋 降香祝 致祭中祀〉"
18) 『世祖實錄』卷3 세조 2년 3월 정유, "梁誠之上疏曰 … 本朝 嶽鎭海瀆名山 大川之祀皆倣三國及前朝之舊 而爲之多有可議者焉 … 東南西海神祠 皆自 開城府而定之 亦方位 … 移祭東海神於江陵 西海於仁川 南海於順天 北海 〈鴨綠江上流〉於甲山"

라도 나주, 서해의 풍해도 풍천 등의 祭所도 옮길 것을 주장하였다.
결국 『세종실록』「오례」에 정해진 동·남·서해는 고려의 前例를 따
른 것임을 말해준다. 따라서 고려의 海祭는 동·남·서해에 대해 이
루어졌고, 신라의 사전과는 달리 제사되었음을 알 수 있다.

⑤ 箕子祠

　기자에 대한 제사는 고구려에서도 행해졌으며,[19] 고려 숙종 때에
사전에 등재되었다. 숙종 7년 10월에 예부에서, 기자에 대한 제사가
아직 사전에 오르지 못하였으니 墳塋을 찾아 사당을 세워 제사할 것
을 건의하였다.[20] 숙종은 7년 7월에 서경으로 행차하였다가 같은 해
10월 갑술일에 서경을 출발하여 11월 정해일에 개경에 도착하였다.
기자에 대해 제사하자는 예부의 건의는 서경에서 이루어진 것이었다.
이것은 기자 제사가 고구려의 제도를 계승한 것임을 보여준다.

　그런데 충숙왕 12년 10월에 평양부로 하여금 箕子祠를 세워 제사하
게 하였다. 아마 숙종 때의 기자사가 전란으로 파괴되자 이때 다시 건
립하였던 것으로 생각된다. 공민왕은 1년 2월에 기자사를 수리케 하
였고,[21] 5년과 12년에도 기자의 사당을 수리하고 제사하도록 하였다.
이러한 조처를 자주 내린 것은 공민왕이 기자에 대한 제사를 중요하
게 여기고 있었기 때문이었을 것이다.

　한편, 명종 8년 4월에 서경의 공해전을 다시 정하였는데, 先聖油香
田, 즉 기자의 유향전은 50결이었다. 그런데 문선왕의 유향전이 15결
이었다. 유수관에는 공해전이 50결에, 지위전이 약 272결, 육조에는
공해전이 20결, 지위전이 15결이었고, 諸學院에는 공해전 15결, 서적
위전 50결, 승록사에는 공해전·지위전이 각각 15결로 되어 있었다.[22]

---

19) 『舊唐書』 卷199 上 열전 149 上 高麗, "其俗多淫祀 事靈星神日神可汗神箕
　　子神"
20) 箕子墓는 서경 북쪽의 兎山 위에 있다고 한다.
　　『高麗史』 卷58 지 12 지리 북계 西京留守官平壤府.
21) 『高麗史』 卷38 공민왕 1년 2월 丙子.

이처럼 다른 관아에 비해 서경의 기자사에 비교적 많은 토지를 설정하고 있는 것으로 보아 기자에 대한 제사를 아주 중요하게 생각하고 있었음을 알 수 있다.

그리고 백제나 신라에서는 기자에 대한 제사가 이루어지지 않았는데, 기자 사당을 건립한 것은 고구려의 전통을 계승한 것으로 생각된다. 기자에 대한 제사는『세종실록』「오례」와『국조오례의』에서 소사로 올라 있다.

⑥ 東明聖帝祠

고려는 고구려를 계승했다고 하는 의식이 자리잡고 있었으며, 국초부터 서경을 매우 중시하고 있었다. 태조 왕건은 서경을 중시하라고 하였고, 현종은 동명왕에게 훈호를 더하였으며, 서희는 "고려가 곧 고구려의 옛 땅임으로 국호를 고려라 하였다"고 밝히고 있다. 이러한 의식을 바탕으로 하여 고려에서는 고구려의 시조 동명성왕에 대한 제사가 이루어지고 있었다.

東明王墓는 서경의 동남쪽 중화의 경계인 용산곡에 있었는데, 眞珠墓라고도 하였다. 祠宇는 서경의 인리방에 있었는데, 때때로 어압을 내려 제사하였고, 삭망에는 관에서 제사를 행하였다. 또한 서경민들도 일이 있으면 기도를 하였는데, 민간에서는 東明聖帝祠라고 하였다.[23]

『고려사』잡사조에 의하면 숙종 10년 8월과 충렬왕 4년 9월에 使臣을 보내어 東明聖帝祠에 제사하였다. 동명왕사에서 행해졌던 제사를

---

22) 『高麗史』卷78 志 32 食貨 田制 公廨田柴, "明宗八年四月 更定西京公廨田有差 留守官公廨田五十結 紙位田 二百七十二結三十七負七束 六曹公廨田二十結 紙位田十五結 法曹司公廨田十五結 諸學院公廨田十五結 書籍位田五十結 文宣王油香田十五結 先聖油香田五十結〈先聖則箕子〉 藥店公廨田七結 僧錄司 公廨紙位田各十五結"

23) 『高麗史』卷58 지 12 지리 북계 西京留守官 平壤府, "東明王墓〈在府東南中和境 龍山谷 號眞珠墓 又仁里坊 有祠宇 高麗 以時降御押 行祭朔望 亦令其官行祭 邑人至今 有事輒禱 世傳東明聖帝祠〉"

더 찾아보면, 예종 4년 4월 을유에 동지추밀원사 허경을 보내어 평양의 木覓·東明神祠에 제사하였고, 충렬왕 19년 10월에 왕이 서경에 이르러 聖容殿에 배알하고 사람을 파견하여 平壤君祠와 東明王, 木覓廟에 제사하였다.[24] 이처럼 東明聖帝祠에서 국가제사가 이루어졌고, 서경에서는 삭망으로 제사를 지내고 있었다. 이와 함께 훈호가 주어졌다. 동명왕과 함께 평양의 목멱산·교연·도지암 등의 신에게도 훈호를 높여 주었다.[25] 이것은 현종대 이후 동명왕 제사가 국가제사로 거행되었음을 말해준다.

이상에서 살펴본 바와 같이 서경의 東明廟에 제사한 것은 고려가 고구려 계승 의식을 가지고 있었기 때문이다. 그리고, 개경에는 선인문 안에 東神祠에 있었는데, 정전에 "東神聖母之堂"이라고 되어 있다. 동신성모는 바로 주몽의 어머니를 가리키는데, 이러한 동신사가 개경에 있다는 것은 고려가 고구려에 대한 계승 의식을 가지고 있었기 때문이다. 이에 반해 백제와 신라의 시조에 대해서는 제사가 이루어지지 않고 있었음을 생각해 볼 때, 고려의 국가제사는 신라의 요소를 최소화하고 고구려의 계승을 적극적으로 표방하고 있다고 할 수 있다.

조선시대에 들어 삼국의 시조 제사는『세종실록』「오례」에 등재되지 못하였지만『국조오례의』에 가서 소사가 되었다.

⑦ 서경의 藝祖廟

예조묘는 원래 왕조의 太祖에 대한 사당을 말하는데,[26] 서경의 예

---

24)『高麗史』卷13 예종 4년 4월 乙酉, "遣同知樞密院事許慶 祭平壤木覓東明神祠"
　　『高麗史』卷30 충렬왕 19년 10월 戊申, "王 至西京 謁聖容殿 分遣人 祭平壤君祠東明王及木覓廟"
25)『高麗史』卷4 현종 2년 5월 丁亥, "加平壤木覓橋淵道知巖東明王等神勳號"
26)『書經』舜典, "歸格于藝朝用特 [傳] 巡守四岳 然後歸告至文祖之廟 藝文也"
　　『釋文』藝 "魚世反 馬王云 禰也"

조묘는 태조 왕건의 사당을 가리킨다. 고려초부터 서경을 중시하게
됨으로써 동명왕의 제사와 함께 태조 왕건에 대한 제사가 이루어졌
다. 태조 왕건은 즉위 이후로 서경을 매우 중시하였는데, 태조의 사후
에 그의 사당이 건립되었던 것으로 생각된다. 명종은 20년 10월에 서
경으로 사신을 보내어 예조묘에 제사케 하였는데, 서경은 藝祖가 일
어난 곳으로 지금까지도 의관이 그 廟에 있기 때문에 후대왕이 매번
연등회과 팔관회에 대신을 보내어 제사한다고 하였다. 그런데 예조묘
는 聖容殿이라고 한 것 같다.

『고려사』잡사조 충렬왕 4년 9월조에는 "遣使于平壤 享太祖東明木
覓廟"라고 한 데 대해,『고려사』세가에서는 찬성사 원부 등에 명령하
여 聖容殿과 東明廟, 평양 木覓廟에 제사케 하였다고 하였다.[27] 이로
보아 태조의 사당은 성용전이었음이 확인된다.

현종은 9년 1월에 사신을 서경에 보내어 성용전에서 태조에게 제
사하였다. 현종은 태조의 초상화를 새로 제작하였기 때문이었다. 숙
종은 7년 7월에 서경으로 행차하였다가 8월에 태조의 影殿에 배알하
였다. 충렬왕은 4년 4월과 19년 10월에 서경에 이르러 성용전에 배알
하였다.[28] 이로써 성용전은 태조의 초상을 모신 영전이었음을 알 수
있다.

이상에서 살펴 본 바와 같이『고려사』잡사조에는 압병제, 악해독,
기자사, 동명성제사 등 여러 제사와 祠廟에 대한 사실이 실려 있다.
이외에도 瘟疫을 주관하는 五溫神 제사, 아들을 낳으려고 기원하는 禖
祭[29]와 재변을 기양했던 天祥祭가 거행되었는데, 이들 제사는 그리

---

27) 『高麗史』卷28 충렬왕 4년 9월 정유, "命贊成事元傅等 祀聖容殿東明平壤
木覓廟"
28) 『高麗史』卷4 현종 9년 1월 乙未朔 ; 卷11 숙종 7년 8월 ; 卷28 충렬왕 4년
4월 庚午 ; 卷30 충렬왕 19년 10월 무신.
仁宗 16년에 聖容殿에 直員 1인을 두었다.『高麗史』卷77 지 31 백관 외직
서경유수관.
29) 『正韻』"禖 天子求子祭名"
『漢書』枚皐傳 注, "師古曰 高禖 求子之神也 武帝晚得太子 喜而立禖祠 而

큰 비중은 아니었다.

그런데 『고려사』 잡사조의 제사 중에서 초례, 성황신, 온신, 노인성 제, 매제, 독제 등은 그 기원을 중국에서 찾을 수 있고 압병제, 川上祭 는 신라적 요소이다.[30] 기자와 동명왕에 대한 숭배는 고구려적 요소 라 할 수 있다. 그리고 예조묘와 남해신은 고려 독자적인 내용이다. 예조묘는 서경에 있는 태조 왕건의 祠宇이며, 남해신은 제장이 해양 도 정안현(전라도 장흥)에 있었다. 남해신은 신라 때 四海 중의 하나 이기도 한데, 고려 때와는 달리 신라의 남해는 兄邊(居柒山郡)으로 지 금의 동래 지역이었다.

요컨대 『고려사』 잡사조에 실린 제사는 고려 국가제사의 특징을 잘 보여준다. 잡사 가운데 조선조에 이르러 노인성, 독제, 악해독, 산천, 성황, 역대시조(기자, 동명왕) 등은 중사나 소사로 등재되고 있다. 그 리고 『고려사』 잡사의 제사 중에는 통일신라시대나 중국에서 대·중·소사로 辨祀된 사례를 찾아 볼 수 있다.[31] 신라에서는 명산이 중·소사로 구분되어 등재하였다. 고려에서 '잡사'로 편성된 악진해독 이 당에서는 중사로, 諸星·산림천택은 소사로 되어 있다. 송에서 거 행된 壽星靈星, 諸神祠, 景靈殿 등의 제사는 고려에서도 國祭로 지낸 것들이다. 중국에서 변사가 이루어진 사례가 있었음에도 고려에서는 '잡사'로 구분한 것은 고려의 국가제사가 이들과는 구분되는 고려 자

令皋作祭祀之文也"

30) 『三國史記』 권32 잡지 1 제사, "四川上祭 … 壓丘祭辟氣祭 上件或因別制"

31) 『舊唐書』 卷21 禮儀 1, "昊天上帝 五方帝 皇地祇 神州及宗廟爲大祀 社稷 日月星辰 先代帝王 岳鎭海瀆 帝社 先蠶 釋奠爲中祀 司中 司命 風伯 雨師 諸星 山林川澤之屬爲小祀"

『宋史』 卷98 지 51~권109 지 62 참조.

宋代의 경우 南郊, 北郊, 祈穀, 五方帝, 感生帝, 明堂, 社稷, 嶽瀆, 籍田, 先 蠶, 奏告, 祈禜, 朝日夕月, 九宮貴神, 高禖, 大火, 壽星靈星, 風伯雨師, 司寒, 蜡, 七祀, 馬祖, 酺神, 封禪, 汾陰后土, 朝謁太淸宮, 天書九鼎, 文宣王廟, 武 成王廟, 先代陵廟, 諸神祠, 宗廟之制, 禘祫, 時享, 薦新, 加上宗廟諡號, 廟 諱, 后廟, 景靈殿, 神御殿, 功臣配侑, 羣臣家廟 등이 제사되었다.

체의 변사 체제를 갖추고 있었다고 생각된다.

『고려사』잡사조는 압병제, 역대제왕 제사, 독제 등 고려시대에 행해진 여러 제사를 보여주고 있는데, 그것들은 '미분등제된 국가제사'였다. 따라서 고려의 사전은 대사·중사·소사·잡사 체제로 이루어져 있었다.

한편,『고려사』잡사조에는 주로 초례와 산천제를 기록하고 있고,『고려사』세가를 보면 성황제는 군현에서 널리 거행되고 있음이 확인된다. 따라서 초례, 산천제, 성황제는 고려사회에 큰 영향을 주고 있었으며, '잡사' 중에서도 가장 중요한 제사로 여겨졌다.

2. 고려의 醮禮

1) 도교와 醮禮

우리나라에 도교가 유입된 시기는 삼국시대였다. 고구려는 영류왕 7년과 보장왕 2년에 당을 통해 도교를 수용하였다. 당시 고구려에서는 五斗米道라는 초기 도교를 믿고 있었는데, 영류왕 7년(624)에 당 고조가 고구려에 도사를 파견하여 천존상을 보내었고,『도덕경』을 강론하게 하자 영류왕은 國人과 함께 이를 들었다고 한다.[32] 그리고 이듬해 당으로 사신을 보내어 佛·老의 教法을 배워오도록 하였다. 좀더 적극적인 수용은 보장왕 2년(643)에 연개소문에 의해 이루어졌다. 그는 "鼎에는 삼족이 있고, 나라에는 三教가 있는 것입니다. 신이 나라 안을 보니 유·석교만 있고 도교는 없습니다. 그래서 나라가 위태롭습니다"라고 하였다. 이에 당 태종이 도사 8인을 보내오자, 보장왕은 그들을 사찰에 거처하게 하였다. 연개소문은 고구려에 도교가 없었다

---

32)『三國遺事』卷3「寶藏奉老 普德移庵」

고 하였으나 그것은 유・불에 맞설만한 도교 세력이 없었다는 뜻으로 생각된다.

신라에서는 『도덕경』과 신선사상이 유포되어 있었는데, 경주 감산사 彌勒菩薩造像記(성덕왕 18년, 719)에 "老莊의 소요함을 사모하고 眞宗을 존중하여 … 致仕하고 초야로 돌아가 오천언 도덕경을 읽으며, 名位를 버리고 깊은 산속에 들어가 十七地의 법문을 닦고 色空이 다 하면 함께 죽으려 하나이다"라고 하였다. 그리고 혜공왕이 "與道流爲戲" 하였다는 『삼국유사』의 기록으로 보아 도교가 숭배되고 있었으리라 짐작된다.[33] 이렇게 도교가 유행하고 있었던 사실을 볼 때 도교의례 역시 거행되고 있었을 것이다.

도교의례는 흔히 '齋', '醮', 혹은 '齋醮'라고도 한다. 위진남북조시대에는 도교 제사를 齋라 칭하였고, 醮라고는 하지 않았다. 초가 도교의식이 된 것은 隋代에 이르러서였는데[34] 기도 제사를 통하여 신령의 보호를 비는 것이었다. 초에 대해 『隋書』는 다음과 같이 기록하고 있다.

> 消災度厄하는 법으로서 다양한 법이 있다. 우선 음양오행의 數術에 의거해 사람의 생명을 추산하여 쓰고 章奏의 의식에 따라 贄幣를 갖추고 향을 피우면서 天曹에 진상하여 厄의 소멸을 원하는 것을 上章이라고 한다. 또 밤중에 별 아래에서 술이나 마른 고기 등의 공물을 차려 놓고 天皇, 太一, 五星, 列宿에게 제사드리고 上章의 법과 같이 글을 써서 아뢰는 것을 醮라 한다.[35]

---

33) 『三國遺事』卷2「景德王 忠談師 表訓大德」
   삼국 및 통일신라시대의 道敎에 대한 대표적인 연구는 다음과 같다.
   李乃沃,「淵蓋蘇文의 執權과 道敎」『歷史學報』99・100, 1993.
   鄭璟喜,「三國時代 道敎의 硏究」『國史館論叢』21, 1992.
   車柱環,「羅末의 留唐學人과 道敎」『道敎와 韓國文化』, 亞細亞文化社, 1988 ;「統一新羅時代의 道家 및 道敎思想」『韓國道敎와 道家思想』, 亞細亞文化社, 1991.
34) 于民雄, 『道敎文化槪說』, 貴州人民出版社, 1991, 179쪽.
35) 『隋書』卷35 志 30 經籍4, "有諸消災度厄之法 依陰陽五行數術 推人年命書

앞의 기술에 의하면 초는 消災度厄을 목적으로 밤에 공물을 차려 놓고 신들에게 제사지내면서 기원문을 올리는 방법이었다. 특히 이때의 도교가 음양오행설과도 관련된 것이 주목되며, 숭배대상은 天皇, 太一, 星宿 등으로 다양하였다. 고려시대의 靑詞에도 天皇醮, 太一醮 이외에 北斗醮, 南斗醮, 本命醮 등 성수에 지낸 초의 사례가 보인다.

도교의식인 재와 초는 송대에 이르러 조정으로부터 사대부, 일반민중에 이르기까지 널리 행해지게 되었다. 그리고 두 의례는 내용상 서로 닮았기 때문에 구별하지 않고 '齋醮'라고 불리게 되었다.

그러면, 고려시대의 초는 어떤 의미였을까. 대체로 고려시대의 초는 다음과 같은 의미를 가지고 있었다.

> ① 우리나라 종묘·사직의 제사는 아직도 법답게 하지 못함이 많은데 산악의 제사와 星宿의 醮는 번독스러움이 도를 넘습니다.[36]
>
> ② 국가 고사에 대궐 뜰에서 왕왕 천지 및 경내 산천을 두루 제사 지내는데 이를 醮라고 한다.[37]

①에서 보는 바와 같이 고려시대의 초는 『隋書』經籍志에 나타난 것처럼 성수에 대한 숭배로 이해되었고, ②처럼 천지, 산천 등의 여러 제사를 포괄하는 것으로 인식되기도 하였다. 즉 고려시대의 도교는

之 如章表之儀幷具贄幣 燒香陳讀云 奏上天曹 請爲除厄 謂之上章 夜中於 星辰之下 陳設酒脯餠餌幣物 歷祀天皇太一 祀五星列宿 爲書如上章之儀以 奏之 名之爲醮"

36) 『高麗史』 卷93 열전 6 崔承老, "我朝宗廟社稷之祀尙多 未如法者 其山嶽之 祭 星宿之醮 煩瀆過度"

37) 『高麗史』 卷63 志 17 吉禮 雜祀, "顯宗三年七月 … 國家故事 往往遍祭天地 及境內山川于闕庭謂之醮"
현재 도교의례는 醮, 醮禮, 醮祭, 醮祀 등 다양하게 불리워지고 있다. 여기에서는 靑詞에서 지칭되는 대로 醮, 醮禮로만 표기하겠다. 醮祭, 醮祀는 유교 禮의 관념인 '祭', '祀'를 덧붙인 것으로 도교의례와 맞지 않다고 생각되기 때문이다.
『國朝五禮儀序例』 吉禮, "辨祀〈凡祭祀之禮 天神曰祀 地祇曰祭 …〉"

성수, 천지, 산천에 대한 신앙이 포함된 복합신앙이었던 것이다.

한편, 초례는 태조 왕건 때부터 거행되고 있었다.[38] 초례의 거행은 태조 7년에 있었던 구요당의 건립 사실과 관련되어 있었던 것 같다.[39] 구요당에 대해 일부에서 불교 사원이라고 주장하고 있지만,[40] 이곳은 道觀이었다. 구요당에서는 초례만이 거행되고 있었던 사실이 『고려사』와 『고려사절요』를 통해 확인된다.

태조 7년(924)에 건립된 구요당은 도관임이 분명하지만[41] '堂'이라고 한 것은 宮·殿보다도 그 규모가 작았기 때문이었을 것이다. 아마 그 중요도에 있어서도 다른 도관에 비해 약했을 것이다. 九曜는 일·월·화·수·목·금·토의 七政과 羅睺·計都를 말하는데, 구요당을 이러한 성수를 모신 곳으로 생각된다. 그러나 이 곳에는 9요 뿐만 아니라 11요가 함께 숭배되고 있었다. 충렬왕 14년(1288) 12월에 구요당에 행차하여 11요에 대해 초례를 올렸고, 고종 4년 3월에 구요당의 11曜藏內에서 소리가 있는데 주악 소리와 같았다고 한다.[42] 이렇게 구요당에 11요가 모셔진 것은 태조대와 고종대의 구요당에 어떤 변화가 있었음을 짐작케 한다. 아마 태조대의 구요당은 명칭 그대로 구요를 숭배한 곳이었고, 그 이후에는 구요에 紫氣·月孛를 추가하여 십일요가 모셔지면서 星宿信仰이 고려초보다 확대되어 갔던 사실을 반영한 것으로 생각된다.

---

38) 『新增東國輿地勝覽』 卷27 慶尙道 河陽縣 山川, "醮禮山〈在縣西二十里 高麗太祖 征甄萱于桐藪 登此山祭天故仍名焉〉"

39) 『高麗史』 卷1 태조 7년 9월, "是歲 創外帝釋院九曜堂神衆院"

40) 徐閏吉, 「九曜信仰과 그 思想源流」 『高麗密敎思想史硏究』, 불광출판부, 1993.

41) 『新增東國輿地勝覽』 卷5 개성부 하 고적, "九曜堂 高麗醮星處"
　　梁銀容, 「高麗道敎에 있어서의 道觀」 『道敎와 科學』, 348~349쪽.

42) 『高麗史』 卷30 충렬왕 14년 12월 丙辰, "幸九曜堂 醮十一曜"
　　『高麗史』 卷53 지 7 오행 水, 高宗 4년 3월 壬午, "九曜堂十一曜藏內 有聲如奏樂"
　　십일요는 구요에 紫氣·月孛가 추가된 것이다.

이처럼 초례는 태조대부터 활발하게 거행되고 있었다. 그리하여 고려시대에 도교는 유교·불교와 함께 三敎로 취급되었던 것이다. 최승로는 「시무 28조」에서 "삼교는 각기 業으로 하는 바가 있어 이를 봉행하는 자는 혼동하여 하나로 하지 말아야 할 것"이라고 하여 도교가 '삼교'의 하나임을 말하고 있다. 그리고 "산악의 제사와 성수의 초는 번독함이 도를 넘습니다"[43]라고 비판하고 있다. 도교제사인 초례는 이미 고려초부터 성행하였으며, 도교가 불교·유교와 함께 고려사회에 널리 숭배되고 있었음을 최승로의 비판을 통해 어느 정도 짐작할 수 있다.

그런데 고려시대의 醮는 『고려사』, 『고려사절요』에서 道場과 親祀, 祀, 禱, 幸 등은 제외하고, 親醮, 大醮, 醮, 齋醮로 표기된 것만을 뽑아보면 모두 191회에 달한다.[44] 초례는 祭天儀禮이자 祈雨, 祈雪, 祈農하거나, 風雨調順, 星變, 災變 등 순조롭지 못한 자연 현상에 대해서, 또는 국왕의 무병, 장수를 바라면서 해당 本命[45]에 대해 거행하기도 하였다.[46] 이처럼 다양한 목적에 의해 거행된 초례는 그것이 제천의례

---

43) 『高麗史』 卷93 열전 6 崔承老, "其山嶽之祭, 星宿之醮, 煩瀆過度"
44) 顯宗代(1009~1031)에 3회, 德宗代(1031~1034)에 1회, 靖宗代(1034~1046)에 3회, 文宗代(1046~1083)에 13회, 宣宗代(1083~1094)에 11회, 肅宗代(1095~1105)에 12회, 睿宗代(1105~1122)에 29회, 仁宗代(1122~1146)에 12회, 毅宗代(1146~1170)에 31회, 明宗代(1170~1179)에 9회, 康宗代(1211~1213)에 1회, 高宗代(1213~1259)에 13회, 元宗代(1259~1274)에 15회, 忠烈王代(1274~1308)에 19회, 忠宣王代(1308~1313)에 1회, 忠肅王代(1313~1339)에 6회, 忠穆王代(1344~1348)에 4회, 忠定王代(1349~1351)에 1회, 禑王代(1374~1388)에 7회, 恭讓王代(1389~1392)에 1회 등이다.
   그런데 靈寶道場이나 국왕의 행차를 초례 사례로 포함시키면 초례는 222회에 달한다. 이에 대해서는 徐慶田·梁銀容, 「高麗道敎思想의 硏究」 『圓光大論文集』, 68~69쪽 참조.
45) 『高麗史』 卷7 문종 즉위년 6월 기미, "醮本命于大內 每遇是日必親醮"
46) 각 사례들을 하나씩만 들어보면 다음과 같다.
   『高麗史』 卷5 덕종 원년 4월, "親醮于毬庭 禱雨"
   『高麗史』 卷10 선종 3년 11월 임술, "親醮祈雪"
   『高麗史』 卷10 선종 10년 6월 갑자, "親醮于內殿 以祈農事"

라는 점이 가장 주목된다.

도교제문인 靑詞를 보면, 천재와 재앙을 없애주기를 기원하는 주체인 국왕은 上帝, 帝, 天의 간택을 받아 인간 세계를 다스리는 존재로 상제, 제, 천의 臣임을 자처한다. 이에 대한 청사를 보면 다음과 같다.

③ 엎드려 생각하건대 臣이 황송하옵게도 천제 마음의 간택을 받아, 오랫동안 어려운 王業을 유지하였습니다. 하늘을 법 받은 총명도 때에 있어서는 슬기로운 덕을 결여함이 있사오니, 命을 닦는 것이 크고 깊은지라, 아직도 밝은 해가 굽어보는 위엄이 두렵나이다.[47]

④ 엎드려 생각하건대 臣이 외람되게도 천제의 간택을 받아 임금의 자리에 임했나이다.[48]

⑤ 命을 받음이 한이 없는데 오직 靈을 아름답게 하여 천제의 일을 이어받고, 나로 하여금 욕망을 좇고 이치로서 다스리나 간택하심은 天心에 있습니다.[49]

이들 초례가 기원의 대상으로 두고 있는 것은 天이었다. 중화와 사대를 존중하는 유가의 입장에서 보면 제천은 불가능한 것이었다. 이에 비해 도교는 사상적으로는 道, 숭배 대상으로는 天을 상정하고 있기 때문에 도교와 유가는 서로 대립할 수밖에 없었다. 따라서 유가의 입장으로서 도교는 당연히 배척의 대상이었다. 그러나 유학자들에 의해 작성된 고려시대의 청사는 그들이 유가의 입장에 철저하지 못했고 아울러 도교가 국가 의례로 확고한 기반을 가지고 있었던 하나의 증

『高麗史』卷10 선종 4년 3월 병자, "親醮太一於文德殿 以祈風雨調順"

『高麗史』卷47 지 1 천문 1 문종 19년 8월, "歲星熒惑失度 設醮毬庭 以禳之"

『高麗史』卷9 문종 27년 5월 기유, "醮百神於毬庭 禳災變"

47) 金克己,「冬至太一靑詞」『東文選』卷115, "伏念 臣叨受帝心之簡 久持王業之難 憲天聰明 雖虧時乂之德 基命宥密 尙畏日監之威"

48) 金克己,「乾興節太一靑詞」『東文選』卷115, "伏念 臣叨膺帝簡 添作君臨"

49) 李奎報,「王本命靑詞」『東文選』卷115, "受命無疆 惟休靈承帝事 俾予從欲以理 簡在天心"

거라 하겠다.

이렇듯 국왕이 백성과 천제 사이의 매개자로서 위치하여 천제를 대리하여 다스린다는 믿음은 국왕의 신성성과 통치권을 강화하는 의미가 있다. 그러나 원 침략기 이후의 청사에는 왕위계승이나 事大를 당연한 것으로 표현하고 있다.[50) 결국, 祭主인 왕은 초례를 통해 천신에게 기원함으로서 군주와 천을 연결하였다. 그리하여 국왕은 제천의례의 주관자이며, 천명을 받은 통치자로서 권위를 강화시킬 수 있었다. 그 결과 유교의 천명사상과 함께, 도교의 제천은 국왕의 통치권을 강화시키는 역할을 하고 있었던 것으로 생각된다.

한편, 고려의 초례는 고종대에 들어서 새로운 변화를 가져왔다. 이때의 초례는 전란에 대한 祈禳에도 거행되어 호국적인 측면이 강조되기에 이르렀다. 고종대에는 몽고에 쫓겨 거란의 잔병들이 고려로 쳐들어오는 경우가 종종 있었는데, 몽고에 밀려 침입한 東眞에 대한 대처 방법으로 고려 왕조는 초례를 거행하여 이들을 물리치고자 하였다.[51) 이러한 초례의 호국적 측면은 전란기라는 시대적 상황에 따른 자연스런 결과라 할 수 있다. 더욱이 몽고 침입 이후에 도교, 불교, 풍수지리설 등은 더욱 호국적인 측면이 강조되고 있었다.

전란을 물리치기 위해 거행된 초례는 고려와 원이 관계가 정립되어 가던 원종대에 들어서도 여전히 중요시되었다. 원종은 2년 3월에 三界에 親醮한 이래 모두 15번의 초례를 지내고 있는데, 禱雨나 星變의 기양을 위해 거행되었다. 그런데 5년 6월 마리산 참성에서 지낸 親醮는 원과의 관계로 거행된 것이었다. 『고려사』 원종 5년 6월조에는 단지 "親醮于磨利山塹城"이라고 하였으나 이때 지낸 초례의 배경에

---

50) 鄭誧, 「福源宮行誕日醮禮文」 『東文選』 卷115, "統承先王 尹玆東土 曩乃因於朝覲 雖得荷于龍光未能施德於人民 皆懷怨讟"
   李穀, 「近冬至甲子醮青詞」 『東文選』 卷115, "念膺祖構 叨襲王封"

51) 『高麗史節要』 卷15 고종 4년 3월, "省樞兩府 議立祈恩都監 抽斂祿科米 設齋醮 以禳丹兵"
   『高麗史』 卷22 고종 14년 9월, "東界兵馬使奏 東眞寇定長二州 … 十月庚戌 幸外帝釋院 命宰樞設醮于天皇堂 以祈兵捷"

대해서는 다음이 참고된다.

> 원종 5년에 몽고가 왕이 친히 입조할 것을 요구하였다. 이때 백승현
> 이 또 김준을 통해 아뢰기를, "만약 마리산 참성에 친초하고, 또 삼랑
> 성 신니동에 임시로 궁궐을 건설한 후 친히 대불정오성도량을 열면 8
> 월이 되기 전에 반드시 징험이 있어서 친조 문제는 없어지고 삼한이
> 변하여 진단으로 되어서 대국이 내조할 것이다"라고 하였다.52)

원래 풍수가였던 백승현은 道籙, 佛書, 음양, 도참 등에 능통한 인물
이었다. 그는 원종의 입조 문제가 발생하였을 때 친초를 거행하고, 삼
랑성에 궁궐을 조성하며, 도량을 개최할 것을 주장하고 있다. 그가 도
교, 풍수도참설, 불교 등으로 입조 문제를 해결할 수 있다고 주장한
것은 이들 종교와 사상이 당시 사회에 가장 큰 영향을 미치고 있었기
때문일 것이다.

요컨대 고려시대의 초례는 제천행사였으며, 이는 국왕의 권위 강
화와 밀접한 관련이 있었다. 그리고 초례는 제천 이외에 祈雨, 祈雪,
祈農, 祈風雨調順 혹은 星變, 災變 등의 자연 현상이나, 本命에 대해
거행하여 국왕의 무병·장수를 기원하였다. 이러한 초례는 고종대에
들어서 전란에 대한 기양을 위해 거행되어 호국적인 측면이 강조되
었다.

이처럼 초례의 거행 목적은 祝壽, 祈風雨順調, 祈雨, 祈雪, 祈穀, 救
病, 祈兵捷, 禳蟲, 禳疫, 禳災, 星變祈禳, 禳地震, 국왕의 장수와 안녕
등을 기원하는데 있었다. 그런데 이러한 초례의 기원에는 또 다른 의

---

52) 『高麗史』 卷123 列傳 36 嬖幸 1 白勝賢, "元宗五年 蒙古徵王入朝 勝賢 又
因金俊 奏曰 若於摩利山塹城 親醮 又於三郎城神泥洞 造假闕 親設大佛頂
五星道場 則未八月 必有應而可寢親朝 三韓變爲震旦 大國來朝矣"
　　강화도로 천도한 후, 고종은 白勝賢의 주장에 따라 『法華經』을 강론하
고, 삼랑성에 궁궐을 세웠다. 이때 백승현은 道籙, 佛書, 陰陽, 圖讖 등의
서적을 참고하여 논설을 펴고 있는데, 아마 도교·불교의 호국적 측면을
이용하여 그의 주장을 보충하려 했을 것이다.

도가 있었다.

⑥ 복을 神明에게 받자와 이 나라를 보전하고, 화함을 얻기를 바라고자 科式에 의거하여 대궐 뜰에 물을 뿌리고 깨끗이 쓸어 潢汙에 술을 부어 드리고 泠然한 신선의 행차를 바라옵니다.[53]

⑦ 바라건대 이에 강림하시어 빨리 흠향하시고, 재앙을 없애고 복을 부르며 壽考의 상서를 늘려주시고 세상을 제도하며 백성들을 편안하게 하여 이미 이루어진 기반을 잘 보호하여 주소서.[54]

⑧ 참된 정기를 지니시어 천상에다 玉宸을 세우셨으며, 만물을 구제하려고 인간에 瓊館을 두셨도다.[55]

청사에는 초례의 기원이 국가의 안녕과 백성 구제를 위한 것임을 천명하고 있다. 도교는 원래 치병과 구복에 치중하여 발전하였으나 당대 이후 국가도교로 발전하면서 救濟思想이 등장하게 되었는데 고려 도교도 利他의 적극적인 구제이념이 나타나 있다. 이것은 도교가 고려의 국가제사로 확고한 위치를 차지하고 있음으로 가능한 것이다. 이와 함께 백성을 구제하고 국가의 안녕을 기원하는 것은 국가제사로써 도교가 추구해야 할 당연한 목적이라고 할 수 있다. 이러한 구제이념은 神仙, 仙界라는 이상사회와 연결되어 도교를 신선사상으로 이해하고 있었던 것으로 보인다.[56]

---

53) 金富軾, 「乾德殿醮禮靑詞」 『東文選』 卷115 "受祉於神明 得以保和於邦域 遂據科式 灑淸闕庭 薦酌彼之潢汙望泠然之仙馭"
54) 李奎報, 「春例高燈醮禮文」 『東國李相國集』 卷39, "冀借格臨 遄加歆允 致令捷災招福 永延壽考之拱 濟世安民 克保盈成之業"
55) 李奎報, 「順天館天皇堂修理後保安醮禮文」 『東國李相國集』 卷40, "有精甚眞 宅玉宸於天上 救物無棄 留瓊館於人間"
56) 金富軾, 「乾德殿醮禮靑詞」 "望泠然之仙馭"
李奎報, 「北斗下降醮禮文」 "仙錄 … 玉籍 以長生"; 「九曜堂行天變祈禳十一曜消災道場兼設醮禮文」 "仙館"; 「神格殿行天變祈禳靈寶道場兼醮禮文」 "仙壇" 醮의 거행으로 神仙이 행차하기를 바라고 道藏을 仙錄에, 道觀을 仙館에, 壇醮를 仙壇에 비유하고 있다.

요컨대 초례는 護國, 人間 救濟, 王業 延長 등을 기원하는 동시에 개인적인 求福도 섞여 있었다. 결국 天帝를 정점으로 한 고려시대 도교의 神論과 濟世安民의 도교사상은 이를 실현하기 위해서 국가와 밀접하게 관련되어 있어야만 했다. 그리고 청사에 의하면 국왕이 백성과 천제 사이의 매개자로서 위치하여 천제를 대신에 다스린다는 믿음이 나타나 있는데 이것은 국왕의 신성성과 통치권을 강화하는 의미가 있다.

그러면 초례는 언제 거행되었을까. 청사를 통해 그 거행 시기를 살펴볼 수 있다. 먼저 국왕의 생일에 거행된 초례인데, 김극기가 지은 「乾興節太一靑詞」가 남아 있다.

> 돌보아 주시고 도와주심에 힘입어 마침내 康寧으로 향하려 하옵니다. 더구나 처음으로 시작하는 때에 임하였사오니 의당 새로운 운명을 빌어야 하겠습니다. … 강녕하고 덕을 좋아하여 길이 한없는 아름다움을 얻게 하시고, 편안하고 즐거이 壽를 더하게 하여 더욱 나아지는 복을 주시옵기를 엎드려 원하옵니다.[57]

명종 1년(1171) 10월 정사일에 국왕의 생일을 乾興節로 삼았다.[58] 따라서 이 청사는 명종의 탄신일을 맞이하여 국왕의 강녕을 기원한 것이다. 국왕의 탄일뿐 아니라 왕자의 생일에도 초례를 열고 복과 장수를 기원하였다. 정포가 지은 청사 중에 「福源宮行誕日醮禮文」, 「神格殿行中元醮禮文」이 있다. 「福源宮行誕日醮禮文」은 왕자의 탄생일에 道觀인 福源宮에서 지낸 초례에 쓰인 것이다. 초헌에 이르기를

> 낳으시고 기르심이 이에 만 한 달이 되는 때에 다다랐으니, 어기지 아니하고 잊지 아니하며 上天의 복을 받고자 바라옵니다. 굽어 흠향하옵시고 두텁게 복을 주시고 사랑을 빌려주옵소서.[59]

---

57) 金克己, 「乾興節太一靑詞」『東文選』115, "擬憑眷佑 終向康寧 矧臨載夙之 辰 宜丐惟新之命 … 康寧好德 永擁無疆之休 逸樂延年 丞承有秩之祐"
58) 『高麗史』卷19 명종 1년 10월 丁巳.

라 하여 태어난 지 한 달이 된 왕자의 복을 빌고 있다. 복원궁은 예종 10년경에 건립되어 조선초에 없어질 때까지 가장 중요한 도관 중의 하나였다. 복원궁은 부속건물로는 三淸殿과 天皇堂을 갖추었으며, 각각 三淸과 天皇이 안치되어 있었다. 복원궁은 도교의 최고신인 삼청과 천황을 봉안하여 도교의 신앙체계를 갖춘 도관인데, 이것은 국가 제사로 기능하던 도교가 이제 국가 차원에서 敎團道敎를 확립해갔음을 말해 준다. 그리고 왕자의 탄일 초례를 복원궁에서 거행하였다는 점은 원 간섭기까지도 복원궁이 도관으로서 중요한 역할을 하고 있었음을 알 수 있다. 그리고 "洪範五福 以壽爲先"이라고 한 것처럼 기원 내용은 당연히 장수였다. 그런데 그 전거는 『서경』홍범편이다. 홍범 구주의 아홉째가 오복인데, 오복은 壽, 富, 康寧, 修好德, 考終命의 순서로 기록되어 있었으므로 '以壽爲先'라고 하였다. 도교에서 壽를 관장하는 老人星, 本命神 대신 '홍범'에 근거하여 기원하고 있다. 이러한 인식은 유가의 입장에서 청사를 서술하였기 때문이다.

다음 「神格殿行中元醮禮文」은 도교의 三元節 중의 하나인 中元에 신격전에서 지낸 초례에서 사용된 것이다. 신격전의 설립 연대는 분명하지 않으나 고종 42년(1255)에 처음으로 행차 기록이 보이므로 그 이전에 건립된 것으로 생각된다. 이곳에서는 영보도량이나 초례가 거행되었고,[60] 조선 태조 1년(1392) 11월에 도관을 정리할 때에 폐지된 것으로 보아 고려의 도관 중의 하나였던 것으로 보인다.

「神格殿行中元醮禮文」의 삼헌에서 "이제 여러 신선이 상고하고 비교하는 때에 즈음하여 기도하는 청을 천 리에 공경스레 보내오니, 어찌 미미한 것이 홀로 영화로움을 누린다 하오리까. 더불어 모두가 편안하고 즐김을 기약하기를 바라나이다"[61]라 하였다. "여러 신선이 상

---

59) 鄭誧, 「福源宮行誕日醮禮文」『東文選』 卷115, "載生載育 聿臨彌月之期 不愆不忘 冀獲上天之祐 庶紆饗假 優借界矜"
60) 『高麗史』 卷26 원종 6년 2월 辛丑朔, "親設靈寶道場于神格殿"
『高麗史』 卷26 원종 7년 10월 壬午, "親設消災道場 以禳星變 又醮于神格殿"

고하고 비교하는 때"라 한 것은 中元을 가리키는 것이다. 도교에서는
상원, 중원, 하원을 삼원이라 하여 각각 음력 1월 15일, 7월 15일, 10월
15일에 초를 지낸다. 이는 도교에서 천상의 仙官이 일 년에 세 번(삼
원절) 선악을 살펴 그에 따라 장수와 화복을 주는 것이라 하여 이때
초례를 거행하였던 것이다. 이규보의「上元靑詞」, 이곡의「下元醮靑
詞」등의 청사로 보아 고려시대에는 삼원절에 정기적으로 초례가 행
해지고 있었음을 알 수 있다.

　요컨대 고려의 도교의례는 정기적인 초례와 부정기적인 초례가 있
었다. 정기적인 초례는 국왕의 생신을 맞이하여 국왕의 장수와 안녕
등을 기원하거나 삼원절에 행해졌다. 그리고 삼원절에도 정기적으로
초례가 거행되었다. 부정기적인 초례는 祝壽, 祈風雨順調, 祈雨, 祈雪,
祈穀, 救病, 祈兵捷, 禳蟲, 禳疫, 禳災, 星變祈禳, 禳地震 등을 위해 거
행되었다.

2) 초례와 도교신

　초기 도교에서는 노자를 교주로 받들었으나 갈홍의『포박자』에는
元君을 노자의 스승으로 두었고, 도홍경의『진령위업도』에는 元始天
尊을 최고신으로 하여 노자 위에 두어 수·당 이후 도교의 최고신으
로 숭배하였다. 원시천존은 고려시대에도 최고신으로 숭배되었으며
아울러 최고신을 대행하여 인간 생애에 직접 영향력을 발휘한다는 北
斗星을 비롯한 諸神이 동시에 신앙되었다. 도교는 최고신을 정점으로
기원에 따라 여러 신을 숭배하는 다신신앙임으로 신의 성격에 따라
신앙형태를 구분할 수 있다. 고려의 초례에 나타난 도교신은 〈표 6〉
와 같다.

---

61) 鄭誧,「神格殿行中元醮禮文」『東文選』卷115, "日月不居 又値中元之屆 …
　　爰際群仙考校之辰敬馳千里祈禳之請 敢云眇眇 獨享於尊榮 冀與元元 悉期
　　於康樂"

〈표 6〉醮禮에 나타난 道敎神

	神　名	횟수	초제거행시기
天界神	三淸	5	예종 4.3. 6.7. 의종 5.9. 고종 15.1. 원종 14.12.
	三界	39	숙종 7.2. 10.1. 예종 1.9. 11.윤1. 11.4. 의종 3.6. 5.8. 6.4. 6.7. 6.8. 23.2. 고종 7.3. 11.4. 38.10. 45.4. 46.5. 원종 2.3. 4.4. 5.3. 6.3. 12.5. 14.4. 충렬왕 즉위.10. 2.윤3. 6.3. 9.3. 10.3. 11.3. 12.3. 13.3. 18.4. 21.2. 충선왕 즉위.3. 충숙왕 6.4. 충목왕 3.3. 4.3. 충정왕 3.3. 우왕 4.5. 공양왕 4.3.
天神	元始天尊	1	예종 2.윤10.
	上帝	1	숙종 7.5.
	天五方帝	1	예종 3.5.
	天曹	1	의종 4.12.
	天皇大帝	1	의종 6.6.
	天	2	숙종 7.5. 명종 27.9.
	太一(九宮)	20	문종 10.9. 36.4. 선종 4.3. 숙종 6.4. 9.11. 예종 1.7. 2.3. 2.5(2회), 의종 5.5. 6.4.(2회) 6.6.(2회) 23.3. 명종 3.3. 고종 9.4 원종 5.1. 12.11. 우왕 4.5.
星宿神	十六神	1	의종 6.6.
	魁剛	1	명종 8.2.
	六丁神	1	우왕 14.4.
	南斗	4	의종 3.6. 5.5. 23.2. 23.3.
	北斗	7	문종 2.7. 의종 6.4. 23.1. 23.2. 23.3. 고종 40.12. 41.1.
	老人星	3	정종 5.2 의종 24.4.(2회)
	十二宮神	2	의종 23.2. 23.3.
	七十二星	2	의종 5.7. 6.6.
	二十七位神	3	의종 3.1. 5.1. 23.1.
	二十八宿	3	의종 23.1. 23.2.(2회)
	本命	5	문종 즉위.6. 18.5. 명종 3.7. 예종 9.2. 의종 즉위.12.
	十一曜	8	의종 4.12. 23.2.(2회) 23.3. 원종 14.5. 14.11. 15.5 충렬왕 14.12.
기타	開福神	1	우왕 6.8.
	元辰	1	고종 15.6.
	道符神	1	명종 17.5.
	百神	2	문종 27.5. 숙종 7.2.

*전거는 『고려사』 세가 및 잡사조

　『고려사』에 의하면 초례는 현종 때부터 거행되는 것으로 나타나는데, 도교신에 대한 첫 기록은 정종대의 노인성이다. 문종 대에 들어서

本命에 대한 초례가 있었고, 천신인 太一이 처음으로 숭배되고 있었
다. 태일은 太一九宮으로 水旱災福의 신이다.[62] 태일은 太乙이라고도
하며, 北辰의 神名으로 八卦의 宮이 있는데 이를 九宮이라 하였다.[63]
숙종대는 천, 상제와 함께 三界가 숭배되기 시작하였다. 三界는 욕계,
색계, 무색계[64]로 원래 불교의 세계관인데 도교가 이를 수용한 것이
다. 충렬왕 이후 삼계에 대한 초가 두드러진 것은 도·불 융합의 성격
이 강하였음을 말해준다.

　예종대에는 元始天尊, 昊天五方帝, 三淸 등이 처음으로 숭배되었다.
원시천존은 三界, 四種民天, 三淸境 위에 있는 大羅天에서 설법하는데
太元에 앞서 난 자연의 氣로 항상 불멸한 존재이고 천지가 새로이 열
릴 때 玉京의 위에서 민중을 구제한다. 이러한 원시천존 숭배가 예종
대에 처음 이루어졌던 것은 이때의 도교가 민중 구제에 중점을 두고
있었음을 알 수 있다. 즉 예종대는 유민의 발생으로 감무를 파견하고
있었는데, 이러한 지방제도 정비와 함께 민생안정의 필요성이 절실히
요구되고 있었으리라 짐작된다.

　상제는 옥황상제 혹은 호천상제라고도 한다. 유교에서도 최고신으
로 숭배되고 있다. 昊天은 만물을 생성하는 天의 元氣가 광대하다고
하여 붙여진 것이다. 상제는 중국 은대부터 숭배되었는데,『시경』大
雅 雲漢에는 인간에게 위엄을 보이는 존재로 나타난다.[65]『주례』春
官 大宗伯에는 "禋祀는 호천상제를 제사한다"라고 하고, 그 뒤에서 일
월성신의 여러 신에 대한 제사를 나열하고 있는 것으로 보아 호천상
제가 우주의 최고신에 위치하고 있음을 보여준다. 호천상제는 후한의

---

62)『史記』卷28 封禪書, "天神貴太一"
　　『太宗實錄』卷7 태종 4년 2월 辛卯, "太一天之貴神 … 而每當厄運及災變
　　則行祈禱 別醮於大淸觀"
63) 李叔還,『道敎大辭典』, 39쪽.
　　九宮은 太乙, 攝提, 權主, 招搖, 天符, 靑龍, 咸池, 太陰, 天一 등이다.
64)『雲笈七籤』卷3「道敎本始部」
65)『詩經』大雅 雲漢, "天降喪亂 饑饉薦臻 … 昊天上帝 則不我遺"

광무제 이후 국가제사에서 숭배되었으며, 당에서는 도교의 최고신인 원시천존과 함께 널리 숭배되었다. 그리하여 북송 때는 도교의 옥황대제와 동일신격이 되어 '昊天玉皇上帝'라고 합칭하여 제사되었다. 『송사』예지에 "上玉皇聖號曰 … 太上開天執符御歷含眞體道昊天玉皇上帝"라 하였다. 결국 상제는 우주의 최고신으로 옥황상제 혹은 호천상제라고 불리는 천신인데, 도교가 성행한 송대 이후 도교의 옥황대제가 호천옥황상제로 칭해지면서 도교에 흡수되어 갔다.

그리고 삼청은 옥청, 상청, 태청의 三淸境을 다스리는데, 삼청경은 또한 三天이라고도 한다. 즉 옥청경은 天寶君이 다스리는 淸微天이며, 상청경은 靈寶君이 다스리는 禹餘天이고, 태청경은 神寶君이 다스리는 大赤天이다. 이들 삼신은 각각 12부의 경전을 전수하여 천보군은 洞眞部, 영보군은 洞玄部, 신보군은 洞神部의 敎主이다.[66]

이처럼 원시천존, 삼청, 삼계, 태일이 예종대에 주로 숭배된 것은 星宿神 숭배의 개인 구복적인 성격보다는 호국, 민생안정의 성격이 강하였다는 것을 의미한다. 아울러 도교의 神觀이 체계화 되고, 도교 경전에 대해 깊이 이해하고 있음을 알 수 있다.

의종대는 星宿神이 집중적으로 나타나고 있는데, 이는 의종 개인의 성향과 무관하지 않았던 것 같다. 성수신에서 주목되는 것은 본명신과 노인성, 남·북두이다. 본명신은 10천간(甲~癸)과 12地支(子~亥)를 배합한 육십갑자를 六十位星宿라 부르고 각각의 별에 신이 있다고 한다. 세상 사람들이 출생한 해에 해당하는 신이 그 사람의 本命神이 되는데 이에 招吉避凶을 기원한다. 노인성은 남극성인데 壽星이라고도 한다. 전쟁이 발생하고 치안이 불안할 때는 나타나지 않고 천하가 태평할 때 나타나므로 사람들은 복과 장생을 기원한다.[67] 북두는 北斗眞君, 北斗星君이라고도 하며 북두칠성을 신격화한 것으로 북두는

---

66) 『雲笈七籤』卷3「道敎三洞宗元」
67) 『史記』卷28 封禪書, "壽星蓋南極老人星也 見則天下理安 故祠之以祈福" 窪德忠, 蕭坤華 中譯, 『道敎諸神』, 四川人民出版社, 1989, 120쪽.

죽음을 관장하고 남두는 삶을 관장한다.[68] 이러한 이유로 의종 23년 2월 기유일과 23년 3월 신유일에는 남·북두에 대해 동시에 초가 거행되기도 하였다.

이러한 본명신, 남·북두에 대한 숭배는 국왕 개인의 구복 장수를 위한 것이었고 노인성이 태평세계를 상징하는 것임을 생각할 때 의종대에 정치적·사상적인 변화를 짐작할 수 있다. 즉 민중 구제를 표방하는 최고신 중심의 숭배에서 개인 구복, 장수를 위한 성수신 중심으로 도교신 숭배가 변화된 것은 의종이 왕위 계승과정에서 동생 대녕후 暻과 경쟁하면서 정습명의 후원으로 즉위할 수 있었던 사실, 그리고 즉위 후에도 왕권에 대해 계속적인 위협을 받고 있었던 상황[69]에 놓여 있었던 의종의 불안한 처지와 밀접한 관련이 있었던 것으로 보인다.

요컨대 고려에서 숭배되는 도교신은 크게 보아 ① 천상 세계를 표현한 三界·三淸, ② 천신인 元始天尊·天皇大帝·太一, ③ 星宿神인 本命·老人星·南斗·北斗 등으로 나누어 볼 수 있다. ①는 전 시기에 걸쳐 숭배되고 있었으며, 고려전기에는 ②의 계통이, 의종대 이후로는 ③의 星宿神이 중심적인 신앙대상이었다. ①, ②가 주로 숭배되었던 이유는 국왕의 신성성과 권위를 도교의 초례를 통해 구현하려는 의지 때문이었던 것으로 보인다. 그리고 개인 구복적인 기원 대상이었던 성수신이 널리 숭배되고 있었던 것은 그 시기의 초례가 구복적인 성격을 띠었음을 말해 준다.

그러면 초례는 고려의 길례에서 어떠한 위상을 가지고 있었을까. 우선 그 내용을 보면 초례는 천지에 대한 제사와 산천제사를 포함하고 있다. 『고려사』 길례에 의하면 천·지에 대한 제사인 원구와 방택이 대사로 올라 있다.

---

68) 『搜神記』 卷3, "北斗注死 南斗注生"
69) 河炫綱, 「高麗 毅宗代의 性格」 『韓國中世史硏究』, 일조각, 1988, 404〜408쪽.

그리고 親祀와 攝祀의 상황, 그리고 獻官을 통해서도 초례의 위상을 살필 수 있다. 『고려사』에는 '친초', '대초', '초'로 기록되어 있는데, 친초의 사례가 빈번하다. 『고려사』 범례에 의하면 원구, 적전, 연등, 팔관 등 상례적인 일은 처음 나왔을 때 기록하고, 만일 왕이 직접 행하는 경우에는 반드시 기록한다고 하였다. 『고려사』 세가에는 원구, 방택의 親祀보다 親醮의 사례가 훨씬 많이 기록되어 있다. 따라서 국가제사에서 매우 중요하게 생각되었음을 알 수 있다.

다음은 헌관을 통해 초례의 위상을 살펴보면, 초례가 대사에 준하고 있음을 알 수 있다. 헌관은 神主에게 祭酒를 바치는 순서에 따라 관위의 높은 자로부터 낮은 자로 하여 초헌관, 아헌관, 종헌관이 정해진다(〈표 7〉 참조). 원구, 태묘, 선농은 親祀·親享으로 규정되어 있고, 아헌관은 태위였다. 원구제와 태묘의 제향이 섭사로 행해질 경우 초헌관은 태위가 되는데, "宰臣爲之"라고 하였다. 그것은 고려의 재신, 즉 2품 이상의 재추에 해당하는 관위가 태위가 된다는 것이다.

한편, 『동국이상국집』에 실려 있는 청사를 보면 초헌·아헌·종헌 청사로 나뉘어져 있는데, 이것으로 보아 초례는 대·중·소사처럼 삼헌관이 갖추어져 있었음이 확인된다.

선종 5년(1088) 3월에 중서시랑평장사(정2품) 유홍과 우승선(정3품) 고경에게 명하여 氈城에 초례를 베풀었는데, 이것은 舊禮를 복구한 것이라고 하였다.[70] '구례'라고 한 것은 성종 때에 연등회·팔관회와 함께 초례도 폐지되었던 것임을 말해준다. 그리고 현종 때 연등회·팔관회가 복구되는 것을 계기로 초례도 복구되었던 것으로 생각된다. 왜냐하면 현종 3년 7월에 초례를 지내면서 '國家故事'라 하고 있기 때문이다. 즉 구례에 의하면 지방의 제천단에 초례를 지낼 때는 宰臣을 보내어 이를 주관한 것 같다. 그리고 고종은 14년 10월에 "命宰樞 設醮于天皇堂 以祈兵捷"이라 하였다. 이러한 사례에 나타난 바와 같이

---

70) 『高麗史』 卷10 宣宗 5년 3월 己酉, "命中書侍郎平章事柳洪 右承宣高景 設醮于氈城 修舊禮也"

재신이 섭사를 주관하고 있는 것은 대사인 원구·사직·태묘와 같다.

　이상에서 살펴 본 바와 같이 초례가 천지제사를 포함하고 있어 원구·방택과 동일한 성격을 보여주고 있고, 친초가 행해진 점, 제관의 지위가 대사인 원구·사직·태묘와 동일한 점 등으로 볼 때 초례는 대사에 준하는 위상을 가진 국가제사로 여겨진다.

<표 7> 祭祀와 祭官

辨祀	제사종류	구분	初獻官	亞獻官	終獻官	비　고
大 祀	圜丘	親祀	王	太子, 公侯伯, 太尉	太尉, 光祿卿	太尉宰臣爲之
		攝事	太尉	太常卿	光祿卿	
	社稷	攝事	太尉	太常卿	光祿卿	太尉八座爲之
	太廟	親祀	王	太子, 公侯伯, 太尉	太尉, 光祿卿	太尉宰臣爲之
		攝事	太尉	太常卿	光祿卿	
中 祀	先農籍田	攝事				圜丘 同
	先蠶	攝享	太常卿	禮部郎中	太常博士	
	文宣王廟	釋奠	祭酒	司業	博士	

3. 고려의 山川祭

1) 산천제의 거행

　『삼국사기』 제사조를 보면 신라는 산악신앙이 사전의 주류를 형성하고 있다. 신라는 삼산을 대사로, 오악 및 명산을 중사·소사로 변사하여 제사하였다.[71] 그리고 『구당서』에서는 신라에 대해 "好祭山神"이라고 하였다. 이러한 사실로 보아 산천제가 매우 성행했음을 알 수 있다. 신라에서 산천제를 중시했던 관념은 고려시대에도 계승된 것으로 보인다.

---

71) 『三國史記』 卷32 잡지 제사.

경주의 東岳神은 고려에서도 國祀를 지내고 있었다.[72] 그리고 태조 왕건은 충남 직산 서쪽에 행차하였다가 산 위에 오색 구름이 있는 것을 보고 산신이 있다고 여겨 제사를 지내고 이 산을 聖居山이라 하였다.[73] 또한 태조대의 팔관회에 천제, 산천제, 용신제가 포함되어 있다. 그리고 최승로는 상소문에서 "山嶽之祭", "星宿之醮", "別例祈祭" 등을 비판하고 있다. 이처럼 산천제는 고려초까지 전승되었고, 또한 이를 매우 중시했던 것이다.

그런데 태조대가 후삼국의 항쟁기였음으로 국가 제례를 갖추기에는 시대적 상황이 여의치 않았을 것이며, 더구나 당시의 신앙이 신라의 전통에서 나온 것이었기 때문에 그대로 수용하기에는 문제가 있었다. 그러나 토착신앙을 무시할 수는 없었을 것임으로 제례의 내용이나 제장은 신라와 차별성을 두고자 하였을 것이다. 더구나 태조대는 후삼국 통합이 가장 중요한 과제였고, 거기에 따르는 사회 통합이 가장 절실하였다. 따라서 이러한 사회 통합을 위해서는 불교를 기반으로 하여 토착신앙을 포괄하는 방법이 효과적이었을 것이다.

이렇듯 고려초의 산천제는 팔관회 체제 내에 포함되어 거행되기도 하고, 독자적으로 거행되기도 하였다. 산천제가 팔관회 행사 내에 있다는 것은 신라 때에 비해 국가제사로 위상이 약화되었음을 의미한다. 그리고 독자적으로 거행된 산천제라 하더라도 신라의 전통을 이어받은 경주 중심의 제장이라는데 문제가 있다. 이런 점에서 성종이 9년 9월에 "刪定山川之祀"한 것은 이때에 이르러 고려적인 개경 중심의 산천제가 완비되었음을 알 수 있다. 이러한 정비에 따라 성종에 이어 즉위한 목종은 즉위년 12월에 "國內神祇 皆加勳號", 7년 11월에 "加方嶽州鎭神祇勳號" 하였던 것이다. 그리고 목종을 이어 왕위에 오른 현종은 즉위년 4월에 "群望神祇 加勳號" 하였다. 이러한 사실로

---

72) 『三國遺事』卷1 紀異 1 第四脫解王, "在位二十三年 建初四年己卯崩 … 神 又報云 我骨置於東岳 故令安之〈一云 … 老人貌甚威猛 曰我是脫解也 … 塑像安於土含山 … 故至今國祀不絶 卽東岳神也云〉
73) 『新增東國輿地勝覽』卷16 충청도 직산현 산천.

보아 고려의 산천제는 성종 9년 9월의 교서에 따라 완비된 것으로 생각된다.

한편, 『삼국사기』 잡지 제사조에는 삼산과 오악이 각각 대사와 중사에 올라 있다. 이에 비해 고려시대의 산천제는 이른바 '잡사'로 분류되었다. 『고려사』 예지 잡사에 실려 있는 산천제의 대표적인 사례를 들면 다음과 같다.

① 현종 3년 12월에 서경 木覓祠의 神象을 만들었다.

② 정종 원년 5월 갑신 … 매양 홍수와 한발에는 百神을 松岳溪上에서 제사하였는데, 이름하여 川上祭라고 하였다.

③ 충렬왕 원년 6월 무신에 충청·경상·전라·동계 등의 도에 사신을 보내어 산천에 두루 제사하였다.[74]

잡사조에는 현종 2년 2월의 기사를 시작으로 하여, 공민왕 10년 10월까지 모두 15건의 사례가 전한다. 그러나 『고려사』 예지 잡사조의 기록은 고려시기에 실시된 산천제를 모두 반영한 것은 아니었다. 고려의 산천제는 신라와 조선과는 달리 대·중·소사 등으로 변사되지 않았기 때문에 等第에 따른 구분이 없었다. 따라서 실제로 거행된 제사가 누락되어 있고, 단지 몇 가지 사례만이 기재되어 있는 것이다.

고려의 산천제는 祭壇에서도 행해졌겠지만 이와는 별도로 神祠에서 거행되고 있었으며, 거기에는 神像이 안치되어 있었다(①). 산천제는 기양, 기복을 위한 목적에서 행해졌는데, 특히 祈雨·祈晴을 위해서 川上祭라는 제의가 별도로 거행되고 있었다(②). 이러한 산천제는 개경에만 국한된 것이 아니라 전국에 걸쳐 행해졌다(③).

그러면 산천제는 어떤 목적에서 거행되었을까. 거행 사례에 따라

---

74) 『高麗史』卷63 지 17 雜祀, "顯宗 … 三年十二月 作西京木覓祠神象 … 靖宗元年五月甲辰 祈晴于川上 每水旱祭百神於松岳溪上 號曰川上祭 … 明宗十四年五月丙戌 以太子無嗣 遣使禖祭于白馬山 … 忠烈王元年六月戊辰 遣使于忠清慶尙全羅東界等道 遍祭山川"

분석해 보면 다음과 같다.

(1) 兵亂에 대한 護國의 목적

신라의 삼산·오악과 같은 산신은 護國神이었다.[75] 병란이 일어났을 때 산신이 국가와 백성을 수호한다는 관념은 고려에서도 마찬가지였다. 개경의 진산인 송악은 도성을 수호하는 신격으로 숭배되고 있었다. 개경의 진산으로서 송악의 내력은 다음과 같다.

> 崧山神祠는 王府의 북쪽에 있다. … 그 신은 본래 高山이라고 하였다. 나라 사람들이 전하기로는, 대중상부(1008~1016) 중에 거란이 왕성을 침입해 오자, 그 신이 밤중에 소나무 수만 그루로 변하여 사람 소리를 내매, 오랑캐들은 원군이 있는가 의심하고 곧 물러났다. 후에 그 산을 봉해서 崧이라 하고, 그 신을 받들어 제사지냈다고 한다. 백성들은 재난이나 질병이 생기면 옷을 시주하고 좋은 말을 바치며 기도를 한다. 근자에 사신이 오니 6월 26일 정미에 관원을 보내어 제사를 드렸는데, 祠宇가 멀어서 산중턱까지만 가서 酒饌을 진설하고 바라보며 절하였다. 이것은 舊典에 따른 것이다.[76]

성종 12년(993)에 요의 소손녕이 고려로 침입해 옴으로써 고려와 요의 전쟁은 시작되었다. 요의 2차 침입은 강조의 정변을 빌미로 하여 시작되었는데, 현종 원년(1010)에 요의 聖宗은 직접 군사를 이끌고 고려로 쳐들어왔다. 요의 성종은 고려의 주력 부대를 지휘하던 강조를 붙잡아 살해한 후 개경을 함락하였다. 이에 현종은 나주로 피난하여야 했다. 요의 3차 침입은 현종 9년(1018)에 있었는데, 소배압이 이끄

---

75) 『三國遺事』卷5 感通 7 仙桃聖母隨喜佛事, "神母久據玆山 鎭祐邦國 靈異甚多 有國已來 常爲三祀之一 秩在群望之山(上)"
76) 『高麗圖經』卷17 祠宇 崧山廟, "崧山神祠 在王府之北 … 其神本曰高山 國人相傳 祥符中契丹侵逼王城 神乃夜化松數萬 作人語 虜疑有援卽引去 後封其山爲崧 以祠奉其神也 民有災病 施衣獻良馬 以禱之 比者使至 六月二十六日丁未 遣官致祭 祠宇尙遠 唯至半山 設酒饌 望而拜之 遵舊典也"

는 遼軍은 강감찬에 의해 龜州에서 참패를 당하고 말았다. 이렇게 볼 때 대중상부(1008~1016) 연간의 거란의 침입은 현종 원년에 있었던 요의 2차 침입으로 생각된다.

개경의 송악은 高山이라고도 하였는데, 요의 2차 침입에 神異를 보여 거란군을 물리친 것을 계기로 하여 崧山이라 봉했던 것이다. 이처럼 전란이 발생하였을 때 산신이 신이함을 나타내어 이를 물리치고, 이에 따라 전란이 일어나면 국토 수호를 위해 산신에게 기원하였다. 이와 관련한 사례를 들어보면 다음과 같다.

④ 현종 1년 11월 계해에 西京神祠에 선풍이 홀연히 일어나 거란의 군마가 모두 쓰러졌다.[77]

⑤ 현종 2년 2월에 거란병이 장단에 이르니 눈보라가 사납게 일어나 紺岳神祠에 旌旗와 士馬가 있는 것 같아 거란병이 두려워하여 감히 전진하지 못하였으므로 所司로 하여금 報祀를 지내게 하였다.[78]

⑥ 고종 43년 4월 경인에 몽고병이 충주에 들어와 州城을 무찌르고 또 산성을 쳤다. 관리와 노약자들이 능히 막지 못할 것을 두려워하여 月嶽神祠에 올라갔더니 홀연히 운무가 끼고 비바람과 함께 벼락, 우박이 들이치니 몽고병이 신의 도움이라 생각하여 공격하지 못하고 물러갔다.[79]

⑦ 원종 14년 탐라에서 삼별초군을 토벌할 때 無等山神이 은근히 도와준 징험이 있다고 하여 해마다 제사를 지내게 하였다.[80]

---

77) 『高麗史』卷4 현종 1년 11월 癸亥, "西京神祠 旋風忽起 契丹軍馬皆慣"

78) 『高麗史』卷63 禮志 雜祀, "顯宗二年二月 以丹兵 至長湍 風雲暴作 紺岳神祠 若有旌旗士馬 丹兵懼 不敢前 令所司修報祀"
　　『高麗史』卷56 地理志 王京開城府 積城縣, "有紺嶽〈自新羅爲小祀 山上有祠宇 春秋降香祝行祭 顯宗二年 以丹兵至長湍 紺嶽神祠 若有旌旗士馬 丹兵懼而不敢前 命修報祀 諺傳 羅人 祀唐將薛仁貴爲山神云〉"

79) 『高麗史』卷24 고종 43년 4월 庚寅, "蒙兵入忠州屠州城 又攻山城 官吏老弱恐不能拒 登月嶽神祠 忽雲霧 風雨雷電俱作 蒙兵以爲神助 不攻而退"

80) 『高麗史』卷63 지 17 예지 雜祀, "元宗十四年 討三別抄于耽羅也 無等山神有陰助之驗 命春秋致祭"

⑧ 충렬왕 3년 5월 임진에 지난번 耽羅之役에 錦城山神이 은근히 도와준 징험이 있다고 하여 지방 관리에게 해마다 쌀 5석을 보내어 제사지 내게 하였다.[81]

이처럼 산신들의 도움에 의해 병란을 물리친 사례들이 많았다. ④·⑤는 거란의 침입을 서경 목멱산신과 감악산신이, ⑥은 몽고의 침략을 월악산신이, ⑦·⑧는 삼별초의 반란을 무등산신과 금성산신 이 각각 국가를 도와 병란을 물리쳤다고 믿었던 사례들이다. 이러한 실례에 따라 호국을 기원할 목적으로 산신에게 제사를 지내고 있다. 이에 대한 사례를 몇 가지만 더 들어보면 다음과 같다.

○ 예종 4년 6월 무자에 제하기를 "근일 변방의 환란이 긴박하여 군사 와 백성들이 괴로우니 임금과 신하가 다같이 지극한 정성을 발휘하 여 하늘에 맹세하는 말을 고하고 조상의 훈계를 실천하려 하노니 해 당 관리는 이에 대한 문제를 토의하여 보고하라." 하였다. 또 근신을 시켜 進鳳·九龍 두 산에 가서 각각 빌게 하였다.[82]

○ 공민왕 8년 12월 병자에 賊이 일어나자 神廟에서 중외의 산천에게 도 와주기를 빌었다 … 공민왕 10년 10월에 群望에게 兵捷을 기원하였 다.[83]

위에 나타난 바와 같이 여진과 9성의 반환 문제로 긴장이 고조되었 던 예종 6년에 9성 문제를 논의하게 하면서 진봉산과 구룡산에서 기 도하게 하였다. 이것은 이들 두 산이 병란에 도움을 줄 수 있다는 믿 음이 있었기 때문이었다. 특히 구룡산은 고려 선조 호경이 이곳의 산

---

81)『高麗史』卷63 지 17 예지 잡사, "忠烈王三年 … 五月壬辰 以耽羅之役 錦 城山神 有陰助之驗 令所在官 歲致米五石 以奉其祀"
82)『高麗史』卷13 예종 4년 6월 戊子, "王 … 制曰 近日邊患窘迫 軍民勞苦 君 臣 同發至誠 誓告于天 行祖宗訓誡之事 宜令有司 奏議 且命近臣 分禱于進 鳳九龍兩山"
83)『高麗史』卷63 지 17 예지 잡사, "恭愍王 … 八年十二月丙子 以賊起 祭中 外山川於神廟 以求助 … 十年十月 禱兵捷于群望"

신이 되었고, 그의 사당인 聖骨將軍祠가 있는 곳이었다.[84] 예종은 구룡산신의 도움에 의해 전란의 위험을 안정시키고자 제사를 지내게 하였던 것이고, 공민왕 때에도 兵捷을 기원하면서 산신제를 지냈던 것이다.

그런데 산신이 병란을 물리칠 능력이 있다고 믿게 된 사상적 근거는 무엇이었을까. 몽고와의 항쟁이 한창이었던 고종 41년 12월에 神廟에서 산천신에 고한 내용에서 그 일면을 엿볼 수 있을 것 같다. 그 제문에

　　대개 主國의 산천이 사람에 의하여 행하는 것은 神의 道이오니 所寓한 나라와 의지하는 사람을 어찌 능히 불쌍히 여겨 영원토록 보호하지 않으리까. … 3백여 년 동안에 時運이 그렇게 되어 재변이 여러 번 일어났으나 곧 능히 평정한 것은 오로지 이것은 우리의 여러 神이 모든 힘으로 몰래 도와 사직을 보호한 까닭입니다. … (몽고가) 前年에 크게 일어나 와서 동쪽 藩屛의 여러 城이 순식간에 모두 도륙되고 이긴 기세로 예봉을 풀어 곧 군사를 中原(충주)으로 옮겨 여러 달 동안 공격하니 남아 있는 외로운 성이 거의 위태하였나이다. 이때에 만약 성이 함락되었더라면 다른 성보는 자연히 빼앗김은 필연적인 일이던 바 다행히도 월악대왕께서 큰 위력을 나타내어 가만히 보호함에 힘입어 능히 막아 마침내 만세의 공을 이루었나이다. … 엎드려 바라건대 국가의 그릇되고 잘못된 죄과를 용서하시고 백성들의 죽다 남은 性命을 불쌍히 여기사 급히 神力을 돌려 오랑캐를 쫓아내어 國業을 다시 늘리고 백성의 생명을 다시 이어나가게 하오면 어찌 삼한만이 신의 주는 것을 받음이 많을 뿐이오리까. 또한 祀事도 豐潔하게 하여 마땅히 만세토록 폐하지 않을 것입니다.[85]

---

84) 『高麗史』卷56 志 10 地理 王京開城府 牛峯郡, "有九龍山〈國祖聖骨將軍祠
　　在焉 故又號聖居山〉"

85) 『高麗史』卷24 高宗 22년 11월 甲申, "合祀山川神祇于神廟曰 夫主國山川
　　依人而行者神之道也 則所寓之國 所依之人 能不哀矜而終始保護耶 … 三百
　　餘載之間, 時數使然 災變屢興 卽能戡定者 全是我諸神 僉力潛扶 保安社稷
　　之所致也 … 前年 大擧而來 東角藩屛數城 不日間 悉見屠殘 乘勝縱銳 卽移
　　兵中原 雨矢石 雷鼓鼙 累月攻擊 而子爾孤城 幾乎殆矣 當是時 若此城見陷

라고 하였다. 그 나라에 있는 산천신은 사람에 의해 그 도가 행해지며, 그리고 국가와 백성들이 산천신에 의지하는 바이므로 마땅히 산천신은 병란을 그치도록 도움을 두어야 한다고 믿었다. 그러면 그 보답으로 산천제사는 끊이지 않고 영원히 국가·백성들과 함께 할 수 있다는 것이다. 이것은 국토·산천신·백성으로 연결되는 상호 감응사상이 있었음을 말해준다. 이에 산천신은 나라와 백성을 보호하고, 나라와 백성은 산천신에게 제사하고 숭배하였다. 그리하여 이러한 믿음은 실제의 사례로 나타남으로서 산신의 영험성을 보여주었다

월악산신의 경우 고종 41년 9월에 몽고군을 물리친 사실에서 영험성에 확신을 주었다. 즉 몽고의 車羅大가 충주산성을 포위 공격하였는데, 그때 비바람이 갑자기 일어나자 그 틈을 타 사람들이 적의 포위를 풀고 남하할 수 있었다. 이 일을 月嶽大王의 도움이라 믿고 있었던 것이다.[86] 이처럼 산신이 국가를 수호한다는 관념을 가지고 있었고 이에 따라 산천제사가 거행되고 있었던 것이다. 이와 더불어 산신은 지역을 수호하는 신령으로도 작용하였다.

산신의 지역 수호신 기능을 뚜렷하게 보여주는 사례는 무신정권기에 경주민의 항거를 진압하는 과정에서 나타난다. 최충헌 집권기에 신라부흥을 표방한 경주민의 항쟁이 거세게 일어났을 때 토벌군은 가는 곳마다 무려 33차례의 제사를 지내면서 전승을 기원하고 있다. 그 기원의 대상은 太祖眞殿, 龍王, 佛, 山神, 天神, 太一 등이었다.[87] 이들

則其他列堡 靡然席卷者 必矣 幸賴月嶽大王 現大威力 密加扶護 乃克守禦 終成萬歲之功 … 伏望恕國家眚誤之罪愆 哀民俗屠殘之性命 急回神力 挫逐 腥羶 使國業更延 民命更續 豈惟三韓 受賜多矣 抑亦豊潔祀事 當不替於萬世矣"

86) 『高麗史』 卷24 고종 41년 9월 癸丑.
   고종 43년, 몽고가 忠州로 침입하였을 때에도 月嶽神이 물리쳤다고 한다.
   『高麗史』 卷24 고종 43년 4월 庚寅, "蒙兵入忠州 屠州城 又攻山城 官吏老弱 恐不能拒 登月嶽神祠 忽雲霧 風雨雷電 俱作 蒙兵 以爲神助 不攻而退"

87) 李貞信, 「慶尚道地域 農民·賤民의 抗爭」『高麗 武臣政權期 農民·賤民抗爭研究』, 1991, 220쪽.

제문은 대부분 이규보에 의해 작성되었는데, 산신에 대한 기원 내용은 자신들을 보호하고 반란군을 소탕하여 국가를 수호하게 해달라는 것이었다. 지역의 산신에게 반란의 소탕을 기원하는 것은 산신이 그 지역의 수호신이라는 믿음 때문이었다.[88]

이처럼 국가제사로 산천제를 행함으로써 국가의 안녕을 기원하였고, 지역민들도 그 지역을 수호하는 鎭山에 제사를 행함으로써 지역의 안녕과 수호를 기원하였다. 이에 대한 구체적인 사실은 다음의 제문에 잘 드러난다.

⑨ 神도 이 땅의 곡식으로 제향을 받으니 역시 국가의 은혜를 입은 것이라 義가 우리와 같으므로 직분상 당연히 구원해야 될 처지이십니다. 마땅히 三軍과 향응하여 달려가, 깃발이 가리키는 바와 말발굽이 향하는 곳이면 一進一退와 一行一步에 신에서도 함께 다니면서 호위하여, 頑民을 소탕하고 승리할 수 있도록 하소서.[89]

⑩ 무릇 말하기를 모든 명산에는 다 常祀가 있다고 하였는데, 어찌 요구할 것이 있은 뒤에야 비로소 섬기겠습니까? … 들으니 우리 公山은 사방에서 慕仰하는 바로서 나라의 血食을 누린 지 그 유래가 오래되었다고 합니다. 국가가 神에게 이미 영험이 있다는 것을 믿으니, 일이 있으면 비는 것은 禮에 어긋나지 않으며, 神 역시 국가의 제사를 받은 지 오래이니, 갑자기 변란이 있는데 어찌 구원하지 않을 수 있겠습니까?[90]

⑪ 아, 국운이 불행하여 역적이 일어나니, 국가의 불행일 뿐만 아니라 또한 神의 수치이기도 합니다. 수치일 뿐 아니라 신의 불행도 역시 지극합니다. 왜냐하면 국가에서는 우리 신의 威靈에 의지할 만하다고 여겼기 때문에 대왕으로 이름을 높이고, 춘추에 제사를 받들었으

---

88) 金甲童, 앞 논문, 18~19쪽.
89) 『東國李相國集』 卷38 「北兄山祭文」, "神食玆土 亦國之賜 義等吾儕 職當振救 宜與三軍 應響奔赴 其於旗尾所指 馬足所遡 一進一退 一行一步 神具趍追 是衛是護 俾掃頑民 旋馳露布"
90) 『東國李相國集』 卷38 「祭公山大王文」, "凡曰 名山皆有常祀 豈其有求然後始事 … 聞我公山四方所仰享國血食 其來者 尙國之於神 旣恃有素 有事卽禱於禮不阻 神亦於國受祀緜古 倉卒有難 胡忍不救"

니 기대하는 것은 국가를 호위하여 재난을 없애고 복리를 증진시켜
주는 것뿐이었습니다. … 대왕의 계책으로는, 우리 관군으로 하여금
저들의 우두머리를 사로잡아 죽이고, 나머지는 다 용서하여 농사에
돌려보내어 예전처럼 煙火가 끊이지 않게 해주는 것만 같겠습니
까?[91]

⑫ 西岳에 빌기를 부지런히 하자 얼마 안 되어 義庇를 祠宇에다 가두어
주셨고, 東岳의 응보가 없음을 원망하자 곧이어 勃佐를 아군에게 유
인해주시어, 잇달아 적괴를 노획했으니, 어찌 神의 덕분이 아니겠습
니까? 예의상 사례를 해야 당연하고 약속 또한 감히 저버리기 어려
우므로, 이에 좋은 날을 택하여 변변치 못하나마 제사를 올리게 하였
습니다.[92]

⑨은 北兄山에 대해 승전을 기원하는 제문이다. 북형산은 兄山이라
고도 하였는데, 신라 때에 中祀로 제사되었다.[93] ⑩은 公山大王에게
올린 제문이다. 公山은 父岳이라고도 하는데, 신라 오악 중의 하나로
중사에 올라 있다.[94] ⑪·⑫는 경주의 東岳과 西岳에 대한 제문이다.
동악은 경주의 토함산을 말한다. 서악은 경주의 서쪽에 있는 仙桃山
을 가리킨다. 이 산은 신라 때부터 동악인 토함산과 함께 신라의 호국
신이었다. 仙桃山聖母는 신라 경명왕 때 대왕으로 봉해졌다. 따라서

---

91) 『東國李相國集』 卷38 「慶州東西兩岳祭文」, "云云嗚戱以國不幸 逆賊堀起 然
非特國之不幸 亦神之恥 非唯恥爾神之不幸亦至矣 何者 國以我神威靈可倚
故崇以大王之號 饗以春秋之祀 所冀者 鎭衛國家 屛惡興利 如是而已耳 … 爲
大王之計者 孰若俾我官軍 擒滅渠帥 餘悉原之驅于耒耡 使煙火不絶與昔"

92) 『東國李相國集』 卷38 「東西兩岳合祭文」, "禱西岳之方勤 未幾囚義庇於祠宇
怨東山之不報 俄而致勃佐於我軍 連獲賊魁 豈非神 賜禮則宜於當謝 盟固難
於敢渝 玆取良辰伻陳薄薦"

93) 『三國史記』 卷32 잡지 1 제사, "中祀 … 北兄山城〈大城郡〉"
   『新增東國輿地勝覽』 卷21 경상도 慶州府 山川, "兄山〈在安康縣東二十一
   里 新羅稱北兄山爲中祀〉"
   大城郡은 고려시대에 淸道郡에 속해 있었다. 『三國史記』 卷34 지리 1,
   "今合屬淸道郡"

94) 『三國史記』 卷32 雜志 1 祭祀, "中祀 五岳 … 中 父岳〈一云公山 押督郡〉"

서악대왕은 바로 선도산의 聖母를 말한다.[95] 이들 산은 신라의 사전
에 중사로 올라 있으며, 신라시대에 護國神으로 받들어지고 있었다.
이처럼 산신에게 제사를 지냈던 이유는 이들 신이 경주 지역을 수호
하고 있다고 생각했기 때문이다.

그리고 이들 산신에 대한 제사는 고려에서 國祭였기 때문에 고려의
수호신이기도 하였다. ⑩에서 "나라의 혈식을 누린 지 그 유래가 오
래되었다"라고 한 것이나, ⑪에서 "대왕의 이름으로 높이고, 춘추에
제사를 받들었다"라고 한 것은 公山과 西岳이 고려시대에도 국가제사
로 행해졌음을 말해준다. 따라서 이들 산신은 국가를 보호하고 도적
을 제압해야 하는 의무를 가졌던 것이다. 즉 빼어난 신령이 뭉쳐서 산
신이 되었으므로 여러 산을 호위로 삼고 구름을 타고 기운을 부려서
천제께 아뢰고, 산신의 힘을 빌어 도적의 괴수를 사로잡을 수 있다고
생각하고 사당에 제사를 올렸던 것이다.[96] 그리하여 ⑫에서 나타나
바와 같이 義庶와 勃佐를 사로잡게 된 것을 서악과 동악의 도움이라
하면서 이들 산신에 제사를 지냈던 것이다.

요컨대 평상시에 제사를 거행하여 산신을 정성스럽게 경배하였으
므로 병란이 닥치면 산신은 당연히 나라와 백성들을 위해 그 전란을
막아내야 한다고 믿고 있었다. 그리고, 실제로 外敵이 물러난 사례를
보고 그것이 산신의 도움으로 일어난 일이라고 확신하고 있었다. 이
러한 확신은 다시 산신에 대한 경외심을 일으키게 되고, 더욱 산신을
경배하는 작용을 하게 되었던 것이다.

산신은 국가와 지역의 수호신으로서 기능하였는데, 평상시에는 천

---

95) 『三國史記』卷32 雜志 1 祭祀, "中祀 五岳 … 東 吐含山"
　　『新增東國輿地勝覽』卷21 경상도 慶州府 山川, "吐含山〈在府東三十里 新
　　羅稱東嶽爲中祀〉 … 仙桃山〈在府西七里 新羅稱西嶽 或稱西述 或稱西兄
　　或稱西鳶〉"
96) 『東國李相國集』卷38「獻馬公山大王文」, "云云惟神毓秀鍾靈 擁衆山 而作
　　衛乘雲馭氣 想帝所之朝眞 某等久握兵符 未成捷効 須借大王之神力 堪擒兩
　　地之賊魁 輒此蘭筋獻藻宇"

재지변이나 자연 재해가 지역민들에게는 일상적이고 직접적인 문제였다. 따라서 산신은 자연재해로부터 민들을 보호해야 하는 의무로 이어진다.

(2) 祈雨의 목적

농업을 기반으로 하는 사회에서 가뭄과 수재는 생존과 직결된 가장 중요한 문제였다. 따라서 降雨의 예지 능력을 가졌을 경우에는 많은 사람들에게 경외의 대상이 되었다. 한 예로 벌휴니사금은 風雲을 점쳐서 미리 수재·한재와 豊凶이 있을 것을 알고, 또 남의 邪正을 아는 까닭에 사람들이 聖人이라 불렀다고 한다.[97] 이렇게 강우의 능력을 가진 존재는 일반인에게 존경과 숭배의 대상이 되는 것은 자연스러운 결과였다.

고려시대의 경우 기우제는 다양하게 거행되고 있었다. 산천신은 강우의 능력이 있다고 믿고 있었으며,[98] 龍神도 기우의 대상이었다. 태조의 「훈요십조」에서 팔관회를 "所以事天靈及五嶽名山大川龍神也"라 하였는데, 대체로 용은 바람과 구름을 일으키고 비를 내리는 능력이 있다고 믿어지는 존재이므로 '용신'에 대한 제사는 기우의 목적으로 거행되었을 것이다. 그리고 성종 3년 3월에 시작된 雩祭는[99] 유교식 기우제였다. 그러나 우제는 다른 기우제에 비해 그 중요도에서 차이가 났다.

---

97) 『三國史記』 卷2 伐休尼師今, "王占風雲 預知水旱及年之豊儉 又知人邪正 人謂之聖"
　　山川이 降雨의 능력이 있다는 믿음은 삼국시대에도 있었다.
　　『三國史記』 卷19 고구려본기 7 평원왕 5년, "大旱 王 減常膳 祈禱山川"
　　『三國史記』 卷25 백제본기 3 阿莘王 11년 夏, "大旱 禾苗焦枯 王親祭橫岳 乃雨"
98) 『三峰集』 卷7 諸神祀典, "凡載祀典者 皆有功德於民 不可不報者也 其祀山川之神 以其興雲雨滋五穀 足民食者也 … 故皆載之祀典 以爲常祭 其不載祀典者 諂而非禮 淫而無福 在所當禁"
99) 『高麗史』 卷3 成宗 三年 三月 庚申, "始行雩祀"

그런데 川上과 神廟 및 朴淵에서 지내는 것이 가장 일차적인 기우제였다.[100] 이들 장소에서 거행된 祈雨, 그리고 祈雪, 祈晴에 대한 내용을 『고려사』예지 잡사에서 찾아보면 다음과 같다.

○ 정종 원년 5월 갑신에 川上에서 기청제를 지냈다. 매양 홍수와 한발에는 百神을 松岳溪上에서 제사하였는데 이름하여 川上祭라고 하였다.

○ 문종 5년 12월 무자에 제하여 대설의 절후에 눈이 1척에 차지 못하므로 마땅히 유사로 하여금 택일하여 川上에서 눈을 빌게 하라 하였다.

○ 숙종 9년 12월 갑자에 산천에서 祈雪하였다.

○ 예종 11년 4월 정묘에 사신을 보내어 上京의 川上과 송악과 東神, 여러 신묘와 박연 및 서경의 목멱·동명사와 도철암·제연에서 비를 빌었다.[101]

예종 11년 4월의 기사에 잘 나타나 있듯이 기우 행사는 산천, 신묘 등 다양한 신격과 장소에서 거행되고 있었다. 그러나 『고려사』잡사조에서 언급한 기우제 중에서 가장 눈에 띠는 것은 川上祭이다. 천상제는 신라 때부터 거행되고 있었다.

신라는 犬首, 文熟林, 靑淵, 樸樹 등의 네 곳에서 川上祭[102]을 거행했다. 그리고 선덕왕이 죽었을 때 김경신은 北川神에게 제사한 후 물이 넘쳐 김주원이 건너오지 못한 덕분에 왕위에 오를 수 있었다.[103] 이러한 신라의 전통은 고려 川上祭의 기원이 되었을 것이다.

---

100) 『高麗史』卷54 오행지 金, "仁宗 … 八年四月 旱 戊子 詔再雩祈雨 太史奏 必先祈川上松岳東神諸神廟 栗浦朴淵 而後再雩 可也"

101) 『高麗史』卷63 지 17 예지 雜祀, "靖宗元年五月甲辰 祈晴于川上 每水旱 祭百神於松岳溪上 號曰川上祭 … 文宗五年十二月戊子 制 大雪之候 雪不 盈尺 宜令諏日 祈雪於川上 … 肅宗九年十二月甲子 祈雪于山川 … 睿宗十 一年四月丁卯 遣使祈雨於上京川上松岳東神諸神廟朴淵 及西京木覓東明 祠道哲嵒梯淵"

102) 『三國史記』卷32 雜志 1 祭祀條.

103) 『三國遺事』卷2 紀異 2 元聖大王.

고려의 경우 천상제의 첫 사례는 靖宗 원년 5月에 거행된 것으로 나타나 있다. 이 천상제는 수재나 한재가 있을 때마다 松岳溪 상류에서 百神에게 제사를 지내는 것이다. 천상제는 기설제나 기청제도 거행되고 있었다.104) 이를 위해 松岳溪 상류에는 祭所가 마련되어 있었다.105) 고려의 천상제는 신라의 전통을 계승한 것이었으며, 기우제의 전형적인 의례였다.

그런데 고려의 기우제는 사전에 그 시행이 규정되어 있었던 것 같다. 당시 기우제의 절차를 살펴보면 다음과 같다.

⑬ 정종 2년 5월 신묘에 유사에서 아뢰기를, "봄부터 비가 적으니 청컨 대 古典에 의하여 억울한 죄수를 심리하고 궁핍한 백성을 진휼하며, 드러난 해골을 덮어주고 썩은 살을 묻어준 다음 먼저 북쪽 교외에서 악진해독과 모든 산천의 雲雨를 일으킬 만한 것에 빌고, 다음에는 종묘에 빌되 7일마다 한번씩 빌어도 비가 오지 않으면 다시 악진해독부터 처음과 같이 해야 할 것입니다. 가뭄이 심하면 雩祭를 행하고 시장을 옮기며 繖扇을 꺾고 도살을 금하며 官馬를 먹이지 마옵소서."라고 하니, 왕이 이를 聽從하고 정전을 피하며 상선을 줄였다.106)

⑭ 문종 11년 5월 무인에 예부에서 아뢰기를, "초여름부터 비가 때를 맞추어 오지 않았고 또 廣州에서는 田野가 건조하여서 거의 흉년을 면하지 못할 것이라 보고하였습니다. 청컨대 松岳, 東神堂과 諸神廟와 산천, 박연 등 5개소에 매 7일에 한 번씩 기도하고 또 광주 등 州郡으로 하여금 각각 기우제를 행하도록 하소서."라고 하니, 제하여 가하다라고 하였다. 임오에 諸神廟에서 비를 빌었다. … 무자에 다시 비를 빌었더니 비가 내렸다.107)

---

104) 『高麗史』 卷54 지 8 오행 木, "肅宗 … 四年八月丙子 祈晴于松岳東神川上 諸神廟朴淵等五所"
105) 『高麗史』 卷11 숙종 7년 9월 辛丑, "… 仍命太子, 巡視川上祭所及通漢橋"
106) 『高麗史』 卷6 靖宗 二年 五月 辛卯, "有司奏 自春少雨 請依古典 審理寃獄 賑恤窮乏 掩骼埋胔 先祈岳鎭海瀆諸山川能興雲雨者於北郊 次祈宗廟 每七日一祈 不雨 還從岳鎭海瀆如初 旱甚則修雩徙市斷繖扇禁屠殺 勿飼官馬以 穀 王從之 避正殿 減常膳"

기우제는 다양하게 거행되었는데, 丘陵川瀆에 빌거나[108] 도량을 개설하여 불경을 강독하기도 하고, 토룡을 만들거나 용을 그리고 여기에 빌었다.[109] 그리고 태묘와 사직도 중요한 기우처였다. 그런데 기우제는 일정한 절차에 의해 거행되었다. ⑬에 따르면 가뭄에 국왕은 먼저 백성을 구휼하고, 기우제를 지내는데, 그 순서는 북쪽 교외에서 악진해독과 모든 산천에, 다음으로 종묘에 7일마다 한번씩 지냈다. 그래도 비가 오지 않으면 악진해독부터 다시 제사를 지내야 했다. 만약 가뭄이 심하면 雩祭를 행하고 徙市, '斷繖扇', '禁屠殺', '勿飼官馬以穀' 등을 행하였다.

그런데 기우제의 절차에서 '七日一祈'는 당『개원례』에 근거하였던 것 같다. 그리고 지방 주군이 가물면 해당 주군에서 기우제를 지내는 것은『상정고금례』의 규정이었다.[110] 문종대의 사실인 ⑭의 내용은 나중에『상정고금례』가 편찬되었을 때 그대로 시행된 듯하다.

---

107)『高麗史』卷8 文宗 11年 5月 戊寅, "禮部奏 自孟夏 雨澤愆期 又廣州報 田野乾焦 殆失歲望 請於松岳東神堂諸神廟山川朴淵等五所 每七日一祈 又令廣州等州郡 各行祈雨 制可 壬午 禱雨于諸神廟 … 戊子 再禱 乃雨"
108)『高麗史』卷9 文宗 二十九年 五月 辛酉朔, "太史奏 自春至夏 亢陽不雨 恐傷稼穡 請禱于 丘陵川瀆 制可"
109)『高麗史』卷4 顯宗 十二年 五月, "庚辰 造土龍於南省庭中 集巫覡禱雨 … 庚寅 雨"
　　　『高麗史』卷54 지 8 오행 金, "宣宗二年四月庚寅 以旱 命有司 講雲雨經於臨海院七日 又禱于山嶽 五月甲寅 設金剛明經道場于乾德殿七日 禱雨 三年三月 … 辛丑 有司 以久旱 請造土龍 又於民家 畵龍禱雨 王從之 … 六年五月乙亥 以旱 命有司 畵龍禱雨"
　　　고려시대에 행해진 다양한 기우 행사에 대해서는 李熙德,「祈雨行事와 五行說」『高麗儒敎思想의 硏究』, 일조각, 1984, 154~176쪽이 참조된다.
110)『世宗實錄』세종 7년 4월 경신, "禮曹啓 謹按唐開元禮云 凡京都孟夏以後旱則祈岳鎭海瀆及諸山川 能興雨者 於北郊望而告之 又祈社稷 又祈宗廟 每七日一祈"
　　　『世宗實錄』세종 21년 4월 계사, "議政府啓 … 今更參詳詳定古今禮 凡州縣旱 則祈界內山川 能興雲雨者 請自今一依古制 州縣有旱 則守令祈界內山川 能興雲雨者 其岳海瀆 待觀察使啓聞 降香祝 從之"

요컨대 고려시대의 기우제는 雩祭와 川上祭가 있었으며, 가장 먼저 기우제가 행해졌던 곳은 악진해독이었다. 기우처로는 태묘, 사직을 비롯해 사원과 악진해독 등으로 다양하였다. 특히 松岳山, 東神堂과 諸神廟와 川上, 朴淵 등 5개소는 가장 중요한 기우제의 장소였다.

그러면 기우제는 어떠한 사상에 근거한 것일까. 가뭄과 같은 재변은 백성들에게 올바른 정치를 베풀었는가, 아니면 그렇지 않았는가에 기인한 것이라고 여기고 있었다.

○ 선종 5년 4월 병신에 가뭄이 심하므로 왕이 백관을 거느리고 남교에 거동하여 다시 雩祭를 지내고 六事로 스스로를 책망하기를, "정사가 한결 같지 않았는가? 백성이 직을 잃었는가? 궁실이 높아서인가? 女謁이 성행하였는가? 苞苴가 행하여졌는가? 讒夫가 횡행하였는가?"라 하였다. 동남 동녀 각 8인을 시켜 춤추면서 雩를 부르게 하며 정전을 피하고 상선을 줄이며 음악을 거두고 노천에 나와 앉아 정사를 처리하였다. 임인에 또 종묘 사직과 산천에 기도하였다.[111]

○ 숙종 5년 4월 갑인에 조하기를, "바야흐로 이제 농사철인데 하늘이 오래 비를 내리지 않으니 주군의 관리가 나의 뜻을 본받지 않고 德音의 본 뜻을 어겨 조세를 감면케 해준 혜택을 백성으로 하여금 입지 못하게 하였거나, 혹은 억울한 옥사로 滯囚되어 오래도록 판결되지 않았거나, 굶어 죽은 사람의 드러난 해골을 버려 두고 매장하지 않았거나, 또 公私의 수세가 매우 무거워 민원을 일으켜 화기를 상하게 하여 그러한 것인가. 유사는 德惠를 펴고 非法을 금하며 訊問을 공평히 하여 具獄하고 뼈를 가리 우고 살을 묻어 빨리 天譴에 답하도록 하라"고 하였다.[112]

---

111) 『高麗史』卷10 宣宗 5년 4월, "丙申 以旱甚 王率百寮 如南郊再雩 以六事自責曰 政不一歟 民失職歟 宮室崇歟 婦謁盛歟 苞苴行歟 讒夫昌歟 使童男童女各八人 見舞而呼雩 避正殿 減常膳徹 樂露坐聽政 壬寅 又禱于宗廟社稷山川"

112) 『高麗史』卷11 肅宗 6년 4월 甲寅, "詔曰 方今農時 天久不雨 恐州郡官吏不體予意 逗撓德音所 免租稅 使民不被其澤 或冤獄滯囚 久而不決 餓莩曝骸 棄而不葬 又公私收稅甚重 召民怨 傷和氣 而致然也 有司 其布德惠 禁非法 平訊具獄 掩骼埋胔, 亟答天譴"

○ 명종 24년 6월 정유에 태사가 아뢰기를, "옛날 갑인년(인종 12년)에 오랜 가뭄으로 인종께서 태사의 청에 의하여 七事로 修省을 하셨습니다. 첫째는 冤獄을 다스리고, 둘째는 鰥寡 孤獨을 진휼하고, 셋째는 요역을 가볍게 하고 부세를 적게 하며, 넷째는 賢良을 등용하고, 다섯째는 貪邪를 쫓아내고, 여섯째는 怨曠을 구휼하고, 일곱째는 膳羞를 減하는 일입니다. 지금 한발이 災가 되어 天文이 자주 변하오니, 청컨대 舊制에 의하여 몸을 조아려 수행하시어서 천심에 답하도록 하옵소서"라고 하였다.[113]

가뭄과 같은 재변이 닥치면 위정자들은 국왕 자신 스스로가 '六事自責', '七事修省'을 통해 정치의 잘잘못을 반성하였다. 그리고 그러한 책임은 행정 담당자로서 백성의 생활에 직접 영향을 주고 있었던 관료들에게 있었음이 지적되고 있다. 이러한 인식에서 먼저 정치를 반성하여 백성들의 억울함을 살핀 후에, 그러한 정성을 가지고 기우함으로써 하늘에 순응한다는 생각을 가지고 있었다. 이러한 바램을 天上에 전해주는 통로로 기우제가 거행되었던 것이다.

그리고 강우에 대한 산신의 능력은 비를 그치게 하는 능력도 있다고 받아들여졌다. 즉

○ 신우 9년에 … 鄭地가 전함 47척을 거느리고 나주, 목포에 머물렀다. 적이 대선 120척으로 경상도에 오므로 바닷가의 주군이 크게 진동하였다. … 적이 이미 남해 관음포에 이르러 우리 군사를 엿보고 나약하여 겁낸다고 하였다. 마침 비가 내리거늘 정지가 지리산 신사에 기도하기를, "나라의 존망이 이번 싸움에 있으니 바라건대 나를 도와서 신의 수치가 되지 말게 하소서" 하니 비가 과연 그쳤다.[114]

---

113) 『高麗史』 卷20 明宗 24년 6월 丁酉, "太史奏 昔甲寅歲 久旱 仁考 因太史之請 以七事修省 一曰治冤獄 二曰賑鰥寡孤獨 三曰輕徭薄賦 四曰進賢良 五曰黜貪邪 六曰恤怨曠 七曰減膳羞 今旱魃爲災 乾文屢變 請依舊制 側身修行 以答天心"

114) 『高麗史』 卷113 열전 26 鄭地, "(辛禑)九年 又與倭戰 大破之 … 地 帥戰艦四十七艘 次羅州木浦 賊以大船百二十艘來 慶尙道沿 海州郡大震 … 賊已至

우왕 때의 鄭地는 남해안에 출몰했던 왜구를 여러 차례 물리쳤다. 우왕 9년 경상도로 들어온 왜구는 남해 관음포까지 진출하였다. 이때 정지는 날씨가 순조롭지 않자 지리산신에게 비를 그치기를 기원하고 있다.

이상에서 살펴 본 바와 같이 평상시에 있어 산천제의 가장 중요한 목적은 기우였다. 예로부터 산천신은 수해가 나거나 한발 등의 재해 가 있게 되면, 산천신에게 제사하여 무사를 빌었다.[115] 산천신이 강우 의 능력을 가지고 있다는 믿음 때문이었다.

(3) 재변에 대한 기양

예기치 않은 자연재해나 天變은 인간에게 두려움의 대상이었다. 이 러한 재변에 대해 도량이나 산천제를 통해 해결할 수 있다고 여겼다. 이는 다음의 사례에 잘 나타나 있다.

○ 숙종 7년 4월에 蟲이 소나무를 먹었다. … 6월 병술에 재상에게 명하 여 五方山海神君을 3소에 나누어 제사케 하고 또 승려 2천 명을 모아 4도로 나뉘어 경성의 諸山을 순행하며『반야경』을 읽어 송충을 가시 도록 하였다.[116]

○ 고종 15년 5월 신축에 북계병마사가 蝗이 곡식을 해친다고 보고하니 왕이 내시를 나누어 보내 중외의 신사에 빌었다.[117]

南海之觀音浦 使戰之 以爲我軍怵懦 適有雨 地 遣人禱智異山神祠曰 國之 存亡 在此一擧 冀相予 無作神羞 雨果止"
115) 『春秋左氏傳』卷20 昭公 1, "山川之神 則水旱癘疫之災 於是乎禜之 日月 星辰之神 則雪霜風雨之不時 於是乎禜之"
116) 『高麗史』卷54 지 8 오행 木 숙종 7년 4월, "蟲食松 … 六月丙戌 命宰相 分祀五方山海神君於三所 又集僧二千 分爲四道 巡行京城諸山 諷般若經 以禳松蟲 遂發卒五百 捕于松岳"
117) 『高麗史』卷54 지 8 오행 2 金, "高宗十五年五月辛丑 北界兵馬使 馳報蝗 害稼 王 分遣內侍 禱于中外神祠"

황충은 국가에 邪人이 많고 조정에 충신이 없어서 관직에 있으면서 녹을 먹는 것이 蟲과 같기 때문이라고 이해하였다.[118] 그리고 蟲이 소나무를 먹는 것은 병란의 조짐으로 해석되어 灌頂·文豆婁·寶星道場이나 老君符法 등의 불교·도교 행사를 통해 이를 기양하였다.[119] 위 사료는 이러한 재변에 대한 기양의 하나로 五方山海神君과 神祠에서 제사가 행해지고 있음을 보여준다. 오방산해신군은 岳鎭海瀆神으로 생각되며, 神祠는 山神祠나 城隍神祠를 지칭한 것으로 생각된다. 이처럼 고려에서는 재변에 대한 기양을 위해 불교·도교 행사를 거행하거나 산천신에 대한 제사를 행하였다.

(4) 救病의 목적

수해가 나고 한발이 들거나 유행병이 돌아 재해가 있게 되면, 산천신에 제사드려 無事를 빌었다.[120] 이러한 믿음에 따라 전염병의 구제나 국왕의 救病을 위해서 산천제가 거행되었다. 의술이 발전하지 못하고 의료 시설이 제대로 갖추어 있지 못하였기 때문에 초월적인 존재에 대해 구병을 기원하였던 것이다. 구병을 기원하기 위해 거행된 산천제의 사례는 다음과 같다.

○ 예종 4년 12월 을유에 유사에게 명하여 송악 및 모든 신사에 나누어 제하여 疾疫의 물리침을 빌었다.

○ 예종 17년 3월 계미에 왕이 병이 나자 사람을 나누어 보내어 산천신에 기도하였다.

○ 인종 6년 정월 정해에 왕이 병환이 나서 재추와 백관이 廟社·山川·

---

118) 『高麗史』 卷54 지 8 오행 金, "仁宗 … 二十三年七月 … 太史奏曰 今蝗蟲四起 此乃國多邪人 朝無忠臣 居位食祿如蟲"

119) 『高麗史』 卷54 지 8 오행 金, "肅宗 … 六年四月 蟲 食首押山松 辛丑 太史奏 蟲食松 此兵徵也 宜行灌頂文豆婁寶星等道場 老君符法 以禳之 從之"

120) 『春秋左氏傳』 卷20 昭公 1, "山川之神 則水旱癘疫之災 於是乎禜之"

佛祠・道宇에 기도하였다.

○ 충렬왕 원년 6월 기사에 왕이 병이 들자 二罪 이하를 석방하였다. … 홍자번에게 지리산에 제사를 올리도록 명하였다.[121]

백성에게 역질이 있고 음양이 어기게 되는 것은 모두 형정을 때에 맞게 하지 않기 때문이며, 이를 위해『예기』의 월령을 준수하여야 한다고 하였다.[122] 이러한 유교적 인식과는 별도로 사찰이나 도관에 기도하기도 하였고, 산천신에 대해서도 제사를 거행하였다. 산천신이 질병에 대한 치료 능력이 있다고 믿었기 때문이다.

이상에서 살펴본 것처럼 산천제는 매우 중시되었다. 신라는 산악을 중시하여 오악・명산을 대사나 중사로 올려 제사하였다. 산악을 중시하는 관념은 고려에도 이어졌으며, 신라의 사전과는 달리 고려에서는 '잡사'로 편입되었다. 그리고 고려의 산천제는 크게 보아 山神祭와 川上祭로 구분되었다. 산천신은 강우와 호국적 능력이 가지고 있다고 믿어졌으며, 이외에 치병이나 재변에 대한 기양을 위해서도 제사되었다. 특히 기우는 산천제가 거행되었던 중요한 사유였다. 천상제는 松嶽溪上에서 거행된 기우제였다.

2) 산천신에 대한 봉작

강우와 치병의 능력이 있다고 믿어졌던 산천신에 대해 그 능력을

---

121)『高麗史』卷13 예종 4년 12월 乙酉.
　　『高麗史』卷14 예종 17년 3월 癸未.
　　『高麗史』卷15 인종 6년 정월 丁亥.
　　『高麗史』卷28 충렬왕 원년 6월 己巳.
122)『高麗史』卷85 지 39 형법 2 휼형, "顯宗九年閏四月 門下侍中劉瑨等奏 民庶疫癘 陰陽愆伏 皆刑政不時 所致也 … 伏請今後 內外所司 皆依月令施行 從之"

발휘한 보답으로 德號, 爵號, 勳號 또는 관직이 수여되었다. 이것은 산신을 인격신으로 보았기 때문이다. 신에게 봉작을 내려준다는 것은 封號를 내려주는 천자나 제후가 신보다 그 지위가 높음을 의미한다. 『예기』「왕제」에서 "산천은 삼공의 예에 따른다"라는 것에 의거한 이 제도는 천자의 입장에서 볼 때 존호의 헌상이 아니라 공이 많은 산천에게 하사하는 봉호인 것이다.

당의 측천무후 때에 시작한 산천신에 대한 봉호 제도는 송대에 이르러 각 지방에 효험이 있는 산천에 대한 승인 제도의 형태로 발전하였다.123) 우리나라의 경우 산신에 대한 봉작은 이미 신라 때부터 찾아볼 수 있다. 경명왕이 선도산에 올라갔다가 매를 잃어버렸는데 그곳의 神母에게 빌어 매를 찾게 되자 선도산 신모를 대왕으로 봉작하였던 것이다.124) 이러한 신라의 전통은 고려로 이어졌다. 이에 대해서는 김관의의 『編年通錄』이 참고된다.

虎景이라고 하는 사람이 있어서 스스로 聖骨將軍이라고 하였다. … 먼저 산신에게 제사를 지냈더니 그 신이 나타나 말하기를 나는 본시 과부로 이 산을 주관하고 있었는데 다행히 聖骨將軍을 만나게 되어 서로 부부의 인연을 맺고 함께 神政을 하려고 하는 바 우선 당신을 이 산의 대왕으로 봉하겠다고 하였다. 그 말이 끝나자 마자 산신과 호경은 갑자기 보이지 않았다. 평나군 사람들은 호경을 대왕으로 봉하는 동시에 사당을 세워 제사지냈다. 그리고 아홉 사람들이 함께 죽었기 때문에 그 산 이름을 구룡산이라 하였다.125)

---

123) 이욱, 「조선전기의 산천제」『종교학연구』17, 127~129쪽.
   중국의 산천에 대한 봉작은 須江隆, 「唐宋期におつげる祠廟の廟額封號の下賜について」『中國社會の文化』9, 1994 참조.
124) 『三國遺事』卷5 感通 7 仙桃聖母隨喜佛事, "第五十四景明王 好使鷹 嘗登此放鷹而失之 禱於神母曰 若得鷹 當封爵 俄而鷹飛來止机上 因封爵大王焉" 宋代에도 악독, 성황, 선불, 용신 등과 더불어 산신도 숭배되어 작위를 받았다.
   『宋史』卷105 예지 8 諸神廟, "其他州縣 嶽瀆城隍仙佛龍神水泉江河之神 及諸小祀 皆有禱祈感應 而封賜之多 不能盡錄"

『고려사』고려세계는『편년통록』을 인용하여 호경이 산신이 되었
다고 하였다. 이것은 신라말 당시의 사실인지 아니면『편년통록』이
정리된 단계에서 첨가된 것인지는 확실치 않다. 그러나 한 지역의 세
력의 대표자가 그 지역 중심의 산신이 되었던 것은 여러 사례를 통해
볼 때 확인된다. 예를 들면 박영규는 海龍山神이, 박란봉은 麟蹄山神
이 되었다.126) 이것은 지방의 호족들이 자신의 先代를 그들의 근거지
에서 제사를 받들고 있었던 것으로 볼 수 있다. 호경을 대왕으로 봉
하고 사당을 세웠다는 것은 왕건의 선대가 이 지역에서 지배권을 확
대하고 있었음을 말해 준다. 그리고 이 지역의 민들이 구룡산의 영험
함에 대해 경외심을 가지고 있었기 때문에 유력자를 산신으로 추앙
하고 대왕으로 호칭한 것으로 생각된다. 이처럼 고려왕실이 산신과
관련되어 있다는 관념은 고려시대에 산천신에 대한 숭배와 봉작으로
이어진다.

고려시대에 산신을 봉작한 神號의 종류를 보면 勳號, 爵號, 德號, 尊
號, 功號 등으로 다양하게 나타난다. 이를 살펴보면 〈표 8〉과 같다.

〈표 8〉고려시대 山川에 대한 賜號

	시 기	대 상	賜號 내용	사호구분	전 거
1	문종 8년	名山大川	聰正	功號	『高麗史』卷7 문종 8년 5월 己卯
2	문종 33년 4월	名山大川	知幾	加二字號	『高麗史』卷9 文宗 33년 4월 甲辰
3	숙종 6년 3월	名山大川	仁聖	加二字號	『高麗史』卷11 肅宗 6년 3월 庚寅
4	예종대(?)	한라산 主神의 季弟	廣壤王	王號	『世宗實錄』卷151 지리지 전라도 제주목

125)『高麗史』高麗世系,"金寬毅編年通錄云 有名虎景者 自號聖骨將軍 … 先
祀山神 其神見曰 予以寡婦主此山 幸遇聖骨將軍 欲與爲夫婦 共理神政 請
封爲此山大王 言訖 與虎景俱隱不見 郡人 因封虎景爲大王 立祠祭之 以九
人同亡 改山名 曰九龍"
126)『新增東國輿地勝覽』卷40 천안도호부 인물.
이에 대한 자세한 내용은 김갑동, 앞 논문, 1993 참조.

5	고종 40년 10월	명산대천과 탐라의 神祇	濟民	加號	『高麗史』卷24 高宗 40년 10월 戊申
6	원종대(?)	나주의 錦城山神	丁寧公	爵號	『高麗史』卷105 열전18 鄭可臣
7	충렬왕 13년 6월	감악산신의 第二子	都萬戶	官職	『高麗史』卷30 忠烈王 13년 6월 己卯

먼저 勳號는 목종대와 현종대까지 주어지고 있으며, 그 이후로는 나오지 않고 있다. 훈호는 사람에게 주어졌을 경우 上柱國(정2품)과 柱國(종2품)이 있었다.[127] 아마 이러한 훈호를 수여하였을 것이다.[128]

爵號는 사람에게 주어질 경우 공, 후, 백 같은 봉작이나, 아니면 관직이나 관품을 수여하였다. 나주의 금성산신이 丁寧公으로 봉해지고 있고,[129] 충렬왕 13년에 감악산신의 아들에게 都萬戶라는 관직을 봉해주고 있다.[130] 이처럼 작호는 사람에게 주어지는 것과 큰 차이가 없었을 것이다. 그리고 왕으로 봉해지는 경우도 보인다. 즉

　　諺傳에 이르기를, 한라산 주신의 季弟가 살아서 거룩한 덕이 있었으므로 죽어서 明神이 되었는데, 마침 호종단이 이 땅을 진무하고자 배를 타고 강남으로 향하였다. 신이 매[鷹]로 변하여 날아서 돛대 꼭대기에 올라 앉았는데, 조금 있다가 북풍이 크게 불어 호종단의 배가 난파되어 서쪽 지경에 침몰하니, 매가 날아서 섬의 암석 사이로 올라갔다. 나라에서 그 신령함을 褒獎하여 식읍을 하사하고, 廣壤王으로 봉하였는데, 해마다 나라에서 香과 폐백을 내려서 제사를 지낸다.[131]

127) 『高麗史』卷77 지 31 백관 2 勳條 참조.
128) 김기덕, 「고려시대 城隍神에 대한 封爵과 淳昌의 城隍大神事跡 현판의 분석」『역사민속학』7, 13쪽.
129) 『高麗史』卷105 열전 18 鄭可臣, "羅州人稱 錦城山神 降于巫言 珍島耽羅 之征 我實有力 賞將士而不我祿 何耶 必封我定寧公 可臣惑其言 諷王 封定 寧公 且輟其邑祿米五石 歲歸其祠"
130) 『高麗史』卷30 忠烈王 13년 6월 己卯, "封紺嶽山神第二子 爲都萬戶 以冀 陰助征也"
131) 『世宗實錄』卷151 지리지 전라도 제주목, "諺傳云 漢拏山主神子季弟 生 有聖德 沒爲明神 適値胡宗旦鎭禳此土 乘舟向江南 神化爲鷹 飛上檣頭俄

호종단은 송나라 사람으로 술법에 능한 사람이었다.[132] 그러나 호종단이 제주의 지기를 눌렀다거나 신의 노여움으로 배나 난파당했다는 것은 그대로 믿을 수는 없을 것 같다. 다만 제주민들은 한라산신의 영험함을 믿고 있었으며, 그의 동생 廣壤堂의 신에게 작호가 내려진 사실, 그리고 국가제사가 이루어지고 이에 따라 식읍, 즉 祭祀田이 주어진 사실은 주목할만 하다.[133]

尊號는 보통 先王에게 二字의 雅化된 칭호가 부여되는 것이다. 그렇다면 이것은 功號와 유사한 형태가 된다. 명산대천에 내린 숙종 6년의 '仁聖'이나 고종 40년의 濟民은 功號이거나 尊號였을 것이다.[134]

功號는 功勳있는 신하에게 주어졌던 雅化된 二字의 공신호와 유사하였을 것 같다. 문종 8년에 국내의 명산대천에 대해 '聰正'이라는 공호가 주어졌다. 문종 33년에 명산대천에 내려진 '知幾'라는 호 역시 공호였던 것으로 보인다.[135] '聰正'은 "신은 총명하고 정직하여 한 가지 마음만을 갖는다. 그래서 인간의 선악에 따라 복과 화를 준다."는 것을 뜻한다. 그리고 '知幾'는 『주역』에서 '知幾其神乎'라는 구절에서 그 의미를 취한 것으로 보인다. 이렇게 보면 '聰正'이나 '知幾'는 산천신의 영험함을 표현한 공호라 하겠다.[136]

而北風大吹 擊碎宗旦之舟 沒于西境 飛揚島岩石間 國家褒其靈異 賜之食邑封爲廣壤王 歲降香幣以祭"

132)『高麗史』卷97 列傳 10 劉載 附 胡宗旦, "胡宗旦 亦宋福州人 … 睿宗寵顧優厚 … 宗旦 性聰敏 博學能文 楚楚自喜 兼通雜藝 頗進厭勝之術 王不能無惑 後事仁宗 爲起居舍人"

133)『新增東國輿地勝覽』卷38 제주목 祠廟, "廣壤堂〈… 世降香幣以祭 本朝令本邑致祭 按胡宗朝來仕高麗官至起居舍人而卒 則來壓溺之說恐不可信〉"

134) 김기덕, 앞 논문, 14쪽.
『高麗史』卷11 肅宗 6년 3월 庚寅, "詔曰 己卯年 幸三角山 所過名山大川神號 各加仁聖二字 令所在州縣祭告"
『高麗史』卷24 高宗 40년 10월 戊申, "國內名山及耽羅神祇 各加濟民之號"

135) 김기덕, 앞 논문, 13쪽.
『高麗史』卷7 文宗 8년 5월 己卯, "加國內名山大川神祇 聰正二字功號"
『高麗史』卷9 文宗 33년 4월 甲辰, "國內名山大川神祇 加知幾二字號"

이들 봉작 외에도 德號와 神號 등이 나오고 있는데, 그 차이를 정확히 파악하기는 어렵다. 아마도 신호와 덕호는 '신의 공덕을 기리는 호'라는 뜻으로 쓰이는 보통 명사라 할 수 있다. 그러면 이러한 봉작은 어떤 이유로 내려지는 것일까. 성격에 따라 이를 분류하여 살펴보면 다음과 같다.

(1) 전란의 공헌에 의한 봉작

산천신은 국가의 수호신의 역할을 하고 있었다. 따라서 국가에게 닥친 전란은 산천신의 영험함을 보여주어야 하는 대표적인 경우였다. 전란에 공헌한 산천신에 대해 봉작이 내려진 사례는 다음과 같다.

> ① 평양의 목멱·교연·도지암·동명왕 등의 신에게 훈호를 더하였다.[137]
>
> ② 국내의 명산대천과 탐라의 신에 각각 '濟民'이라는 칭호를 붙이고, 태묘의 9실과 19능묘에 모두 시호를 더 붙였다.[138]

①은 거란 침입과 관련되어 내려진 훈호로 보인다. 현종 1년 11월에 거란이 침입하여 서경을 공격하였는데, 이때 서경신사에서 갑자기 바람이 일어나 거란의 軍馬가 모두 넘어졌던 사실이 있었다. 2년 정월에 거란이 개경에 침입하자 현종은 광주를 거쳐 남쪽으로 피신하였다가 거란군이 퇴각하자, 2월에 전주, 공주, 청주를 거쳐 개경으로 돌아왔다. 그리고 4월에 전사자의 해골을 수습하고 제사를 지냈다. 7월

---

136) 『春秋左氏傳』卷3 莊 32년 7월, "史嚚曰 … 神 聰明正直 而壹者也 依人而行"
   『周易』卷18 繫辭下, "子曰 知幾其神乎 君子上交不諂 下交不瀆 其知幾乎 幾者動之微 吉之先見者也"
137) 『高麗史』卷4 현종 2년 5월 정해, "加平壤木覓橋淵道知岩東明王神勳號"
138) 『高麗史』卷24 高宗 40년 10월 戊申, "國內名山及耽羅神祇 各加濟民之號 太廟九室及十九陵 並加上尊謚"

에는 거란에 항거하다 죽은 서경의 승려 법언에게 首座를 추증하고, 남행 수종과 관련하여 문제가 있는 관료들을 귀양보냈다. 이러한 사실로 보아 ①의 내용은 거란의 침입을 물리친 공로로 내려진 조처로 생각된다.

그리고 몽고와의 전란이 한창이던 고종 40년 6월에 先王·先妃에게 尊諡를 더하고 명산대천에 덕호를 더하였다. 아울러 문무 양반과 남반, 잡로의 모든 有職者에게는 차례로 동정직을 더하고 주부군현의 吏와 진·역의 雜尺·長典 등에게도 무산계를 차등있게 하사하였다. 몽고와의 전란을 독려하는 뜻에서 내려진 조치였을 것이다. 이러한 호국적인 산천신앙은 ②에도 나타나 있다. 고종 40년 10월에 동계병마사가 몽고병이 등주를 포위하였다가 포위를 풀고 금양성으로 갔다. 이러한 때에 '濟民'이라는 신호는 당시 상황과 기원을 적절하게 표현한 것이라 할 수 있다. '濟民'이라는 칭호는 역시 전란으로부터 백성을 구제한다는 의미로 생각된다. 그리고 그 '濟民'의 기원을 이루어 줄 수 있는 힘을 명산대천에게서 구하고 있는 것이다. 전란과 관련된 사례를 더 찾아보면 다음과 같다.

> ③ 감악산신의 둘째 아들을 봉하여 都萬戶로 삼아 출정에 陰助를 빌었다.[139]
>
> ④ 祖宗에게 존호를 추가하고 경내의 명산대천의 신들에게 호를 덧붙였다.[140]

③·④는 내안의 반란과 관련된 것이다. 충렬왕 13년 5월 임인에 왕이 내안이 반란을 일으켰다는 말을 듣고 유비를 원나라에 보내 군사를 내어 토벌을 도울 것을 자청하였다. 이에 6월에 들어서 열병하

---

139) 『高麗史』 卷30 충렬왕 13년 6월 己卯, "封紺嶽山神第二子 爲都萬戶 以陰助征也"
140) 『高麗史』 卷30 忠烈王 13년 7월 庚戌, "加上祖宗尊號 又加境內山川神祇號"

고 궁문에서 친히 纛旗에 제사하였다. 그리고 한희유를 좌익만호로, 박지량을 부만호로, 나유를 중익부만호로 삼았다. 한희유가 군사를 거느리고 출발하는데, 이에 감악산신의 둘째 아들을 봉하여 도만호로 삼아 출정에 陰助가 있기를 빌었다. 출병에 앞서 좌익만호, 부만호, 중익부만호를 임명하고 아울러 감악산신의 둘째 아들을 도만호로 봉한 것은 감악산신이 군사를 도와 전란을 잘 진압해주기를 바라는 기원 때문이었다.

그리고 13년 7월 庚寅에 충렬왕은 前軍을 통솔하고 印侯로 中軍萬戶를 삼아 개성의 卵山으로 나아갔다. 이때 동경총관 강수형과 요동선위사 등이 사람을 보내와 출병을 독촉하자 장군 유비와 중랑장 오인영을 원나라에 보내 친히 군사를 거느리고 이미 출발하였다고 보고하였다. 이에 충렬왕은 ③과 같이 祖宗에게 존호를 올리고 경내 산천의 신에게 호를 붙였다. 이것은 왕실 조상과 산천신에게 다시 한번 출병에 대한 안녕을 바라는 것이었다. 개성 난산에 행차하였을 때 충렬왕이 눈물을 줄줄 흘리니 신하들이 모두 낯을 가리고 울었다[141]는 것으로 보아 출정을 앞둔 불안한 심리 상태를 짐작할 수 있다. 그런데 결국은 8월에 유비와 오인영이 원나라에서 돌아와 내안의 진압을 알려와 출정을 중지할 수 있었다.

한편, 전란에 대한 사례 이외에 內亂의 경우에 봉작을 내린 경우가 있었다. 다음의 사례는 삼별초의 난의 진압에 공헌이 있는 산신에게 봉작을 내린 것이다.

○ 정가신의 자는 헌지요 初名은 흥이니 나주 사람으로 부 정송수는 향공진사이다. … 나주 사람이 칭하기를, "금성산신이 巫에 내려서 말하기를, '진도, 탐라의 정벌에 있어 내가 실로 힘이 있었는데 將士에게는 상주고 나에게는 녹을 주지 않음은 어찌함이냐. 반드시 나를 定寧公으로 봉하라'라고 하였다." 하니 정가신이 그 말에 혹하여 왕에

---

141) 『高麗史』 世家 30 忠烈王 13년 7월 庚寅, "王親統前軍 以印侯爲中軍萬戶 出次開城卵山 王潸然泣下 群臣皆掩泣"

게 간언하여 정녕공으로 봉하고 또 그 邑의 祿米 5석을 거두어 해마
다 그 사당에 보냈다.[142]

○ 광주 무등산신이 討賊하는데 은밀한 도움이이 있었다고 하여 禮司에
게 명하여 작호를 더하여 봉하고 춘추로 제사케 하였다.[143]

이에 따르면 삼별초의 난을 토벌하는데 나주의 금성산신이 도왔으
므로 산신에게 定寧公이라는 작위를 주어야 한다는 것이다. 이러한
주장은 당시의 사정을 잘 대변하는 것이었다. 원종 11년은 삼별초가
진도에서 몽고와 항전을 할 때였다. 나주에 삼별초군이 이르렀는데
나주부사였던 박부는 머뭇거리며 어찌할 줄을 몰랐다. 그러나 나주의
上戶長인 정지려가 맞서 싸울 것을 주장하였다. 이에 나주사록 김응
덕이 금성산성에 올라가 목책을 만들어 지켰으므로 7일간에 걸친 삼
별초군의 공격을 막아내었다.[144] 이러한 사실에 근거하여 금성산신에
대한 봉작을 건의하고 있다.

그리고 원종 14년 4월에 김방경은 전라도의 배 160척과 水陸兵 1만
여 명으로 탐라에 이르러 삼별초군과 싸워 1천 3백여 명의 항복을 받
고 적을 평정하여 탐라인을 평안하게 하였다. 5월에 김방경이 승리를
아뢰니 여러 신하들이 난의 평정을 축하하였다.[145] 이어서 무등산신

---

142) 『高麗史』卷105 열전 18 鄭可臣, "鄭可臣 字獻之 初名興 羅州人 父松壽
　　 鄕貢進士 … 羅州人稱 錦城山神 降于巫言 珍島耽羅之征 我實有力 賞將士
　　 而不我祿 何耶 必封我定寧 可臣惑其言 諷王 封定寧公 且輟其邑祿米五石
　　 歲歸其祠"
143) 『高麗史』卷27 원종 14년 5월 庚辰, "以光州無等山神 陰助討賊 命禮司 加
　　 封爵號 春秋致祭"
144) 『高麗史』卷102 열전 16 金應德, "元宗十一年 爲羅州司錄 時三別抄反 據
　　 珍島 勢甚熾 州郡望風迎降 或往珍島謁見賊將 至羅州副使朴玿等 首鼠未
　　 決 上戶長鄭之呂 慨然曰 苟不能登城固守 寧遁避山谷 爲州首吏 何面目 背
　　 國從賊乎 應德聞其言 卽決意守城 牒州及領內諸縣 入保錦城山 樹棘爲栅
　　 率勵士卒 賊至圍城攻之 士卒皆裹瘡死守 賊攻城七晝夜 竟不得拔羅州"
145) 『高麗史』卷27 원종 14년 4월 庚戌.
　　 『高麗史』卷27 원종 14년 5월 乙亥.

에 대한 봉작이 내려졌다.

반란이 발생하고 이를 평정하는 과정에서 산신의 음조가 있었다는 것은 그 산신의 호국적인 성격을 드러내는 것이라 할 수 있다. 이렇게 전란으로 명산대천에 봉작하는 것은 명산대천의 도움으로 이를 막을 수 있다는 믿음 때문이었다. 예종 4년 5월에 이르기를

> 내가 先考의 뜻을 이어 義를 들어 軍을 발하고 邑을 두어 城을 쌓게 됨은 이것이 대개 국내 명산대천의 神祇가 돕는 바이다. 그러나 나머지 적이 아직도 다 섬멸되지 않아 울타리를 치고 길주를 치니, 다시 병사를 독려하여 분격하고자 한다. 원컨대 神明은 다시 음조를 더하시고 三韓功臣의 英靈이 아직도 있으면, 서로 붙들어 도와서 나머지 적을 소탕하여 변경을 평안하게 하십시오. 그러면 혹은 작위를 봉하여 높이어 은혜에 보답할 것입니다.146)

라고 하였다. 전란에 있어서 명산대천은 그것을 막아낼 능력이 있다고 믿어졌다. 따라서 그 신령이 전란을 막아내었을 경우 이에 대한 보답으로 봉작을 내려 보답한다는 것이다. 결국 산천신의 호국적 성격에 대한 보답으로 봉작이 행해지고 있었던 것이다.

(2) 巡幸에 따른 봉작

고려에서 개경과 함께 서경, 남경은 중요한 지역으로 인식되었다. 고려 국왕들은 이들 지역을 자주 순행하였는데 이것은 태조의 「훈요십조」와 풍수지리설에 따른 것이라 생각된다. 훈요십조 다섯째 조항에서 태조는

> 짐은 삼한 산천의 신령한 도움을 힘입어 써 대업을 성취하였다. 서

---

146) 『高麗史』卷13 睿宗 4년 5월 癸丑, "下宣旨曰 … 寡人嗣承先志 擧義發軍 置邑築城 此盖國內名山大川神祇所助也 然餘賊尙未盡滅 施設場寨 來攻吉州 欲更勵兵奮擊 或願神明更加陰助 三韓功臣 英靈尙在 竟相扶援 掃蕩殘賊 邊境平安 則或封崇爵位 酬賽玄恩."

경은 水德이 순조로워 우리 나라 지맥의 근본이 되며 대업을 만대에
전할 땅인 까닭에 마땅히 四仲月에는 거기에 행차하여 100일이 지나도
록 머물러 안녕을 이루도록 하라.147)

고 당부하고 있다. 후대 왕들에게 있어 서경에 대한 순행은 바로「훈
요십조」에 근거한 것이다. 그런데 서경, 남경 지역에 대한 순행과 함
께 명산대천에 대해 봉작이 행해지고 있었다. 그 첫 사례는 목종대에
나타난다. 목종은 10년 10월에 호경(서경)에 행차하여 齋祭를 올리고
유죄 이하를 사면하였으며, 국내 神祇에 勳號를 더하였다. 그리고 鎬
京의 조세 1년 분을 면제하고 순행 도중의 주현은 조세의 반을 면제
하였다.148)

그리고 문종은 36년 9월에 개경을 출발하여 봉성현를 거쳐 천안부
에 머물렀다가 온수군에 이르렀다. 여기에서 머물다가 천안을 거쳐
같은 해 11월에 개경으로 돌아왔다. 이 날 명령을 내려 왕이 통과한
산천에 神號를 더해 주고, 수종한 신하들에게도 직급과 상을 주었
다.149)

한편, 숙종은 4년 9월에 宰臣, 日官 등으로 하여금 양주에 남경을
건설할 것을 의론케 하였고, 이에 행차하여 도읍할 곳을 둘러보았
다.150) 6년 3월에 이르기를, "기묘년(숙종 4년 9월)에 삼각산에 행차하
였을 때 지나간 곳의 명산대천의 神號에 각각 仁聖 두 글자를 더하고
그 산천 소재 주현으로 하여금 이를 고하는 제사를 올리게 하라"고

---

147)『高麗史』卷2 태조 26년 4월, "其五曰 朕賴三韓山川陰佑 以成大業 西京
　　水德調順 爲我國之脈之根本 大業萬代之地 宜當四仲巡駐 留過百日 以致
　　安寧"
148)『高麗史』卷3 목종 10년 10월.
　　『高麗史』卷80 식화지 3 진휼 목종 10년 10월.
　　穆宗은 1년 7월 癸未에 西京을 고쳐 鎬京이라 하였다. 목종은 2년 10월,
　　7년 11월, 11년 10월에도 서경에 행차하였다.
149)『高麗史』卷9 문종 36년 11월 갑신.
150)『高麗史節要』卷6 숙종 4년 9월 丁卯, "王與王妃元子 幸三角山 閏月 至楊
　　州 相宅都之地"

하였다. 이에 6년 4월 무신에 개성부와 양주에서 지난 4년 9월에 왕의 순행시에 통과한 명산대천의 신들을 위하여 제사를 지냈다.[151]

예종은 11년 4월에 서울로 돌아와서 죄수를 석방하고 제하기를 "임금이 순행하는 의례는 지방 실정을 살피고 교화를 베풀려는 것이다. … 서경과 내가 지나온 산천신에 각각 神號를 더 붙여주라." 하였다. 여기서 '지방을 시찰하고 교화를 베푸는 것이다[省方設敎]'는 것은 『주역』 觀卦 象傳에 "先王 以省方 觀民設敎"에 근거한 것이다.

그리고 인종은 7년 2월 기사일에 서경에 행차하고 3월에 서경에서 돌아와 이르기를 "해동의 先賢의 말에 대화세에 궁궐을 세워 나라의 운명을 연장한다고 하였다. 오늘 이미 땅을 선택하여 새 궁궐을 세운 이상 절후를 따라 순회함으로써 나의 은택이 안팎에 골고루 미치게 하려 한다. … 서경과 내가 통과한 주현의 산천신에게 각각 존호를 더 붙이고 새 궁궐의 주산을 祀典에 등록하라"[152]고 하였다. 이어서 8년 10월에도 인종은 서경에서 돌아와서 조하기를 "日者와 음양가들이 옛 사람의 말에 근거하여 서경으로 가라고 하기에 나는 그 말을 시행하였으며 지금은 대궐에 돌아왔다. … 금번에 내가 통과한 산천의 신호를 더 붙이라"[153]고 하였다. 인종은 서경 순수와 더불어 산천신에 대해 봉작하고 제사를 지냈다.

의종은 21년 9월에 남경에 갔다가 개경으로 돌아와 二罪 이하를 사면하고 조를 내려 명산대천에 작호를 내렸다. 또한 23년 3월에 의종은 서경에 행차하였다가 4월 계묘에 서울로 돌아와 이죄 이하를 사면하고 지나온 명산대천의 신에게 호를 더했다.

---

151) 『高麗史』 卷11 숙종 6년 4월.
　　　『高麗史』 卷63 지17 예5 숙종 6년 4월.
152) 『高麗史』 卷16 仁宗 7년 3월 庚寅, "詔曰 … 海東先賢 有言創宮闕於大花勢 以延基業 今旣相地 創造新宮 順時巡遊 思有恩澤遍及中外 … 西京及所過州縣山川神祇 各加尊號 新闕主山 秩載祀典"
153) 『高麗史』 卷16 仁宗 8년 10월 壬申, "至自西京 詔曰 … 日者陰陽家流 據古人之言 奏請西幸 朕從而行之 今已還闕 … 加所過山川神祇號"

이상에서 살펴본 것처럼 국왕들은 서경과 남경을 행차할 때 지나온 명산대천에 제사를 지내고, 아울러 이들 명산대천에게 봉작을 내리고 있다. 그리고 국왕들이 서경 및 남경 지역을 순행한 것은 태조의 「훈요십조」와 풍수지리설 그리고 『주역』에 따른 것이라 생각된다. 아울러 국왕의 巡狩에 이은 산천제는 『서경』과 『예기』 등의 유교 경전에 사상적 근원을 두고 있었다.

숙종은 7년 7월 경술일에 서경에 행차하여 머물다가 10월 갑술에 서경을 떠나서 11월에 임피역에 이르러 지나온 명산대천에 덕호를 더하였다. 이때 예부에서는 서경 행차에 대해 다음과 같이 말하고 있다.

> 예부에서 아뢰기를, "삼가 『尙書』(書經)의 疏를 상고하건대 王者가 순수를 행하는 것은 제후들이 각기 자국을 스스로 다스리매 위엄이 자신에게 있음으로 그가 왕명을 막아 혜택이 백성에 미치지 아니할까 두려워하기 때문에 순수하여 백성을 위하여 폐해를 제거하려는 것입니다. 마땅히 서경유수 및 먼저 파견한 안찰사에게 명하여 먼저 민간의 고통을 찾아 부담을 면제하여 구휼하고 또 전에 내린 사은이 아직 다 행해지지 아니한 것은 유사가 시행케 하소서"라고 하였다.154)

서경 행차는 「훈요십조」에서 비롯된 것이지만, 후대에 이르러 중국 천자의 순수 사례를 들어 설명하고 있다. 『예기』 「왕제」에 따르면 천자는 5년에 한번씩 순수를 하는데 2월에는 동쪽으로, 그리고 5, 8, 11월에는 각각 남, 서, 북쪽으로 순수하는 것이 상례였다. 이때 대산(태산), 남악, 서악, 북악에 이르러 나무를 태워 산천에 제사를 지내고 제후들의 정치를 살피고, 만약 제후들이 산천의 신을 제대로 받들지 못하였으면 불경죄로 영지를 삭감하였다.155)

---

154) 『高麗史』卷11 肅宗 7년 7월 壬子, "禮部奏 謹按尙書疏 王者 所爲巡守者 以諸侯自專一國 威福在己 恐其壅遏上命 澤不下流 故自巡守 爲民除弊 宜命西京留守及先排按察使 先訪民間疾苦 蠲除撫恤 及前降赦恩 未盡奉行者 付有司施行 制可"

155) 『禮記』王制, "天子五年一巡狩 歲二月東巡守 至于岱山 柴而望祀山川 勤

이처럼 고려 국왕들이 서경이나 남경으로 행차한 것은 태조의「훈요십조」와 풍수지리설 그리고 유교사상에서 비롯된 것이었으며, 천자가 제후를 순수한다는 것과 같은 정치적 의미가 있었다. 이때 행해진 산천제는 통치 지역의 신에게 흠향하여 안녕을 기원하려는 것이다. 순행을 마치고 개경으로 돌아온 국왕은 산천신에게 봉작을 내림으로서 순행의 정치적 의미를 재확인하였던 것이다.

(3) 국가의례 후의 봉작

국왕의 즉위와 책봉, 태묘 제사 등은 국가의 대사였다. 보통 이러한 의례들을 거행한 후에는 다양한 은사가 베풀어졌다. 국왕 즉위 후의 여러 시책 중에서 산천에 대해 봉작을 내린 사례가 보인다. 그 첫 사례는 목종 즉위년에 확인된다.

> 위봉루에 행차하여 사면령을 내리고 효순을 표창하며 痕累者를 씻어 주고 질병을 구제하였다. 문무관리와 승려들에게 1급을 더하고 國內神祇에 모두 훈호를 더하고 더불어 중앙과 지방에서 하루 동안 큰 잔치를 베풀었다. 어머니 황보씨를 높혀 왕태후로 삼았다.[156]

목종은 성종 16년 10월에 즉위하여, 11월에 합문사 왕동영을 거란에 보내어 왕위를 이은 것을 알렸다. 그리고 같은 해 12월에 위봉루에 행차하여 사면을 내리고 효순자를 표창하고, 문무관리와 승려들에게 1級을 더해 주었다. 이어서 신에게 훈호를 내리는 조처를 취했다. 이러한 일들은 즉위를 축하하기 위한 것들로 생각된다.

諸侯 … 山川神祇 有不擧者不敬 不敬者 君削以地 … 五月南巡守 至于南嶽 如東巡守之禮 八月西巡守 至于西嶽 如南巡守之禮 十有一月北巡守 至于北嶽 如西巡守之禮"

156) 『高麗史』卷3 穆宗 卽位年 12월 壬寅, "御威鳳樓赦 襃孝順 洗痕累 救疾病 文武官及僧徒 加一級 國內神祇 皆加勳號 仍賜內外大酺一日 尊母皇甫氏 爲王太后"

그리고 현종은 목종 12년 2월에 연총전에서 즉위하였고 이 달에 사
농경 왕일경을 거란에 보내어 목종의 사망을 고하고 왕위를 계승한
것을 알렸다. 즉위년 3월에는 관직을 개편하였고, 같은 해 4월에 考妣
에게 시호를 올렸다. 그리고 사면을 베풀고 群望 神祇에 훈호를 더하
며 문관과 무관의 관작을 더하였다.157) 이외에도 즉위년에 이루어진
명산대천에 대한 봉작의 사례는 다음과 같다.

○ 숙종 즉위년 11월 계묘에 신봉루에 거둥하여 참죄, 교죄 이하의 죄를
   사면하였다. 명산 대천에 모두 덕호를 더하였다. 백성 가운데 나이
   80 이상 및 독폐질자와 의부, 절부, 효자, 순손, 환과, 고독에게 음식
   을 주고 물품을 차등 있게 나누어 주었다.158)

○ 신종 즉위년 11월 경자삭에 의봉루에 거둥하여 조하기를, "… 이 달
   초하루 새벽 이전에 참죄・교죄 이하로 贖銅微瓦에 이르기까지 모두
   사면하고 감하라. 명산대천 및 탐라의 신에게 각각 호를 더하라. …"
   고 하였다.159)

○ 충선왕 복위년 11월 신미에 하교하기를, "… 1. 祖王 이래로 역대 선
   조들에게 마땅히 덕호를 더할 것이다. 1. 성황과 국내 명산대천으로
   사전에 기재된 것은 함께 마땅히 칭호를 더할 것이다. …" 하였
   다.160)

○ 공민왕 1년 2월 병자에 사면을 선포하기를, "… 대저 종묘를 중히 여
   기며 제향을 정성껏 함은 진실로 나 스스로가 극진히 할 바이다. 그

---

157) 『高麗史』 卷4 顯宗 卽位年 4월 戊戌, "赦 養老病 放連懸 輕徭役 賞功臣
    襃賢士 錄勳舊 除女樂濟軍粮 群望神祇 加勳號 增文武官爵"
158) 『高麗史』 卷12 肅宗 卽位年 11월 癸卯, "御神鳳樓 赦斬絞以下罪 名山大川
    皆加德號 民年八十以上 及篤廢疾者 義夫節婦孝子順孫鰥寡孤獨 賜設分物
    有差"
159) 『高麗史』 卷21 神宗 卽位年 11월 庚子朔, "御儀鳳樓 詔曰 … 故欲於中外
    普被恩澤 與民更始 自今月初一日昧爽前 內外斬絞以下 至於贖銅微瓦 咸
    赦除之 國內名山大川 及耽羅神祇 各加號 祖聖及 歷代名王 加上尊謚"
160) 『高麗史』 卷33 충선왕 복위년 11월 辛未, "王 在金文衍家 百官會梨峴新
    宮 王下敎曰 … 一 祖王以降 歷代祖先 宜加上德號 一 城隍幷國內名山大
    川 載在祀典者 並宜加號"

러므로 일찍이 근신을 보내어 銀物을 가지고 가서 종묘의 제기를 갖
추고 사당을 수리케 하였다. 그 時食을 바치매 내가 친히 가리니 태
조로부터 역대왕에 이르기까지 마땅히 덕호를 올릴 것이다. … 명산
대천 및 신묘로서 사전에 기재된 것은 또한 덕호를 가할 것이다. …"
고 하였다.161)

대체로 국왕이 즉위하면 사면령을 내리고 독폐질자 등의 백성을 구
휼하며 의부·절부 등을 표창한다. 그리고 종묘나 사직 등의 각종 국
가제사를 정비하는 시책도 취하고 있다. 이러한 조처와 함께 명산대
천에 대한 봉작을 실시하였다. 그러면 이러한 일들은 어떤 이유로 실
시된 것일까.

신종은 즉위한 후 의봉루에 거둥하여 내린 조에서 "짐이 신민들의
추대로 인하여 祖宗의 쌓아올린 터전을 이어 받아 밤낮으로 두려워하
며 그 자리에 편안함이 없었다. 바라는 바는 중흥하여 태평을 이루고
자 함이다. … 중외에 널리 은택을 입혀 백성과 더불어 혁신하고자 하
노라"162)라고 하였다. 그리고 충선왕은 복위하여 하교하기를, "… 성
은이 중대하니 왕위를 비우기 어려우며 先父의 유훈을 받들고 신민의
추대함에 못이겨 부덕으로써 왕위에 나아가게 되니 위태로워 감히 겨
를이 없노라. … 司牧의 처음인지라 마땅히 백성들에게 특별한 혜택
을 주어야 할 것이다"163)라고 하면서 사면령 등의 조처를 취했다. 이
러한 즉위 후의 일련의 시책들은 즉위를 백성들과 함께 축하하기 위

---

161) 『高麗史』卷38 공민왕 1년 2월 丙子, "宣宥境內曰 … 夫宗廟之重 祭享之
　　誠 固所自盡 嘗遣近臣 持銀物 備宗器 修祠宇 其薦時食 予將親臨 自太祖
　　以至歷代先王 宜上德號 … 名山大川 及神廟 載祀典者 亦加德號"
162) 『高麗史』卷21 神宗 卽位年 11월 庚子朔, "御儀鳳樓 詔曰 朕 因臣民之推
　　戴 承祖宗積累之基 夙夜祇懼 無安厥位 庶幾中興 馴致大平 … 故欲於中外
　　普被恩澤 與民更始 …"
163) 『高麗史』卷33 忠宣王 復位年 11월 辛未, "王下敎曰 … 聖恩重大 王位難
　　虛 承先父之遺訓 迫臣民之推戴 以否德就位 兢兢業業 不敢遑寧 … 司牧之
　　初 宜加異澤 自至大元年十月十六日黎明以前 除不忠不孝 謀故殺人外 咸
　　宥除之"

해 베푼 은사였다. 이러한 은사는 결과적으로 일반 백성들에게 즉위를 공포하는 효과를 가져왔을 것이다.

명산대천에 대해 봉작하고 그 사실을 서울과 지방의 산천신에게 알리는 제사를 거행함으로써 이들 지역민에게 즉위를 공포하는 실질적인 효과를 가져왔을 것이며, 종묘 사직 등의 제사는 국왕의 즉위를 조상과 천지의 신에게 널리 고하는 일이었다. 이것은 제사의 주관자로서 국왕의 입지를 확립하고 이를 확인하는 목적에서 취해진 것이라 생각된다.

한편, 책봉 이후에도 명산대천에 대한 봉작은 상례적으로 이루어졌다.

⑤ 국내 명산대천의 신에 聰正 두 글자의 功號를 더하였다. 탐라국이 사자를 보내어 태자 책립을 축하하였으므로 사자 13인에게 직을 더하고 사공과 수행원에게는 물품을 차등 있게 내려주었다.[164]

⑥ 신봉루에 거둥하여 이죄 이하를 사면하고 명산대천에 神號를 더하였으며, 兩京의 문무 백관에게 작 1급씩을, 첨사부 春坊員에게 2급씩을 더하고, … 환과, 老病, 효자, 순손에게 물품을 차등 있게 주었다.[165]

⑦ 신봉루에 나아가 죄수를 석방하고 이르기를, "… 나의 친어머니 왕비를 높여 왕태후로 삼았으니 이 기회에 나의 은택을 전국에 널리 입히려 한다. 서울, 지방의 참형, 교형의 두 죄는 형을 면제하고 … 국내 명산대천에 신호를 더 붙여 주라. …"고 하였다.[166]

⑤는 문종 8년 2월에 王勳을 왕태자로 책봉한 것과 관련되어 있다.

---

164) 『高麗史』 卷7 문종 8년 5월 己卯, "加國內名山大川神祇 聰正二字功號 耽羅國 遣使 賀册立太子 加使者十三人職 梢工僕從 賜物有差"
165) 『高麗史』 卷11 숙종 5년 2월 乙巳, "御神鳳樓 赦二罪以下 加名山大川神號 兩京文武百官爵一級 詹事府春坊員二級 … 鰥寡老病孝子順孫 賜物有差"
166) 『高麗史』 卷12 예종 3년 2월 辛卯, "御神鳳樓 肆赦曰 … 尊崇親母王妃 封爲王太后 庶幾恩澤 廣及三韓 內外斬絞二罪 除刑付處 以下皆原之 在流配者 量移 乃至敍用 … 國內名山大川神祇 各加號"

책봉 후에 문종은 신봉루에 거둥하여 사면하고 모든 有職者에게 1급을 더하였다. 그리고 종묘와 산릉에 제사하고 신하들과 함께 건덕전에서 향연하였다. 4월에 급사중 김량지를 거란에 보내어 태자의 冊立을 고하였다. 이에 명산대천에 功號를 내리고 있다.

⑥는 숙종 5년 1월에 王俣를 왕태자로 책봉하였던 사실과 관련되어 있다. 2월에 二罪 이하를 사면하고 첨사부 春坊貝에게 2급씩을 더하고 있는 사실로 보아 이때 내려진 명산대천에 대한 신호는 왕태자 책봉에 의한 것임을 짐작케 한다.

⑤·⑥이 왕태자 책봉에 의한 것이라면 ⑦은 왕태후의 책봉에 기인한 것이다. 예종 3년 1월에 모 유씨를 높여 왕태후를 삼았다. 이에 예종은 사면하고, 책봉 의식에 관련된 자들에게 관직과 물품을 내려주는 등 은택을 베풀고 있다. 이때 내려진 명산대천에 신호는 왕태후의 책봉 때문이었다.

다음으로는 국가제사와 관련하여 은택을 베풀고 이와 함께 산천신에게 봉작을 내린 경우가 있다.

⑧-1) 왕이 백관을 거느리고 태묘에 祫享하고 돌아와 신봉문에 거둥하여 斬絞 二罪 이하를 사면하여 斬罪와 絞罪에 해당한 자는 섬에 유배하였다. … 명산대천의 모든 신에 호를 더하고 또 (태묘의) 배향공신에게도 贈職하며 제향을 도운 모든 집사와 태묘 9릉의 侍衛貝將 등에게 작 1급씩을 내리고 廟庭樂部의 工人에게는 물품을 차등 있게 주었다.[167]

-2) 왕이 태묘에 친히 禘祭를 치루고 죄수에게 대사를 내렸다. 조서에 이르기를 "국내 명산대천에 신호를 더 붙이고 … 禘禮都監, 禮司의 제향관, 책문을 지은 자, 陵直, 侍衛 관리들에게 동정직을 주라" 하였다.[168]

---

167) 『高麗史』卷11 숙종 3년 10월 甲申, "王率百官 祫享于大廟 還御神鳳門 赦
二罪以下當斬絞者 配島 … 加名山大川諸神祇號 又加贈配享功臣 賜助祭
諸執事 大廟九陵侍衛貝將等 爵一級 廟庭樂部工人 賜物有差"
168) 『高麗史』卷12 예종 3년 4월 己亥, "親禘于大廟 肆赦 詔曰 國內名山大川

-3) 교서를 내려 이르기를, "선대 군왕은 袷祭의 예를 다하고 나면 반드시 큰 은덕을 베풀었는데, 최근 천자의 조서로 이미 모든 범죄를 사면한 바 있으나 그 이후에 죄를 범한 자가 있거든 모두 사면하고 국내의 산천신에 마땅히 덕호를 더해 주어야 할 것이다"라고 하였다.169)

⑧-1)은 태묘의 10월 제사인 袷祭를 올리고 난 후에, 그리고 ⑧-2)는 태묘의 4월 제사인 禘祭를 지낸 후에 내려진 것이다. ⑧-3)은 충렬왕이 친히 太廟에서 袷祭를 지내고 나서 3일 후에 내린 조서인데, 이에 의하면 袷祭가 이루어진 후에 사면이나 명산대천의 賜號 등 은덕을 베푸는 것은 선대로부터 전해진 관례였다고 밝히고 있다. 이러한 일은 禘祭를 지낸 경우도 마찬가지였을 것이다. 禘袷 이후 은택을 백성과 신령에게 베푼다는 의미에서 명산대천에게 작호를 내렸던 것이다.

다음은 개혁 조치의 하나로서 예제를 정비하는 과정에서 명산대천에 대한 봉작이 이루어졌다.

⑨-1) 교하기를, "… 풍속을 바꾸매 거의 유신의 감화가 열릴 것이며 民物을 인애하매 널리 不忍한 마음을 미룰 것이다. … 1. 국내의 명산대천으로 사전에 기재된 것은 덕호를 가하고, 사당을 수리하며 원구, 적전, 사직, 침원, 사찰, 도관도 보수하고 제사를 지낼 것이다. …"라고 하였다.170)

-2) 지정 연호를 정지하였다. 교하기를, "… 우리 조종의 법을 회복하여 기필코 온 나라와 함께 혁신하여 덕을 백성에게 펴고 대명을 하늘에 이어 받고자 한다. … 태조 및 역대 선왕에게 존호를 가상

神祇 加號 禘禮都監 禮司享官 册文述寫 陵直侍衛員吏 加同正職"

169) 『高麗史』卷28 충렬왕 2년 10월 戊寅, "敎曰 先代君王 旣行袷禮 必肆大恩 近以天子之詔 已赦一切罪犯 然其後有犯者 皆可除之 國內山川神祇 宜加德號"

170) 『高麗史』卷35 충숙왕 12년 10월 乙未, "敎曰 … 易俗移風 庶啓維新之化 仁民愛物 旁推不忍之心 … 一 國內名山大川 載諸祀典者 各加德號 修葺祠宇 圓丘籍田 社稷寢園 佛宇道觀 修營以祭"

하고 그 제사를 정결하고 극진히 하고 능을 지키는 人戶는 그 요
역을 면제할 것이다. 사직과 산천의 사당이 사전에 있는 것은 또
한 덕호를 가하고 그 모든 음사는 모두 없앨 것이다" 하였다.[171]

-3) 교하기를, "… 전번에 역신이 난을 꾀하여 화를 예측할 수 없더니
다행히 천지 祖宗의 신령을 힘입어 즉시로 평정하고 종사가 안정
되어 이미 삼가 예물를 갖추어 사람을 시켜 아뢰게 하였다. … 국
내의 명산대천으로 사전에 실려 있는 것은 모두 덕호를 더하여 제
사할 것이다. …"고 하였다.[172]

⑨-1)·2)·3)은 개혁을 위한 조처의 하나로 산천신에 대해 봉작이
이루어진 것이다. ⑨-1)에서 "풍속을 바꾸매 거의 유신의 감화가 열릴
것이며 民物을 인애하매 널리 불인한 마음을 미룰 것이다."라고 한다
던가, ⑨-2)에서 "우리 조종의 법을 회복하여 기필코 온 나라와 함께
혁신하여 덕을 백성에게 펴고 대명을 하늘에 이어 받고자 한다."고
하여 개혁 의지를 나타내고 있다. ⑨-3)은 공민왕 20년(1371) 7월에 있
었던 신돈을 제거와 관련된 교서이다. 이 교서에서 공민왕은 "天地 祖
宗之靈으로 신돈를 流竄하였다"라 하고, 신돈과 관련된 자들을 제거
하였다. 10월에는 태묘에 親祀하여 이 사실을 고하였다. 그리고 12월
에 ⑨-3)의 교서를 내려 명산대천에 덕호를 내리고 치제하였다.

이처럼 왕태자나 왕태후의 책봉을 맞아, 그리고 禘祫의 종묘 제사
후, 그리고 개혁 조처에 이어 종묘, 사직 등에 제사를 지내면서 산천
신에게 봉작을 내리고 있다. 이것은 국가의례에 따라 시행된 정기적
인 일임으로 이때 내린 산천신 봉작도 정기적인 사례라 생각된다.

---

171) 『高麗史』卷39 공민왕 5년 6월 乙亥, "停至正年號 教曰 … 復我祖宗之法
期與一國更始 敷實德於民 續大命于天 二罪以下 一切除之 … 太祖及歷代
先王 加上尊號 修其祀事 務盡精潔 守陵人戶 復其徭役 社稷山川諸祠在祀
典者 亦加德號 其諸淫祀 一皆撤去"

172) 『高麗史』卷43 공민왕 20년 12월 己亥, "教曰 … 頃者 逆臣謀亂 禍在不測
幸賴天地祖宗之靈 隨卽平定 宗社載安 已嘗謹具禮幣 抔告上下 … 國內名
山大川 載在祀典 並加德號 致祭涓潔"

(4) 재변 기양에 위한 봉작

산천신에 대한 봉작은 재변이나 질병과 같은 예기치 못한 일과도 관련되어 있다. 목종은 9년 6월에 천성전 鴟吻에 벼락이 떨어지자 왕은 스스로를 책망하고 사면령을 베풀며 신에 훈호를 더하였다. 그리고 문무 3품 이상은 加勳하고, 4품 이하는 1급을 더하였으며 선종과 교종의 대덕 이상의 승려에게 법호를 더하였다.

충렬왕 때에도 재변으로 인해 명산대천에 대한 加號가 이루어졌다. 충렬왕 8년 5월에 국왕 자신의 부덕함과 가뭄으로 인한 재변을 없애기 위해 죄인을 사면하고 송악 및 명산대천에게 덕호를 붙였으며, 역대 왕에게는 존호를, 도선국사와 문창후, 홍유후에게는 봉작을 더하였다.173)

재변은 정치적 잘못으로 인해 발생한다는 믿음을 가지고 있었는데, 이를 해결할 능력을 가진 하늘에게 기원하는 대신, 명산대천에게 제사하고 이를 위해 봉작을 내리고 있는 것이다. 즉 명종은 4년 12월에 "능히 위로 天意에 보답하지 못하고, 아래로 민심을 위무하지 못하여 재변이 쉬지 않으니, 두려움에 편안하기 어렵다. 너그럽게 용서하는 은택을 널리 베풀고자 한다"고 하면서 죄인의 형을 면제하고, 명산대천 신에게 가호하고 있다.174) 이것은 명종 4년 11월 갑신일에 일식이 있었고, 경술에 윤인첨을 원수로 명하여 서경으로 조위총의 난을 진압하러 보낸 일로 인해 민심을 수습하기 위한 방편으로 내려진 것이다.

그리고 가뭄으로 인해 사면이 행해지고 있는 것은 冤獄이 쌓이면 이것이 화기가 되어 가뭄이 일어난다고 생각했기 때문이었다. 명산대

---

173) 『高麗史』 卷29 충렬왕 8년 5월.
　　『高麗史節要』 卷20 충렬왕 8년 5월, "以旱赦"
174) 『高麗史』 卷19 明宗 4년 12월 乙卯, "詔曰 … 不能上答天意 下撫民心 災變未息 恐懼難安 思欲寬宥恩澤 廣被中外 可赦斬絞二罪以下 除刑付處 庚寅癸巳 配流者 皆移免上京 幷除贖銅徵瓦 內外名山大川神祇 各加號"

천에 덕호를 내리는 것은 기우에 대한 기원이 주로 명산대천에서 이루어지고 있었기 때문일 것이다.

요컨대 산천신은 강우의 능력, 그리고 지역과 국가를 수호하는 능력이 있다고 믿어졌다. 따라서 이러한 목적을 이루기 위해 국가제사가 행해졌다. 산천신에 대한 봉작은 신라에서 시작되었는데, 고려에 들어와서는 병란에 따른 공헌이나 순행 후, 그리고 禘祫과 같은 국가제례, 재변에 대한 조처로서 행해졌다.

한편, 산천에 대한 봉작은 조선초까지 이어졌다. 태조 4년 12월에 백악을 鎭國伯으로, 남산을 木覓大王으로 봉하고 大夫士庶人의 제사를 금지하였으며 국가만이 제사하도록 했다. 그러나 세종 6년에 太王, 太后, 太子, 太孫이라 칭하는 성황과 산신의 칭호와 壇, 神版을 정리하고, 왕이 산천신에 제사지낼 수 있는 명분을 朝臣들로부터 수렴하고 있다.[175] 고려의 산천제는 조선초에 이르러 여러 가지 사항에서 변화가 일어났던 것이다. 조선시대 산천신에 대한 봉작은 결국 세종 때에 이르러 유교이념을 기반으로 예제를 정비하면서 완전히 사라지게 되었다.

3) 山川祭의 특징

고려시대의 산천제는 다른 시대와 비교되는 몇 가지 특징이 나타난다. 먼저 지적할 수 있는 특징은 산천제가 대·중·소사로 편제되지 않았다는 것이다. 신라의 경우『삼국사기』잡지 제사조를 보면 삼산을 대사에, 악진해독을 중사에, 명산을 소사에 각각 등재하였다. 그리고『세종실록』길례에는 명산대천을 소사로 하였고,『국조오례의』에서는 악진해독은 중사에, 명산대천은 소사에 올라 있다. 그리고 당과 송의 제도에 의하면 악진해독은 중사에, 산천은 소사로 분류되어 있었다. 이와는 달리 고려는 산천을 대·중·소사로 등재되지 않았

175)『世宗實錄 卷23』세종 6년 2월 정사.

다.[176] 고려의 산천제는 『고려사』 예지 길례에 이른바 '雜祀'로 분류 되어 있다. '잡사'는 고려조에 '未分等第된 제사'라는 것을 의미하며, 고려시대에 '미분등제' 되어 있었던 '잡사'도 국가제사였다.[177]

두 번째의 특징은 산천신앙이 불교, 도교와 융화되어 나타난다는 것이다. 신라시대 이래 산천신앙은 불교·도교 등과 혼합되는 경향을 보이고 있다.[178] 산천신앙과 여러 종교와의 융합은 고려시대에도 마 찬가지였다. 산신은 사원의 수호자로 등장하거나 승려의 보호자로 자 처한다.[179] 그리고 불교에 관련된 異變을 道場이 아니라 神祠의 기도 를 통해 해소하려는 사례도 있었다.[180] 산천신앙과 불교의 융합은 산 신을 國師로 상정하는 데에서 더욱 뚜렷이 나타난다.

> 우뚝한 山岳은 신이 그 주장이라, 백성들이 부르짖거나 吏가 혹 기 도하면, 신은 메아리처럼 응답하되 일찍이 때를 늦추지 않았습니다. … 國師의 받드는 법은 大雄인 석가모니라, 참회만 한다면 미혹한 자를 깨

---

176) 『太宗實錄』 卷25 태종 13년 6월, "禮曹上山川祀典之制 謹按唐禮樂志 嶽 鎭海瀆爲中祀 山林川澤爲小祀文獻通考宋制 亦以嶽鎭海瀆爲中祀 本朝承 前朝之制 山川之祀 未分等第 境內名山大川及諸山川 乞依古制分等第 從 之 嶽海瀆爲中祀 諸山川爲小祀"

177) 『高麗史』 卷14 睿宗 17년 4월 己丑朔, "設道場於文德宴親殿各五日 制曰 寡人 祇承天命 叩纘丕緒 御于家邦 多歷年所 … 冀推渙汗 以謝幽明 凡各 山大川 秩在祀典者 各加名號"
『高麗史』 卷57 지 11 지리 전라도 승평군, "有無等山〈一云武珍岳 一云 瑞石山 新羅 爲小祀高麗 致國祭〉"

178) 『三國遺事』 卷5 感通 7 「仙桃聖母隨喜佛事」.
『三國遺事』 卷5 避恩 8 「郎智乘雲普賢樹」, "傳云 山主乃辨才天女"

179) 『東國李相國集』 卷35 「故華藏寺住持王師定印大禪師追封靜覺國師碑銘奉 宣述」, "明廟卽祚元年 始擧禪選 … 是日師中焉 舊諱學敦 是年遊三角山 宿道峯寺 夢山神曰 和尚名志謙 何用今名 遂改焉"

180) 『東國李相國集』 卷40에는 「王輪寺의 장륙상에 땀이 흐르므로 여러 神祠 에 기도하는 축문」과 「重興塔에 번개의 재변이 있어 西京의 여러 神祠 에 기도하는 축문」이 실려 있다. 이러한 축문은 불교와 산악신앙과의 융합을 보여주는 것이다.

우처 주기 마련이고, 우리 儒家에서 모시는 스승은 大聖인 공자이시라, 허물 고치기를 기탄하지 말라고 後生에게 훈계하셨다오. 내가 이 때문에 조그마한 허물까지 드러내어 통절히 나 자신을 꾸짖노니 바라건대 國師께선 나의 쌓인 잘못을 용서하고 하늘의 못을 잘 이용하여 널리 밭고랑을 적셔주소서.[181]

산신이 '國師'로 호칭되고 있으며, 그 '國師'는 불교를 받들고 있다고 하였다. 산신의 신격이 불교의 국사로 표현된 것은 바로 산악신앙과 불교신앙이 융합되고 있었기 때문이다. 따라서 國師堂은 이러한 이유로 등장한 신당이라 할 수 있다.

한편 산악신앙, 도교, 불교가 융합된 대표적인 사례는 묘청의 八聖堂을 통해 알 수 있다.[182] 여기에는 산신, 신선, 보살 등이 혼재되어 나타난다. 이들 산신들의 명칭이 仙人, 天仙, 天女 등의 이름이 들어가 있는 것은 바로 도교의 영향 때문이다.[183] 이렇게 산신신앙이 불교, 도교와 더불어 나타나는 이유는 이들 종교가 고려 사회에 널리 신봉되고 있었기 때문이다.

고려 산천제의 세 번째 특징은 광범위한 계층에서 제사가 행해졌다는 점이다. 유교 예제에서 주장한, "천자는 천지에 제사하고 제후는 경내 산천에 제사한다"[184]는 명분을 지켜지지 않았다.[185] 이것은 산

181) 『東國李相國集』 卷37 「又祈雨國師大王文」, "云云巖巖維嶽維神主之 民有呼籲 吏或禱祈 神輒響答 曾不移時 … 國師所宗大雄釋氏 以發露懺悔 曉喩迷類 吾儒所師大聖孔子 以過勿憚 改垂于傳紀 予是以暴揚瑕玷 痛自責己 惟冀國師 赦我積垢 導宣天澤 普潤田畝"
182) 『高麗史』 卷127 열전 40 묘청, "護國白頭嶽太白仙人實德文殊師利菩薩 龍圍嶽六通尊者實德釋迦佛 月城嶽天仙實德大辨天神 駒麗平壤仙人實德燃燈佛 駒麗木覓仙人實德毗婆尸佛 松嶽震主居士實德金剛索菩薩 甑城嶽神人實德勒叉天王 頭嶽天女實德不動優婆夷"
183) 김갑동, 앞 논문, 11~12쪽.
184) 『禮記』 王制, "天子祭天地 … 諸侯祭名山大川之在其地者"
185) 『高麗史』 卷85 형법 2 충렬왕 14년 4월, "國家連因旱乾 禾穀不登 無識之徒 因祭松岳"
『高麗史』 卷85 형법 2 충선왕 3년 4월, "禁祭紺岳山 時尙鬼 公卿士庶 皆

악신앙이 고려사회의 중요한 신앙 중의 하나로 자리잡고 있었음을 말해준다. 조선초의 예제 정비과정에서 유교예제에 따른 산천제가 지켜지지 않았음을 지적하고 이를 淫祀로 규정하였다.186)

그러면 지방 각처의 산천제는 국가제사에서 어떠한 위상을 가지고 있었을까. 지방의 산천제는 祭告使가 파견되어 이들의 주관하에 거행되었음으로 이들이 獻官의 역할을 하였을 것이다. 『高麗史』예지에는 대·중·소사 마다 헌관이 규정되어 있는데, 이들의 관품은 대·중·소사의 등급과 함께 일정한 차등이 나타나 있다. 따라서 제고사의 관품을 보면 산천제의 위상을 파악할 수 있을 것이다.

제고사는 중앙관직을 띠고 명산대천의 제사를 위해 파견되었다. 나주도제고사인 李唐鑑은 大府少卿(종4품)으로서, 태백산제고사인 金恂은 典法佐郎(정6품) □囮通禮門事 考功正郎(정5품)187)으로서 제고사의 임무를 맡았다. 이들의 관품은 小祀로 거행된 諸州縣文宣王廟의 三獻官인 牧·都護·知州府郡事와 防禦鎭使, 縣令, 鎭將, 監務 등과 비슷하게 나타나고 있다. 이렇게 볼 때 제고사에 의해 거행된 지방의 산천제는 小祀의 예에 따른 것으로 생각된다.

그리고 國祭인 지방의 산천제는 소사의 예처럼 3일 동안 재계하여 거행된 것으로 나타나고 있다. 즉,

> 금월 모일에 賊魁들이 모두 사로잡혀 아군에게 목을 바쳤습니다. … 이것은 바로 公山大王이 국가를 위하여 皇天上帝에게 아뢰었음으로, 官軍에게 손을 빌려 주시어 이렇게 된 것이다. … 먼저 3일 동안 재계하고 제사에 대한 의식을 갖추어 나에게 알리므로 심복을 사신으로 보내어 대왕의 靈에 공경히 제사하게 합니다.188)

親祭紺岳 或有過長湍 溺死者 憲司上疏禁之"
186) 『太祖實錄』卷2 태조 원년 9월 기해.
187) 『高麗墓誌銘集成』金恂, 440쪽.
188) 『東國李相國集』卷39「公山大王謝祭文」, "云云今月某日 賊魁等 克就擒獲 授首于我軍 … 此則公山大王 所以爲國家 辨列于皇天上帝 假手於官軍使然 … 先齋三日 藏此典祀 以報我然後 遣以心腹之使 致敬祭于大王之靈"

디어 사로잡아 정언진에게 보냈다.213)

⑤ 고종 4년 … 최광수가 드디어 (서경)성에 웅거하여 난을 일으켰다. 勾高麗興復兵馬使 金吾衛攝上將軍이라 자칭하고 관속을 두며 정예병을 불러모으고 격서를 북계의 여러 성에 전하였다. 장차 큰 일을 일으키고자 여러 神祠에 기도하였다.214)

신종 5년 11월에 일어난 경주민의 반란은 이듬해에서 자못 그 세력을 떨치고 있었는데, 이 반란을 진압하기 위해 경주에 파견된 정언진은 무당과 모의하여 성황사에 기도하러 온 利備를 꾀어 사로잡아 그 기세를 꺾을 수 있었다(자료 ④). 이비는 성황사에서 자신들의 승리를 성황신에게 기도하려는 목적이었을 것이다. 즉 경주의 수호신인 성황신은 당연히 토착민인 자신들을 보호하고 외지에서 온 관군을 패퇴시켜 줄 것이라 믿었던 것이다.215)

⑤를 보면 고종 4년(1217), 서경에서 반란을 일으킨 최광수는 북계 지역에 거사를 알려 세력의 확대를 꾀하고 있다. 이와 동시에 최광수는 신사에 기도하고 있는데, 아마 반란의 성공을 기원하기 위한 것일 것이다. 서경에는 성황사를 비롯해서 목멱사, 동명왕사 등의 신사가 있었는데, 이곳의 제사는 국가제사로 행해졌다. 따라서 서경의 수호와 반란의 승리를 위해서 거행된 제사였던 것으로 보아 서경의 성황사가 제사의 중심이었을 것이다.

---

213) 『高麗史』卷100 列傳 13 丁彦眞, "丁彦眞 神宗五年 爲大將軍 時慶州人謀反 … 彦眞旣至 因祈恩詣城隍祠 密以捕賊之謀授覡 一日賊徒都領利備父子 至祠潛禱 覡紿曰 都領擧兵 將復新羅 吾屬喜之久矣 今幸得見 請獻一盃 邀至其家 飮之醉 遂執送彦眞"

214) 『高麗史』卷21 列傳 34 鄭顗, "高宗四年 … 光秀 遂據城作亂 自稱勾高麗 興復兵馬使金吾衛攝上將軍 署置僚佐 召募精銳 傳檄北界諸城 將擧大事 禱諸神祠"

215) 김갑동, 앞 논문, 22쪽.

(2) 祈雨의 목적

수호신의 역할 이외에 성황신은 강우의 능력이 있었던 것으로 여겨졌다. 따라서 기우를 위해 성황사에서 제사가 이루어졌다.

> ⑥ 무능한 내가 이 고을의 尹이 되었으나, 본래는 書生이라 정사에 익숙하지 못해 그 늦추거나 당김에 있어 백성들과 어긋나기가 일쑤입니다. 한 지방의 가뭄이 곧 나의 탓이기 때문에 무릇 罪責이 있다면 차라리 나에게 따질 일이지 백성들이 무엇을 알겠습니까. … 이 고을을 주장하는 자는 신이요, 백성을 먹이는 자는 吏이지만 고을이 가뭄을 만난 것이 비록 吏의 부끄러움이긴 하지만, 백성이 만약 굶주린다면 신에게도 제사를 지낼 수 없을 것입니다. … 바라건대, 大王은 기운을 타고 허공에 달려가서 상제 궁궐에 호소하여 우레와 번개 채찍을 재촉해 사흘의 윤택한 비를 내려서 우리 곡식들을 적시어 수확이 있게 해 주십시오.216)

> ⑦ 大王은 이 땅의 것을 먹은 지가 오래거늘, 그 모른 체하고 구휼해 주지 않는다면, 어디에 목숨을 의탁할 것입니까? 만약 하늘의 못을 잘 이용하여 조금이라도 비를 내려 적셔 준다면, 이것은 바로 신의 직책입니다. 그리고 원의 행운이고 백성들의 생명일 것입니다.217)

이규보는 고종 6년(1219)년에 좌사간 지제고에서 좌천되어 계양부사로 부임하였다가 이듬해 6월에 예부낭중 기거주 지제고에 제수되어 개경으로 돌아왔다. ⑥, ⑦의 城隍祭文은 이 시기에 지어진 것으로 생각된다. 이 제문에 따르면 성황신은 그 지역을 관장하는 신격으로 나타난다. 그리고 관리는 그 고을의 정사를 담당할 뿐이다. 따라서 그

---

216) 『東國李相國集』卷37「桂陽祈雨城隍文」, "云云予以無能 尹于玆 土本是書生 不閑綏撫其所弛張動與民 忄一方旱暖職予之故凡有罪責 寧丁我軀生民何知 … 主郡者神 牧民者吏 郡之遭旱 雖吏之恥 民若荐飢 神亦乏祀 … 惟冀大王馭氣寥廓 馳訴于大微紫 極促雷鞭與電策 賜三日之澤潤 我黍稷俾克有穡"

217) 『東國李相國集』卷37「又祈雨城隍文」, "大王之食 玆土久矣 其恬然不恤 則安所託命耶 若導宣天澤小加澆潤 是神之職也 吏之幸也 民之命也"

하였다. 그런데 읍하고 절하지 않으니 유사가 임금의 뜻을 맞추어 탄
핵하여 파면하였다.226)

⑥ 충숙왕 6년 8월 壬子에 왕이 德水縣에서 사냥하다가 왕이 海靑과 內
廐馬의 죽음을 보고 노하여 성황신사를 불태우도록 명령하였다.227)

⑦ 충숙왕 15년 7월 경인에 胡僧 指空이 연복정에서 설법하니 士女들이
달려갔다. 계림부사록 이광순이 또한 無生戒를 받아 任地에 가서 주
민으로 하여금 성황을 제사하는 데에도 고기를 쓰지 못하게 하고 백
성에게 畜豚을 禁하기를 심히 엄하게 하였다. 州人들이 하루 동안에
그 돼지를 다 죽여버렸다.228)

⑧ 지정 원년(1264) 신사에 東征元帥 김주정이 각 고을의 성황신에 제사
지냈는데, 다니면서 신의 이름을 부르면 신령한 일이 나타났다. (무
진)군의 성황은 깃발 위의 방울을 흔든 것이 세 번이었으므로 두루
조정에 함께 보고하여 작을 봉했다.229)

이에 의하면 서경과 등주, 덕수현, 계림부, 무진군 등에 성황신사가
있었음이 확인된다. 아마도 현 이상에는 성황사가 존재하고 있었다고
생각된다. 그런데 이들 성황사의 명칭이 다양하게 나타나고 있다. 성
황당이라는 명칭 이외에 성황신사, 성황신묘 등이 나타나고 있다. ④
에서는 성황신묘라 하였고, ⑥에서는 성황신사라 하였다.

---

226) 『高麗史』 卷99 列傳 12 咸有一, "毅宗朝 復入內侍 掌橋路都監 有一 嘗酷
排巫覡 … 爲朔方道監倉使 登州城隍神 屢降於巫 奇中國家禍福 有一 詣祠
行國祭 揖而不拜 有司希旨 劾罷之"
227) 『高麗史』 卷34 忠肅王 6년 8월 壬子, "王 畋于德水縣 王怒 海靑及內廐馬
之斃 命焚城隍神祠"
228) 『高麗史』 卷35 忠肅王 15년 7월 庚寅, "胡僧指空 說戒於延福亭 士女奔走
以聽 鷄林府司錄李光順亦受無生戒 之任 令州民 祭城隍 不得用肉 禁民畜
豚甚嚴 州人 一日盡殺其豚"
229) 『世宗實錄』 卷151 지리지 전라도 茂珍郡, "至正元年辛巳 東征元帥金周鼎
祭各官城隍之神 歷呼名以驗神異 郡城隍鳴纛鈴者三 周鼎 報于朝封爵焉"
그런데 김주정은 충렬왕 16년(1290)에 죽었다. 그리고 至正 元年은 甲子年
(1264)이다. 지정 원년 신사는 至元 18년 辛巳(1281)의 착오로 생각된다.
『高麗史』 卷30 忠烈王 16년 3월 丙寅, "前知僉議府事金周鼎 卒"

그리고 ④·⑤를 보면 성황이 국가제사가 이루어지고 있었음이 나타난다. 즉 의종대에 함유일이 삭방도의 감창사로서 등주 성황신에 '國祭'를 지냈다고 한 것은 성황제가 곧 국가제사로 거행되었음을 말해준다. 그리고 등주 성황신이 국가의 길흉화복을 예언하였다는 것은 성황신이 국가의 안위와 관련되어 신앙되었다는 점을 알 수 있다. 다만 함유일은 성황신에 대해 부정적인 생각을 갖고 있었던 듯, 정해진 의식 절차에 따라 성황제를 지내지 않고 있다. 성황제가 國祭이기 때문에 성황사에서 정해진 절차에 따라 제사를 지내야만 했지만 함유일은 읍만 하고 절을 하지 않았던 것이다.

그런데, 함유일이 성황제를 소홀히 했던 데는 이유가 있었다. 함유일은 평소에 무속신앙과 민간의 淫祀 등의 전통신앙에 대해 부정적인 시각을 가지고 있어서 이들 신앙을 배척했을 뿐만 아니라 산신사 중에서도 영험이 없는 곳은 철폐하는 것으로 일관하고 있었다. 그러나 등주 성황제는 國祭였기 때문에 함유일로서도 어쩔 수 없이 제사를 지낼 수 밖에 없었다. 이때 함유일은 정해진 의식 절차를 따르지 않아 유사의 탄핵을 받아 파면까지 당하고 말았다. 이것은 국가에서 지방관들이 국가제사를 충실히 거행하는 것을 중시하고 있었다는 것을 보여준다.

요컨대 성황제는 지역의 수호신으로 지역 공동체 신앙으로 중시되었다. 이에 그 영험성에 의해 사전에 등재되고 봉작이 내려졌다. 국가제사처로 사전에 등재된 성황신사에는 城隍位田이 책정되어 있었다. 이런 성황위전의 확보는 국가제사로 거행된 성황제의 위상을 보여준다.

5. 雜祀의 의의

『고려사』예지 길례조를 살펴보면 고려의 길례는 대·중·소사와

잡사로 나누어져 있다. 그런데『고려사』예지 길례에는 이른바 '잡사'
로 분류된 악진해독, 명산대천, 纛祭 등을 조선의 실록에는 '未分等第'
로 논하고 있다. 결국 '잡사'는 고려조에 '미분등제된 제사'라는 것을
의미하며, '미분등제된 제사'는『고려사』가 편찬되기 전까지만 하더라
도 '잡사'로 지칭되지는 않았다. 그리하여『고려사』예지를 편찬할 때
고려의 길례를 대·중·소사로 나누고,『상정고금례』에서 '미분등제
된 제사'를 '잡사'라는 항목을 두어 기록하였다.

　이처럼 고려는 악진해독, 명산대천, 독제 등의 국가제사를 대·
중·소사로 편제하지 않았다. 신라의 경우『삼국사기』잡지 제사조를
보면 삼산을 대사에, 악진해독을 중사에, 명산을 소사에 각각 등재하
였다. 그리고『세종실록』길례에는 명산대천을 소사로 하였고,『국조
오례의』에서는 악진해독은 중사에, 명산대천·독제는 소사에 두었다.
그러나 이러한 사례와는 달리『고려사』는 이를 대·중·소사로 등재
하지 않고 '잡사'에 올렸다.

　그런데 '잡사'를 '미분등제된 제사'라고 하면 그것이 국가제사인지
의 여부, 그리고 소사 다음에 편재된 제사인지, 아니면 대·중·소사
와 다른 체제로 이해해야 할 것인지가 문제로 떠오른다.

　고려시대에 '미분등제' 되어 있었던 '잡사'도 국가제사였다. 명산대
천이 사전에 올라 있었다고 하였고, 명산 제사를 '國祭'라고 한 것은
대·중·소사와 함께 잡사도 국가제사였음을 말해준다. 따라서 국가
제사로서 잡사는 대·중·소사처럼 일정한 의식 내용에 따라 거행되
었다.

　대·중·소사는 그 등급에 따라 親祀 여부, 祭官, 犧牲 등이 정해져
있었다. 이러한 기준에 따라 잡사조의 제사를 평가해 보면, 초례와 개
경 내의 신사는 대사에 준했던 것으로 생각된다. 그리고 성황제를 비
롯한 나머지 제사들은 중사나 소사에 준했던 것으로 생각된다. 이렇
게 볼 때 '미분등제된 제사'는 대·중·소사와는 구별되는 제사 체제
라 할 수 있으며, 고려의 길례는 대·중·소사와 '미분등제된 제사'의

二元體制로 운영되고 있었다고 생각된다.

한편, '잡사'의 제사는 고려시대에 유행한 다양한 종교, 신앙을 보여
주고 있다. 여기에는 초례와 같은 도교의례가 있고, 산천제나 성황제
같은 토착신앙이 있다. 도교와 토착신앙의 성행은 그 의례를 담당한
道士와 巫覡이 고려사회에 영향을 주고 있었음을 의미한다. 즉 초례
는 도사들에 의해 주도되었으며, 산신사와 성황사는 무격들이 장악하
고 있었다.

① (함유일은) 의종조에 삭방도감창사가 되었다. 登州의 성황신이 자주
무당에게 강신하여 기이하게도 국가의 화복을 맞힌다고 하므로 함유
일이 祠에 가서 國祭를 행하는데 揖하고 절하지 않았다. 유사가 임금
의 뜻을 맞추어 탄핵하여 파면하였다.230)

② 정언진은 신종 5년에 대장군이 되었다. 이때 경주 사람이 반역을 도
모하였다. … 운문산 및 울진, 초전의 적을 모집하여 나누어 3군을
삼아 스스로 正國兵馬라 일컫고 州郡을 위협하였다. … 정언진은 이
곳에 이르러 祈恩으로 인하여 성황사에 가서 은밀히 捕賊하는 계책
을 무당에게 가르쳤다. 하루는 賊徒의 都領인 利備 부자가 사당에 이
르러 가만히 빌거늘 무당이 속여 말하기를, "都領이 군사를 들어 장
차 신라를 회복하려 하니 우리들이 이를 기뻐한 지 이미 오래였는데,
이제 다행히 뵙게 되니 청컨대 술 한잔을 드리고자 합니다" 하고 맞
이 하였다. 그 집에 이르러 술을 마시어 취하게 하고는 드디어 잡아
정언진에게 보냈다.231)

③ 강융은 충선왕 때에 내부령으로 제배되었다. 그의 누이는 무당이 되
어 松岳祠에 寄食하였다. 대호군 김직방이 자기의 친한 巫로써 대신
하거늘 강융이 불가하다 하였다. 김직방이 강융을 욕하기를, "너는

---

230)『高麗史』卷99 지 12 열전 함유일, "毅宗朝 … 爲朔方道監倉使 登州城隍
神 屢降於巫 奇中國家禍福 有一 詣祠 行國祭 揖而不拜 有司希旨 劾罷之"
231)『高麗史』卷100 列傳 13 丁彦眞, "丁彦眞 神宗五年 爲大將軍 時慶州人謀
反 … 募集雲門山及蔚珍草田賊 分爲三軍 自稱正國兵馬 誘脅州郡 … 彦眞
旣至 因祈恩詣城隍祠 密以捕賊之謀 授覡 一日 賊徒都領利備父子 至祠潛
禱 覡紿曰 都領擧兵 將復新羅 吾屬喜之久矣 今幸得見 請獻一盃 邀至其家
飮之醉 遂執送彦眞"

官奴인데 어찌 교만하기를 이와 같이 하느냐"고 하였다.[232]

①에서 보는 바와 같이 登州의 성황신이 무당에게 강신하여 국가의 화복을 자주 맞혔다고 한다. 그리고 ②에서는 경주민의 반란이 일어났을 때 정언진은 성황사의 무당을 이용하여 사당에 기도하러 온 利備 부자를 사로잡았다. ③은 강융의 누이가 松岳祠의 巫였는데, 대호군 김직방이 자기의 친한 巫로써 대신하고자 하여 양자 간에 불화를 빚고 있다. 이들 사례에서도 나타난 바와 같이 성황사나 산신사의 巫들은 이들 사당을 근거로 하여 활동하였다. 특히 ③에서 "松岳祠에 기식하였다"는 표현은 그들이 신사를 장악하고 祈恩 등의 활동을 하였을 것으로 생각된다.

巫覡은 개인을 위해 치병과 기복 활동에 종사하였고, 종종 국가제사에 동원되어 기우를 하기도 하였다.[233] 무격은 기우제만이 아니라 별도의 祈恩 행사도 담당하였다.[234]

그런데 무격들의 활동은 점차 淫祀로 받아들여져 배척의 대상이 되

---

232) 『高麗史』卷124 列傳 37 嬖幸 鄭方吉 附姜融, "融 本姓名康莊 其祖 晉州 官奴 融 忠宣時 拜內府令 妹爲巫 食松岳祠 大護軍金直邦 以其所善巫代之 融不可 直邦罵融曰 汝是官奴 何驕乃爾"

233) 『高麗史』卷54 지 8 오행 金 旱災, "顯宗 … 十二年四月旱 庚午 禱雨 五月庚辰 造土龍於南省庭中 集巫覡禱雨 庚寅 雨"
『高麗史』卷54 지 8 오행 金 旱災, "仁宗 … 十一年五月庚午 集女巫三百餘人于都省廳 祈雨 六月己亥 又聚巫禱雨 辛丑 令百僚 設齋以禱 乙巳再雩 庚戌三雩 十二年五月庚戌朔 集巫于都省廳 禱雨 … 六月己卯朔 集巫二百五十人于都省 禱雨 … 十五年五月 旱 己卯 禱雨于廟社 壬午 會巫都省庭 禱雨"
『高麗史』卷23 고종 37년 5월, "己丑 聚巫都省 禱雨三日 … 壬辰 雨"

234) 『高麗史』卷120 열전 33 金子粹, "浮屠之說 猶不可信 況怪誕荒幻之巫覡 乎 國中 設立巫堂 旣爲不經 所謂別祈恩之處 又不下十餘所 四時之祭 以至 無時 別祭 一年靡費 不可殫記 當祭之時 雖禁酒之令方嚴 諸巫作隊 托稱國行 有司莫敢詰焉故 崇飮自若 九街之上 鼓吹歌舞 靡所不爲 風俗不美 斯爲 甚矣 乞明勅有司 除祀典所載外 一禁淫祀 痛斷諸巫出入宮掖 以絶妖妄 以 正風俗"

고 있었다.

> (함유일은) 의종 때에 다시 내시로 들어가 橋路都監을 관장하였다.
> 함유일이 일찍이 몹시 무격을 배척하였는데 이르기를, "사람과 귀신이
> 雜處하면 사람에게 질병이 많다."고 하였다. 뒤에 都監이 되매 무릇 서
> 울의 무당의 집을 모조리 郊外로 옮기고 민가에 간직한 淫祀도 모두
> 취하여 불태워버렸다. 諸山의 신사도 이적이 없는 것은 또한 모두 헐
> 어버렸다.235)

함유일은 무격의 배척에 적극적인 인물이었으며, 무당을 내쫓고 신
사를 철거하기도 하였다. 이러한 무격과 淫祀 배척은 이후에도 계속
해서 이루어지고 있었다.236) 이처럼 신사와 무격을 淫祀로 규정하는
것은 유교 관념때문이었다. 최승로는『논어』에는 "그 귀신이 아닌데
제사함은 아첨함이다" 하였고,『춘추좌씨전』에는 "귀신은 그 族類가
아니면 제사를 받지 않는다"는 것을 근거로 음사는 복이 없다고 주
장한 바 있다.237) 고려말에 이르러 음사는 불교와 巫에 집중되어 나타
났다.

김초238)와 정도전239)은 불교, 도교와 무격 제사를 淫祀로 규정하고

---

235)『高麗史』卷99 열전 12 咸有一, "毅宗朝 復入內侍 掌橋路都監 有一 嘗酷
　　排巫覡 以爲人神雜處 人多疵疾 及爲都監 凡京城巫家 悉徙郊外 民家所畜
　　淫祀 盡取而焚之 諸山神祠無異跡者 亦皆毁之"
236)『高麗史』卷99 열전 12 玄德秀, "尋出爲安南都護副使 爲政廉明 吏民敬畏
　　尤惡淫祀 禁令甚嚴 巫覡不得入境"
　　『高麗史』卷105 열전 18 安珦, "忠烈元年 出爲尙州判官 時有女巫三人 奉
　　妖神惑衆 自陝州 歷行郡縣 所至作人聲呼空中 隱隱若喝道 聞者奔走 設祭
　　莫敢後 雖守令亦然 至尙 珦杖而械之 巫托神言 怵以禍福 尙人皆懼 珦不爲
　　動 後數日 巫乞哀 乃放 其妖遂絶"
　　『高麗史』卷85 志 39 刑法 禁令, "忠肅王 … 後八年五月 監察司 牓示禁令
　　… 一 巫覡之輩 妖言惑衆 士大夫家 歌舞祀神 汚染莫甚 舊制巫覡 不得居
　　城內 仰各部 盡行推刷 黜諸城外"
237)『高麗史』卷93 열전 6 최승로, "語曰 非其鬼而祭之 諂也 傳曰 鬼神非其族
　　類 不享 所謂淫祀無福"

이를 폐지해야 한다고 주장하였다. 이외에도 閔霽가 무격을 배척하였
다. 민제는 젊어서부터 禮에 밝은 것으로 이름이 알려졌으며 樞府에
오른 후에는 항상 禮曹를 겸하였다. 그리고 異端과 妖祠를 싫어하여
僧과 巫를 쫓는 형상을 벽에 그려 놓고 이를 감상하였다. 공양왕 원년
에 그는 예문관제학을 제수받았고 후에 簽書密直司事 禮曹判書를 지
냈다. 이때 민제는 春秋藏經 이외의 佛事를 없애려고 하였다.[240]

이처럼 유교 이념이 강화되면서 무격의 활동은 淫祀로 비판받고,
이들에 의해 거행된 신사의 제사는 배척을 받았다. 이러한 음사 논리
에 따라 도교의 초례를 비롯한 산천제, 성황제는 점점 약화되어 갔다.
특히 무격이 활동하고 있던 산천과 성황의 신사는 유학자들의 배척이
집중되었다.

그러나, 이러한 배척에도 불구하고 조선초까지도 여전히 신사는 중
요한 신앙의 장소였다. 특히 민간에서는 신사에 부모의 신주를 모시
고 있었다. 그리고 고려말의 家廟制 도입은 신사 배척의 또 다른 빌미
를 제공하였다.

○ 우리 동방 家廟의 법은 오래되고 무너졌다. 지금은 國都에서 郡縣에
이르기까지 무릇 집이 있는 자는 반드시 신사를 세워서 이것을 衛護
라 이르니 이는 가묘의 유법입니다. 아아! 부모의 시체를 지하에 버

---

238) 『高麗史』卷117 열전 30 李詹, "成均博士金貂 上書曰 … 孔子曰 非其鬼而
祭之詔也 … 臣願回天聽 驅出家之輩 還歸本業 破五敎兩宗 以補軍營 中外
寺社 悉屬所在官司 奴婢財用 亦皆分屬 放巫覡於遠地 不令在京都 使人人
設家廟 以安父母之神 絶淫祀 以塞無名之費 而嚴立禁令"

239) 『高麗史』卷119 열전 32 鄭道傳, "臣聞 三司會計 佛神之用 居多焉 財用之
妄費者 莫斯若也 然佛神之害 自古難辨也"

240) 『高麗史』卷108 列傳 21 閔宗儒 附閔霽, "恭讓元年 除藝文館提學 轉簽書
密直司事禮曹判書 霽 自少 以知禮聞 故及升樞府 常兼禮曹 又惡異端淫祀
使工圖僕隷制梃喉犬 逐僧巫狀於壁 觀之 一日 王御經筵 謂霽曰 聞禮曹定
服色省減佛事 然乎 對曰 服色欲禁異土之物 佛事春秋藏經外當悉罷之 王
曰 不貴異物 實是美德 予亦衣縣布 若佛事 先王所爲 予何敢擅罷 復拜開城
尹 出爲漢陽府尹"

려 두고 가묘를 지어 이를 제사하지 않으니 의심컨대 부모의 영이 어느 곳에 의지하리요. 심히 자식된 자의 마음이 아니나, 다만 관습이 되어 이로써 상례로 되니 일찍이 이에 생각이 미치지 못한 것뿐입니다.[241]

○ 의정부에서 조목별로 淫祀 금지법을 아뢰었다. "1. 조부모나 부모의 혼을 그리고, 무당의 집으로 청해서 이름하기를, '衛護'라 하고, 혹은 형상을 그리고, 혹은 神의 노비라고 칭하고서 무당의 집에 바치거나, 비록 노비는 바치지 아니하여도 혹은 위호를 설치하고, 혹은 조부모의 神을 무당 집에서 제사지내는 자가 꽤 많습니다. 그 가장은 불효로써 논하되, 봉양하지 않은 율에 의하여 科罪하고 영원히 서용하지 아니하며, 그 노비는 모두 관가에 몰수하게 하소서."[242]

고려말에 신진 사류들은 성리학을 보급하고자 노력하는 한편, 성리학 예제인 『朱子家禮』를 채택하기 시작하였다. 그리고 그들은 새로운 실천윤리로서 『주자가례』에 의한 禮制를 주창하였다.

그러나 불교는 고려사회 전반에 걸쳐 주도적인 기능을 하고 있었다.[243] 따라서 喪祭禮가 사찰에서 거행되고 있었다. 금석문이나 문집을 보면 사찰을 중심으로 그 주위에 시신을 매장하는 경우가 종종 발견되고, 사찰 내에 빈소를 마련하여 齋를 지냈던 경우가 자주 있었다. 家廟가 설립되기 이전에 喪祭禮는 불교의 영향을 받은 것과 함께 신사와 무속의 영향도 깊이 뿌리박고 있었다. 조준은 바로 그러한 고려

---

241) 『高麗史』 卷118 열전 趙浚, "吾東方家廟之法 久而廢弛 今也國都至于郡縣 凡有家者 必立神祠 謂之衛護 是家廟之遺法也 嗚呼 委父母之屍於地下 不爲家廟而祀之 不知父母之靈 何所依乎 甚非人子之心也 但習以爲常 未嘗致思耳"

242) 『世宗實錄』 卷101 세종 25년 8월 정미, "議政府條陳禁淫祀之法 一 祖父母父母之魂 邀致巫家 名曰衛護 或圖形象 或稱神奴婢施納 巫家雖不納奴婢 或設衛護 或祀祖考之神於巫者頗多 其家長 論以不孝 依奉養有闕律科罪 永不敍用 其奴婢 並沒於官 且因救病 稱爲代命 奴婢施納巫家者 其家長 亦以制書有違律科罪 奴婢亦沒入官"

243) 『稼亭集』 卷4 「大都天台法王寺記」, "其爲俗 凡事君事親養生送死 一以佛敎"

사회의 실정을 전해주고 있다.

조준에 의하면 巫覡의 家에 조상신을 봉안해 두거나 아니면 신사를 세워 巫覡의 家와 같이 衛護라 부르면서 조상의 형상을 봉안하여 숭배했다고 한다. 이른바 '음사'의 풍속이 조선시대까지 이어졌던 것이다. 조선시대에 들어서도 백성들은 신사에 조상의 형상을 봉안하고 '祈恩', '伴行'이라 하여 기도하였다. 이와 같은 형태의 조상숭배는 신사와 무속이 그만큼 민간에 깊은 영향을 미치고 있었기 때문에 가능한 일이었다. 그러나 국가제사에 있어서는 巫覡의 참여가 제한되면서 이들에 의해 행해진 제사는 淫祀로 비판받게 되었다. 그리하여 고려의 '잡사' 역시 음사로 지목되어 폐지가 주장되었다.

요컨대 고려의 예제는 유교의례와 전통제례가 함께 공존하였다. 즉 유교의례는 대·중·소사로, 전통제례는 辨祀하지 않고 미분등제(잡사)로 두었다. 그러나 유교의 예 관념에 의하면 미분등제의 '잡사'는 淫祀일 뿐이었다. 그리하여 성리학이 심화되면서 불교의 비판과 함께 '음사' 문제가 본격적으로 제기되기 시작하였다. 그 결과 초례, 산신과 성황의 신사 제사는 국가제사로 거행하는 데에 논란이 일어났다. 결국 이들 의례는 조선시대에 들어 祀典이 정비되면서 삭제 또는 유교의례로 대체되어 갔다.

'잡사'는 고려길례의 특징을 보여주는 제사였다. '잡사'는 고려시대의 '잡다한 제사'가 아니라 고려의 전통제례였다. 고려는 길례를 대·중·소사와 미분등제(잡사)로 운영함으로써 유교의례와 전통의례를 함께 채택하였다.

조선전기의 길례

조선의 건국세력들은 고려의 제도를 개혁하고 조선의 건국이념에 맞게 국가 체제를 정비해 나갔다. 길례의 개편도 이러한 차원에서 접근하였다. 수창궁에서 즉위한 태조는 10여 일 후 즉위 교서를 발표하였는데, 그 첫 조항에서, "천자는 7묘를 세우고 제후는 5묘를 세우며, 왼쪽에는 종묘를 세우고 오른쪽에는 사직을 세우는 것은 옛날의 제도이다. 그러나 고려 왕조에서는 昭穆의 순서와 堂寢의 제도가 법도에 합하지 아니하고, 또 성 밖에 있다. 사직은 비록 오른쪽에 있으나 그 제도는 옛 것에 어긋남이 있다. 예조에서 상세히 구명하고 의논하여 일정한 제도로 삼게 할 것이다"[1]라고 하였다. 이것은 고려의 종묘, 사직이 『예기』에서 규정한 "左廟右社"를 지키지 않았음을 지적하고, 새 왕조인 조선은 이를 준수코자 천명한 것이다. 이것은 조선이 유교이념을 기반으로 한 사회이며, 국가의 체제도 유교에 따라 운용되어야 함을 지적한 것이다. 길례의 정비도 이러한 방향으로 전개되었다.

조선초기에 개편이 논의된 길례는 대체로 다음과 같은 몇 가지 범

---

1) 『태조실록』 권1 태조 1년 7월 정미.

주로 구분할 수 있다. 첫째는 檀君·箕子 祭祀, 圓丘祭 존폐 등 국가 의식 또는 민족의식과 관련된 제사이고, 두 번째는 문묘종사 문제, 불교 행사와 도교의 초례 등 성리학의 정착 과정과 관련된 제사이다. 세 번째는 祀典의 체제와 제사 의례에서 유교의례의 적용 문제와 관련되어 있다.[2]

이러한 조선초기의 예제 정비는 유교를 바탕으로 진행되었으며, 길례 역시 유교사상을 기반으로 하여 구성되었다. 먼저 조선 법전의 기본틀을 제시한『조선경국전』에는 禮典 조항에 국가제사의 대략을 정해놓고 있다. 그리고 조선전기의 길례는『세종실록』「오례」와『국조오례의』로 정리되었다. 이러한 조선의 祀典 체제는 고려 국가제사의 체제를 비판, 수정하여 형성된 것이다. 이를 통해 조선 길례의 체제와 내용을 살펴보고자 한다.

1.『朝鮮經國典』의 국가제사

첫 조항에 "左廟右社"를 주장한 태조의 즉위 교서는 정도전이 지은 것인데,[3] 이를 통해 그의 禮 사상과 조선의 祀典 정비의 방향을 읽을 수 있다. 그리고, 얼마 후에는 趙璞이 역대의 祀典에 대한 개편안을

---

2) 조선초기 국가제사와 祀典에 관한 대표적인 연구는 다음과 같다.
　　金泰永,「조선초기 祀典의 성립에 대하여」『歷史學報』58, 1973.
　　한우근,「조선왕조 초기에 있어서의 유교이념의 실천과 신앙·종교」『韓國史論』3, 1973.
　　李範稷,『韓國中世禮思想研究』, 一潮閣, 1991.
　　金海榮,「朝鮮初期 祀典에 관한 연구」, 정신문화연구원 박사학위논문, 1993 ;『朝鮮初期 祭祀典禮 研究』, 집문당, 2003.
　　池斗煥,『朝鮮前期 儀禮研究』, 서울대출판부, 1994.
　　韓亨周,『朝鮮初期 國家祭禮 研究』, 一潮閣, 2002.
3)『태조실록』권1 태조 1년 7월 정미.

상서하였다.

조박은 종묘·적전·사직·산천·성황·석전제는 국가의 常典이니 이를 거행할 것을 주장하였고, 원구는 천자가 하늘에 제사지내는 예임으로, 이는 폐지하기를 청하였다. 神廟와 주군의 성황은 위판을 설치하고 해당 고을 수령이 봄·가을로 제사하자고 하였고, 藏經·百高座의 법석과 7所의 道場, 도교의 초례 등은 고려 국왕이 私願에 의해 거행한 것임으로 모두 폐지하기를 청하였다. 그리고 단군과 기자를 제사하고, 고려의 혜종·현종·원종·충렬왕을 고려 태조묘에 붙여 제사지내도록 청하였다.[4] 이러한 조박의 주장은 유교의례의 정착과 불교, 도교 의례의 폐지로 요약된다. 이처럼 정도전과 조박의 주장은 조선의 사전이 유교이념을 중심으로 정비되어야 한다는 것이다. 그리고 이것은 불교와 도교의례의 폐지를 의미한다. 이상과 같은 조선초기 집권층의 사전 개편 논의의 윤곽은 정도전의 『조선경국전』에 드러나 있다.

태조 4년(1394), 정도전은 조선의 국가 체제와 기본 정책을 규정한 법전을 완성하여 『經國典』이라 하였다. 이것은 흔히 『조선경국전』으로 불려지는 것으로, 조문은 전하지 않고 六典마다 摠序와 항목별 개요인 小序만 남아 있다. 이 책은 『주례』의 영향 아래 治·賦·禮·政·憲·工의 육전으로 구성하여 각 典의 업무를 규정하고 있다. 이 중 禮典의 항목은, 朝會·宗廟·社稷·籍田·文廟·諸神祀廟 등의 제사 관계 조목, 鄕射禮·冠禮·喪制·家廟 등 禮制 관련 조문, 樂·曆, 그리고 經筵·學校·貢擧 등의 교육과 과거제도 등 조선초기의 중요한 국가정책에 관해 서술하고 있다.

『조선경국전』「예전」(이하「예전」)의 내용 중 국가제사와 관련된 내용을 보면,[5] 먼저 종묘를 언급하였는데, 태조 이성계가 즉위하여 桓王 이상 4대의 조상을 추숭하였음을 말하고 있다.

---

4) 『태조실록』권1 태조 1년 8월 경신.
5) 『三峰集』권13「朝鮮經國典 上」禮典 참조.

종묘에 이어서 사직을 언급하였고, 이어 적전에 대한 조항을 두었다. 「예전」에 의하면 "농사는 만사의 근본이고, 적전은 권농의 근본"이라 하였다. 임금이 적전을 몸소 갈아 솔선 수범하면 백성들이 모두 전답으로 나아가 농사가 진흥하게 될 것임으로 적전은 권농의 근본이라 하였다. 그러면서 적전을 설치하여 令, 兼丞으로 이를 관장하게 한다고 하였다.

태조 원년 7월, 문무의 관제를 개편할 때 적전의 경작을 맡은 관아는 사농시였으며, 여기에는 판사 2명 정3품, 경 2명 종3품, 소경 2명 종4품, 승 1명, 겸승 1명 종5품, 주부 2명, 겸주부 1명 종6품, 직장 2명 종7품 등을 두었다. 「예전」의 令, 兼丞이 관장한다고 한 것은 이를 두고 한 말이다. 그리고 태조 2년에 예조전서 이민도는, 종묘와 적전의 제사는 7일 동안을 재계하고, 만일 有故하면 세자로 하여금 이를 섭행하게 하자고 하였다.[6] 이것은 적전이 종묘와 같이 대사로 존중되어야 하고, 親祭로 거행되어야 할 중요한 국가제사의 하나임을 주장한 것이다. 그러나 이러한 조치는 실제로 적용되지는 못한 것 같다. 『세종실록』「오례」에 의하면 적전은 先農이라 하여 중사에 등재되어 있다.

적전은 민본사상에 의해 농사를 진흥하기 위한 제사였다. 이와 관련된 제사로 風雲雷雨가 있다. 「예전」에 의하면 풍운뇌우는 오곡을 살찌게 하니 만물에 미치는 혜택이 지극히 큰 것이라고 하였다. 그리고,

> 우리 나라에서는 천자의 詔旨를 공경히 받들어 나라의 남쪽에 제단을 설치하고, 유사가 때에 맞추어 제사를 지내니, 대국을 섬기는 예와 신을 공경하는 뜻을 동시에 다한 것이다.[7]

라 하였다. 이것은 풍운뇌우 제사가 『洪武禮制』에 의해 거행되어야 함을 밝힌 것이다. 이와 관련된 고려의 제사는 風師, 雨師, 雷神으로

---

6) 『태조실록』 권3 태조 2년 6월 임인.
7) 『三峰集』 권7 「朝鮮經國典」 下 風雲雷雨, "國家欽奉詔旨 立其壇于國之南 有司以時致祭焉 其事 大之禮 敬神之義 一擧而盡矣"

각기 구분되어 있었다. 그러나『홍무예제』에 의하면 風・雲・雷・雨 를 한 壇에 설치하고, 여기에 산천・성황을 함께 제사하였다. 「예전」 에서 "대국을 섬기는 예와 신을 공경하는 뜻을 동시에 다한 것"이라 고 한 것은 풍운뇌우의 제사가 명의『홍무예제』에 따라 거행해야 함 을 말한 것이다.

「예전」에는 풍운뇌우에 이어 文廟에 대해 규정하고 있다. 이에 따 르면, "우리 나라에서는 國都에서 주군에 이르기까지 廟學을 세워서 매년 봄 2월과 가을 8월의 첫번째 丁日에 예로써 제사를 지낸다"고 하 였다. 문묘에 제사하는 것은 "人性의 고유한 것에 뿌리이고, 인심의 공통성이 근거"이기 때문이다.

그 다음으로 諸神祀典의 조항이 있다. 여기에는 다양한 제사를 열 거하고 있는데, 산천의 신을 제사하는 것은 그들이 구름과 비를 일으 켜서 오곡을 무르익게 하여 백성의 식량을 풍족하게 해 주기 때문이 다. 그리고 옛날의 성현들을 제사하는 것은 그들이 때를 만나서 도를 행하여 백성들을 편안하게 구제하고, 법을 세우고 교훈을 내려 주어 서 후세에 밝게 제시하여 주었기 때문이다. 그러므로 이들을 사전에 올려서 정기적인 제사를 지내야 한다고 하였다. 그러면서 "사전에 오 르지 않은 것을 제사 지내는 것은 아첨에 불과할 뿐 예가 아니며, 음 탕한 짓에 불과할 뿐 복이 되는 일이 아니니, 마땅히 금해야 한다"고 하였다. 이 같은 언급은『논어』,『예기』등을 인용한 것[8]으로 이들 유 교 경전이 제시한 예 관념에 따라 祀典의 체계를 갖추고자 했음을 말 해준다.

한편, 이들 외에 더 언급한 제사는 城隍・岳瀆로, 그 자세한 내용은 나와 있지 않지만 이들 제사도 사전에 포함되어야 하는 것들이다.[9] 성황과 산천신에 대해 봉작이 내려지고 있는 사례를 볼 때 조선초기

---

8) 『論語』「爲政」, "子曰 非其鬼而祭之 諂也"
   『禮記』「曲禮」下, "非其所祭而祭之 名曰淫祀 淫祀無福"
9) 『三峰集』권14「朝鮮經國典」下 工典 宗廟, "風雲雷雨之祀 城隍岳瀆之祠 各有其所 無不致其周完 其所以答神休報靈之意 爲如何哉"

사전에 이들 제사가 등재되어 있음을 충분히 짐작할 수 있다.

　이처럼 정도전은 유교이념을 중심으로 조선의 祀典을 정비하고자 하였다. 이 같은 사실은 다음의 내용에서 잘 드러났다.

　　나라의 큰 일 중에서 제사가 가장 중요하다. 그것은 종묘와 사직을 받들어서 신명을 교감시키기 위한 것이기 때문이다. 그러므로 반드시 안으로는 誠敬을 지니고 밖으로는 儀文을 갖춘 다음에야 신명을 감격시킬 수 있는 것이다. 만약 한 가지 일이라도 혹시 소홀함이 있게 된다면 誠이 없게 되고 성이 없으면 物이 없게 되는 것이다. 이렇게 되면 근본에 보답하고 조상을 추모하는 도리가 거의 없어지게 될 것이다.10)

　정도전은, 제사가 "가장 중요하다"거나 "誠敬을 지녀야 한다", "근본에 보답하고 조상을 추모하는 도리"라고 하는 것은 대체로 『예기』에 근거한 것이다.11)

　이상에서 살펴본 바와 같이 『조선경국전』 「예전」에는 宗廟, 社稷, 籍田, 文廟, 諸神祀廟 등의 제사를 언급하였고, 「工典」에는 城隍·岳瀆 제사에 대해 말하고 있다. 이들 제사가 조선 태조대에 사전을 정비하면서 가장 중요하게 취급된 국가제사였던 것으로 생각된다. 그러나 이것 외에 많은 제사들이 누락되어 있어 사전이 완전히 체계화된 것이라고는 할 수 없다. 그렇지만 『예기』의 예 사상을 근거로 국가제사의 기본틀을 제시하고 있다. 이처럼 유교이념을 중심으로 사전을 개

---

10) 『三峰集』 권14 「朝鮮經國典」 下 憲典 祭祀, "國之大事 惟祀爲重 所以奉宗社而交神明也 必內存誠敬 外備儀文 然後可以感格於神明 苟一事之 或慢則不誠無物而報本追遠之道幾乎息矣 故謹 其節文以致其恭肅 嚴其防禁以察其非違 所以懲不恪也"

11) 『禮記』 「祭統」, "禮有五經 莫重於祭 … 身致其誠信 誠信之謂盡 盡之謂敬 敬盡然後可以事神明"
　『禮記』 「經解」, "敬讓之道也 故以奉宗廟則敬"
　『禮記』 「郊特牲」, "社 所以神地之道也 … 家主中霤 而國主社 示本也 … 唯社 丘乘共粢盛 所以報本反始也 … 萬物本乎天, 人本乎祖, 此所以配上帝也. 郊之祭也, 大報本反始也"

편해야 된다는 점을 분명히 밝히고 있다는 사실은 매우 주목되는 것이다. 이렇게 하여 정리된 사전이『세종실록』「오례」길례라 하겠다.

2.『世宗實錄』「五禮」吉禮의 체제와 내용

"左廟右社"를 내세운 태조의 즉위 교서는 조선의 禮 사상과 祀典 정비의 방향을 말해준다. 그리고, 얼마 후에 조박은 역대의 祀典에 대한 개편안을 상서하였다. 조박의 주장은 유교의례의 정착과 불교, 도교 의례의 폐지로 요약된다. 조선의 祀典이 유교이념을 중심으로 정비되어야 한다는 것이다. 그리고 이것은 불교와 도교의례의 폐지를 의미한다. 이상과 같이 조선초기 집권층이 추구한 사전은 일단『세종실록』「오례」로 정리되었다.

『세종실록』에 실린 「오례」는 세종 26년 10월에 첨지중추원사 변효문·정척, 성균사예 민원, 집현전교리 하위지, 박사 서거정, 교서교감 박원정, 승문원부정자 윤서 등에 의해 정리되었다.[12] 그 중 吉禮의 序例와 儀式은 태종대의 許稠가 찬술하였다. 그리고 嘉禮·賓禮·軍禮·凶禮 등은 정척과 변효문에 의해 찬정되었다. 그리하여 「오례」는 문종 1년(1451)에『세종실록』의 끝에 부록되었다.[13]

『세종실록』「오례」길례 序例에는 조선의 길례를 대사·중사·소사로 변사하였는데, 그 내용은 〈표 9〉와 같다.

『세종실록』「오례」길례는 대사·중사·소사로만 변사하고 있다. 즉『상정고금례』의 '未分等第', 혹은『고려사』길례의 '雜祀'가 사라지고 대사·중사·소사 체제로만 길례를 구분하고 있다. 따라서『상정고금례』의 '미분등제', 혹은『고려사』길례의 '잡사'조의 제사는 중사·소사 내로 편입되었다. 그리하여 악·해·독이 중사에, 명산대천

---

12)『世宗實錄』卷106 세종 26년 10월 병진.
13)『世宗實錄』卷128 五禮 序文.

이 소사로 등재되고 있다.

<표 9> 『世宗實錄』 「五禮」 吉禮의 내용

辨祀	제사 내용
大祀	社稷, 宗廟
中祀	風雲雷雨〈山川·城隍附〉, 嶽·海·瀆〈智異山·三角山·松嶽山·鼻白山·東海·南海·西海·熊津·伽倻津·漢江·德津·平壤江·鴨綠江·豆滿江〉, 先農, 先蠶, 雩祀, 文宣王, 朝鮮檀君, 後朝鮮始祖箕子, 高麗始祖
小祀	靈星, 名山大川〈雉嶽山·鷄龍山·竹嶺山·于弗山·主屹山·全州城隍·錦城山·木覓山·五冠山·牛耳山·紺嶽山·義館嶺·永興城隍·楊津溟所·楊津·長山串·阿斯津松串·淸川江·九津溺水·德津溟所·沸流水〉, 司寒, 馬祖, 先牧, 馬社, 馬步, 七祀, 禜祭

먼저 大祀에는 원구제가 폐지되고 있으며, 종묘의례도 고려시대와 달리 운용되었다. 『예기』에 명시된 좌묘우사의 제도를 준수하였으며, 종묘의 제관인 太尉, 司徒, 司空, 太常, 光祿卿 등은 天子의 벼슬임으로, 제후의 나라가 벼슬 이름을 쓰는 것은 예가 아니라고 하여, 태위를 초헌관으로, 태상·광록경을 아헌·종헌관으로, 사도를 奉俎官으로, 사공을 行掃官으로 하였다.[14] 태종 16년 7월에는 고려의 예를 따르고 있었던 종묘의 祝文規式을 고쳤다. 당시 고려의 제도를 이어받아 "某諡大王 某諡王后之靈"이라 칭하던 것을 『儀禮』 小牢饋食의 축문에 "歲事를 皇祖伯某에게 드리고 某妃某氏로 배향한다", 『朱文公家禮』 축문에 "감히 皇高祖考 某官府君 皇高祖妣 某封某氏에게 밝게 고한다"는 제도에 의하여 '之靈' 두 글자를 삭제하고 先后에게는 '某氏'라고 칭하게 하였다.[15]

이처럼 종묘 의례는 두 가지 방향에서 정비되어 갔다. 첫째는 고려의 제도를 혁신하는 것이고 두 번째는 천자의 예가 아니라 제후의 예를 준수하는 것이었다. 『예기』에 근거한 좌묘우사를 충실히 따르고, 의식에서는 『의례』, 『주자가례』를 근거하여 제후의 예로서 정비하였

---

14) 『太宗實錄』 卷19 태종 10년 4월 정유.
15) 『太宗實錄』 卷32 태종 16년 7월 임진.

다. 이것은 예의 근본 이념이 유교를 바탕으로 한 것임을 말해준다.

한편, 중사에 풍운뇌우가 등재되어 있으며 산천·성황이 附祀되고 있다. 이것은 『洪武禮制』를 고려말에 수용했던 것을 조선시대에 들어서도 그대로 적용했기 때문이다. 그런데 풍운뇌우, 산천·성황을 한 壇에 제사하는 것은 문제가 있다. 즉 天神과 地神을 같은 단에 두었다는 것, 『홍무예제』의 州縣儀를 국가의례에 적용한 점이 문제로 지적되었다.[16] 그러나 이러한 문제점이 있음에도 여전히 『홍무예제』 주현의에 의해 풍운뇌우과 산천·성황이 合祀되는 것으로 의식이 정해졌다.[17] 그리하여 이것은 『세종실록』 「오례」에 그대로 반영되었다. 이는 『세종실록』 「오례」가 명의 『홍무예제』를 수용하고 있음을 보여준다.

그리고 악·해·독이 중사에, 명산대천이 소사로 등재되고 있다. 악·해·독의 제사처를 보면, 嶽은 智異山·三角山·松嶽山·鼻白山, 海는 東海·南海·西海, 瀆은 熊津·伽倻津·漢江·德津·平壤江·鴨綠江·豆滿江 등이다. 이들 악·해·독은 각각 신위를 설치하되 남쪽을 향하게 하였다. 다만 三角山과 白嶽은 붙여 동쪽에 두고, 서쪽을 향하게 하였다. 이들 악·해·독은 『고려사』 예지 '잡사'조에 있던 것이 중사로 등재하고 있다. 그리고 명산대천에는 명산으로 雉嶽山, 鷄龍山, 竹嶺山, 于弗山, 主屹山, 錦城山, 木覓山, 五冠山, 牛耳山, 紺嶽山, 義館嶺 등이, 대천으로는 場津溟所, 楊津, 長山串, 阿斯津松串, 淸川江, 九津溺水, 德津溟所, 沸流水 등이 있었다. 악·해·독의 제사처는 5嶽, 3海, 7瀆이었는데, 三角山과 白嶽은 같이 제사하여 5악의 변형으로 운용되었다. 이러한 체제는 『예기』에서 규정한 중국의 5악, 4해와 차이를 보인다. 명산대천은 11명산, 8대천으로 구성되었다.

이렇게 악·해·독이 중사에, 명산대천이 소사로 등재된 것은 고려의 '未分等第'나 '雜祀' 체제를 거부하고 새롭게 길례의 체제를 마련한

---

16) 『世宗實錄』 卷83 세종 20년 12월 기사.
17) 『世宗實錄』 卷84 세종 21년 1월 을미.

것이다. 이렇게 길례를 대사・중사・소사로만 변사한 것은 조선의 예제가 중국의 예제와 유교례에 접근하려는 방향으로 변화하고 있음을 말해준다.

이러한 체제상의 변화와 함께 辨祀 내용에 있어서도 여러 가지 특징이 보인다. 먼저 주목되는 점은 변사의 승격이 이루어지고 있다. 문선왕 제사는 고려의 경우 중앙의 제사가 중사에, 州縣 제사가 소사로 분리되어 있었던 것이『세종실록』「오례」에는 중사로만 등재되어 있다. 그리고 고려의 국가제사에 없었던 것이 추가되고 있다.『고려사』에서 잡사에 있던 기자 제사가 중사로 올라 있다. 그리고 중사에 단군과 고려시조가 새로이 역대시조 제사에 오른 것은 조선초의 역사인식을 반영한 것으로 보인다.

태조대부터 箕子는 조선에 봉토를 받고 풍속 교화의 기초를 닦았다고 하여 四時에 제사지내야 한다는 것이 제기되었다.[18] 단군과 기자는 태종대에 이르러 춘추에 제사를 지내다가 태종 13년에 고려태조와 함께 중사에 등재되었다.[19] 그리고 이듬해에는 檀君・箕子・高麗始祖의 제사 의주가 상정되었다.[20] 단군・기자묘는 평양 문묘 동편에 있었으며, 기자 신위는 북쪽에서 남쪽을 향해 있고, 단군 신위는 동쪽에서 서쪽을 향해 있었다. 그러나 기자사당에 단군을 배향하고 있었고, 「享檀君陳設圖」에 "신위는 방의 중앙에서 남쪽을 향한다"고 한 것과는 다르게 설치되어 있었다. 그리고 祭田은 기자를 위해 있었던 것이고 단군을 위해서는 없었으며, 기자에게는 매달 朔望에 제사하는데 반해, 단군에게는 봄・가을에만 거행하였다. 이에 단군의 사당을 별도로 세우고, 신위를 남향하여야 한다는 주장이 일어났다.[21] 그리하

---

18)『太祖實錄』卷15 태조 7년 9월 갑신.
19)『太宗實錄』卷23 태종 12년 6월 기미.
　　『太宗實錄』卷24 태종 12년 7월 경자.
　　『太宗實錄』卷26 태종 13년 11월 경진.
20)『太宗實錄』卷28 태종 14년 9년 무인.
21)『世宗實錄』卷29 세종 7년 9월 신유.

여 세종 11년에 이르러 檀君祠堂을 기자 사당 남쪽에 세우고, 고구려
시조 동명왕을 합사하였다. 단군은 서쪽에, 동명은 동쪽에 있게 하여
모두 남향으로 하고 봄·가을에 香祝을 내려 제사를 지냈다.[22]

그리고, 신위는 세종 12년에 "朝鮮侯箕子之位"를 "後朝鮮始祖箕子"
로, "朝鮮侯檀君之位"를 "朝鮮檀君"이라 고치게 하였다.[23] 세종 19년
3월, 사전의 개편 때에는 "朝鮮始祖箕子", "朝鮮檀君"이라 하였다.[24]
세조 2년 7월에는 "朝鮮檀君"을 "朝鮮始祖檀君之位"로, "後朝鮮始祖
箕子"를 "後朝鮮始祖箕子之位"로 고쳤다.[25] 이렇게 하여 기자사당에
단군이 부묘되고 선후 관계도 불분명한 단계에서, 단군묘를 독립하여
건립하고 "朝鮮始祖檀君"과 "後朝鮮始祖箕子"로 역사의 계승 관계를
분명히 정리하였다.

다음으로 주목되는 것은 일부 辨祀에 혼란이 있다는 점이다. 풍운
뇌우에 산천·성황이 附祀되고 있으며, 명산대천에서 全州城隍·永興
城隍이 등재되고 있다. 풍운뇌우에 산천·성황이 함께 제사되는 것은
『홍무예제』를 고려말에 수용했던 것을 조선시대에 들어서도 그대로
적용했기 때문이다.

그리고 명산대천에 全州城隍·永興城隍이 함께 등재되는 것도 문
제가 있다. 명산대천과 성황은 그 성격이 일치되지 않으며, 따라서
양자는 뚜렷이 구분되었다. 그런데도 성황이 명산대천에 함께 올라
있는 것은 아직 조선의 예제가 완전히 체제를 갖추지 못하였음을 말
해준다.

한편, 『세종실록』「오례」吉禮 大祀에서는 圜丘祭(圓丘祭)가 삭제되
고 있는 것도 주목되는 사실이다. 원구제는 왕조의 자주성이나 禮制
의 독자성을 상징한다는 점에서 주목되는 의례이다. 그러나 『세종실
록』「오례」에서는 원구제가 사라지고 있다. 그런데 이것은 圜丘祭의

---

22) 『世宗實錄』 卷154 지리지 평안도 평양부.
23) 『世宗實錄』 卷49 세종 12년 8월 갑술.
24) 『世宗實錄』 卷78 세종 19년 3월 계묘.
25) 『世祖實錄』 卷4 세조 2년 7월 무진.

존속과 폐지를 둘러싼 오랜 논란을 겪은 뒤에 나온 결과였다.

개국 직후 예조전서 조박은 祀典의 개정을 건의하여, 원구제는 천자가 제천하는 예절이라 하여 폐지할 것을 요청하였다. 그러나 태조 3년, 원구단에서 하늘에 祈穀·祈雨한 것은 오래 되었다고 하여 祀典에 기록하고 圓壇이라 고쳐 불렀다.26) 원구단 제사는 昊天上帝와 五帝에게 거행하였다.27) 孟春 上辛에 祈穀하고 孟夏 吉日에 雩祀를 지낸 원구단 제사는 태종대까지 이어졌으며,28) 이와 함께 의례에 대한 정비도 새롭게 정비되어 갔다.

태종 11년 3월에 이르러 예조에서는 중국 古禮와 『상정고금례』를 참작하여 圓壇 祭儀를 올렸다. 그리고 송과 고려의 제도를 근거로 하여 원구단을 축조하도록 하였다.29) 그러나 원구단 축조는 순조롭지 못했다. 의정부에서 천자가 아니면 하늘에 제사할 수 없다고 하여 진행하지 못하다가 우리나라는 동쪽에 있으니, 靑帝에 제사할 수 있다고 하여 다시 南郊에 쌓도록 하였다.30) 하륜과 허조는 제후의 나라로서 제천하는 것은 예에 합당하지 않으니, 다만 東方靑帝를 제사하도록 청하였다.31) 이러한 건의에도 불구하고 종전대로 원구제는 상제와 오제에게 거행되었다.32)

그런데 태종은 12년 8월에 들어서 예조의 건의에 따라 새로이 圓壇을 쌓게 하더니, 곧이어 이 일을 파하도록 하고, 원단 제사마저 혁파하도록 하였다.33) 그러나 원구제는 다시 거행되는데, 그것은 기우 때

---

26) 『太祖實錄』 卷6 태조 3년 8월 무자.
27) 『太宗實錄』 卷19 태종 10년 6월 경신.
28) 『太宗實錄』 卷7 태종 4년 1월 신해, "行祈穀圓壇祭于漢京 歲事之常也"
  『太宗實錄』 卷23 태종 12년 4월 신유, "行雩祀社圓壇祭"
29) 『太宗實錄』 卷21 태종 11년 3월 정축.
30) 『太宗實錄』 卷22 태종 11년 10월 을묘.
31) 『太宗實錄』 卷22 태종 11년 12월 임진.
32) 『太宗實錄』 卷23 태종 12년 4월 갑술, "免內資直長皇甫仁職 舊禮圓壇五方
  之神 各以方色而進幣 今仁但進白色幣 故司憲府 請其罪也"
33) 『太宗實錄』 卷24 태종 12년 8월 기미·경진.

문이었다. 원구제는 기곡과 기우를 위한 것인데, 전자는 폐지되고 후자만을 위해 거행되었던 것이다.[34] 태종 16년에 기우제를 원단에서 지냈으며, 齋室을 짓고 人丁을 두어 지키게 하였다.[35]

세종대에 들어서도 정월의 원구제는 거행되지 못하였으나 가뭄 때의 기우제는 지속되었다.[36] 원단의 기우제는 상제와 오제에게 기우하는 행사였고, 여기에는 천인감응사상이 자리잡고 있었다. 상제는 만물의 근원이고, 오제는 상제를 보좌하여 사람에 관한 일을 보살피고 돌보며, 재앙도 내리고 상서도 내리는 존재였다.[37] 따라서 상제는 국왕의 기원을 이루어주고 상제는 오제에게 비를 내리도록 한다고 믿었다. 그러나 세종은 점차 원단 제사가 제후의 예에 어긋난다고 하여 기우제마저 지내지 않게 되었다.[38] 그러다가 원구제는 세조대에 이르러 부활하였다.[39]

세조 2년 12월, 예조에서 『상정고금례』에 따라 원구단을 축조하도록 하자 이를 받아들이고,[40] 園丘署를 설치하고 社稷署의 예에 의거하여 權務錄事 2명과 兼丞 1명을 두었다.[41] 그리고 3년 1월에 친히 원구제를 지냈다. 세조가 원구제를 복구한 것은 국왕의 권위를 강화하려는 정치적 의도가 있었기 때문이었다.

---

34) 『世宗實錄』 卷47 세종 12년 2월 경인.
35) 『太宗實錄』 卷31 태종 16년 6월 정묘, "復行雩祀圓壇 … 是日大雨"
　　『太宗實錄』 卷32 태종 16년 9월 경자.
　　『太宗實錄』 卷36 태종 18년 7월 기유, "遣左議政朴訔 祀圓壇 圓壇祭天之所也 旱則就祈焉"
36) 『世宗實錄』 卷4 세종 1년 6월 경진.
　　『世宗實錄』 卷20 세종 5년 5월 을미.
　　『世宗實錄』 卷28 세종 7년 6월 정사.
37) 『世宗實錄』 卷32 세종 8년 5월 정유.
　　『世宗實錄』 卷36 세종 9년 6월 신미.
38) 『世宗實錄』 卷83 세종 20년 12월 기사.
39) 『世祖實錄』 卷6 세조 3년 1월 경진.
40) 『世祖實錄』 卷5 세조 2년 12월 병오.
41) 『世祖實錄』 卷6 세조 3년 1월 계유.

① 성균사예 김수온이 하늘에 제사지낸 후 군신이 함께 연회하는 악장을 지어서 올렸는데, 그 詞에, "하늘이 大東을 돌보시어 聖神이 탄생하시니, 德은 백대의 제왕에 으뜸하였고 공은 한 나라에 베풀어졌다. 엄숙한 圜丘에 상제께서 임하시므로 비로소 성대한 예를 거행하니, 神人이 기뻐하도다. 이에 조정에서 잔치하니 需雲으로 은택을 베풀도다. 名君과 良臣이 시를 지어 화답하면서 하늘의 복록을 받았도다"라고 하였다.[42]

② 임금이 면복을 갖추고 圜丘壇에 올라 제사를 지내기를 의식대로 하였다. 昊天上帝位·皇地祇位 및 太祖位에는 임금이 친히 삼헌을 행하고, 大明位 및 風雲雷雨位에는 세자가 삼헌을 행하고, 夜明位 및 동·남·북·서해, 岳瀆山川位에는 영의정 鄭麟趾가 삼헌을 행하였다. 의식은 이러하였다. "시일은 서운관에서 미리 계절을 격해서 정월 15일로써 예조에 보고해 계문한다. …"[43]

세조대의 원구제는 정월 보름에 거행하도록 하였다. ①에 의하면 원구제는 하늘이 大東을 돌보시어 聖神이 탄생하시니, 원구에 上帝께서 光臨하시는 것을 기뻐하며 거행하는 禮였다. 그리고 ②에 따르면 昊天上帝·皇地祇 및 太祖位, 그리고 大明, 夜明, 風雲雷雨, 東南北西海, 岳瀆山川 등 많은 神을 함께 제사하였다. 이것은 고려의 원구제보다 훨씬 강화된 의례이며, 중국의 경우와 비슷하다. 이리하여 세조는 4년 정월에도 친히 원구단에 제사지냈으며, 圜丘 祈祭 儀式도 마련하였다.[44] 그리고 세조 11년 정월에 행해질 원구제를 폐지하도록 할 때까지 계속해서 거행되었다.[45]

---

42) 『世祖實錄』 卷6 세조 3년 1월 己卯, "成均司藝金守溫 製進祀天後 君臣同宴樂章 其詞曰天眷大東聖神誕 作德冠百王 功加一國 有嚴園丘上帝臨 赫肇擧殷禮 神人闔懌 式燕于朝需雲霈澤載賡 明良受天福祿"

43) 『世祖實錄』 卷6 세조 3년 1월 庚辰, "上具冕服 登壇行祭如儀 昊天上帝皇地祇位及 太祖位 親行三獻 大明及風雲雷雨位 世子行三獻 夜明及東南西北海岳瀆山川位 領議政鄭麟趾行三獻 其議曰 時日書雲觀預於隔 季以正月十五日 報禮曹啓聞 …"

44) 『世祖實錄』 卷13 세조 4년 7월 을묘.

45) 『世祖實錄』 卷34 세조 10년 12월 정해.

이렇게 존속과 폐지를 반복했던 과정 속에서 결국 원구제는『세종실록』「오례」에 반영되지 못하였다. 그리고 세조대에 복구된 원구제 역시『국조오례의』에는 실리지 못하고 말았다. 이것은 원구제와 같은 천자의 예는 참월할 것이며, 조선초의 禮制를 오직 제후의 예로 시행하려는 의식과 정책 때문이었다.

원구단은 기곡·기우에 대한 제사로서 특별한 의미가 있다. 그러나 원구단 폐지가 제기되면서 기우제를 지낼 수 없게 되자 雩祀를 위한 다른 방법을 찾아야 했다. 결국 원구단의 폐지는 기우를 위한 雩祀壇의 성립을 보게 된다.

그리하여 雩祀가 새로이 중사에 등재되었다. 이를 위해 雩祀壇이 건립되었다. 雩祀壇은 송의 皇祐風師壇의 제도에 따라 높이 3척, 둘레 33보로 하였다. 雩祀壇은 東郊인 흥인문 밖에 세워졌으며, 六位를 같은 壇으로 하여 仲夏에 날짜를 골라서 제사를 행하게 하였다. 그리고 雩祀의 신주는『홍무예제』社稷의 제도에 따라 높이 2척 2촌, 너비 4촌 5푼, 두께 9푼, 趺方의 높이는 4촌 5푼, 너비 8촌 5푼으로 하였다. 그리고 위차는 勾芒·祝融·蓐收·玄冥·后土·后稷으로 정하였다.[46]

세종대에 들어 우사단은 사방 2장 3척, 높이 2척 7촌, 壇가 둘이었다.[47] 그리고 성종 3년 6월 여섯 신위를 한 단에 함께 모시었는데, 단의 넓이가 사방 2장 3척에 불과하여 陳饌하기에 불편하다고 하여 단의 넓이를 4장으로 고치도록 하였다.[48] 이 제도는 그대로 수용되었는데, 이는『국조오례의』의 우사단과 일치하고 있다. 그리고, 우사단 신위의 위차가『세종실록』「오례」에는 勾芒·祝融·后土·蓐收·玄冥·后稷의 순서로 되어 있어 태종대와 차이를 보인다.『세종실록』「오례」의 우사단 신위는『국조오례의』와 동일하다.

---

46)『太宗實錄』卷27 태종 14년 5월 을유·병술·경인·기해.
47)『世宗實錄』卷50 세종 12년 12월 갑술.
48)『成宗實錄』卷19 성종 3년 6월 병술.

한편,『세종실록』「오례」길례의 종묘의례도 고려시대와 달리 운용
되고 있었다. 즉위에 이어 태조는 4대 조상의 존호를 올리고, 즉위 교
서에서 "천자는 7묘를 세우고 제후는 5묘를 세우며 왼쪽에는 종묘를,
오른쪽에는 사직을 세우는 것은 옛날의 제도이다. 그러나 고려에서는
昭穆의 순서와 堂寢의 제도가 법도에 합하지 아니하고, 또 성 밖에 있
으며, 사직은 비록 오른쪽에 있으나 그 제도는 옛날의 것에 어긋남이
있다"[49]고 하여 새로운 종묘, 사직 제도의 완비를 천명했다. 그러나
적합한 자리를 정하지 못해 결국은 고려의 종묘를 헐고 그 자리에 조
선의 종묘를 짓도록 하였다.[50] 이것은『예기』에 명시된 左廟右社의
제도를 준수하지 않은 것이었다. 즉위교서에서 지적한 고려의 제도가
고쳐지지 않고 있음을 보여준다.

한양 천도 직후 중추원부사 최원을 보내 종묘를 세우기 위해 터를
살펴보게 하였다. 완성된 종묘는 태묘 7간으로 同堂異室로 하였고,
石室 5간에 좌우 翼廊은 각각 2간씩이었다. 功臣堂은 5간으로 하고
神廚 7간, 享官廳 5간, 齋宮 5간을 두었다.[51] 이어 개성에 있던 4대 신
주를 새 종묘에 봉안하였다. 종묘의 조성과 함께 의례도 점차 정비되
어 갔다.

태종은 김첨에게 사냥하여 종묘에 천신하는 의례를 상정하게 하였
다.[52] 고려의 제도를 이어 받아 모든 新物을 삭망에 올리던 것을, 제
때에 나오는 것이라면 초하루·보름을 기다리지 말고, 날짜도 점칠
것 없이 卽日로 천신하게 하였다.[53] 그리고, 종묘의 제관인 태위, 사
도, 사공, 태상, 광록경 등은 천자의 벼슬인데, 제후의 나라로서 벼슬
이름을 쓰는 것이 예가 아니라고 하였다. 이에 하륜이 太尉를 初獻官
으로, 太常·光祿卿을 亞獻·終獻官으로, 司徒를 奉俎官으로, 司空을

---

49)『太祖實錄』卷1 태조 1년 7월 정미.
50)『太祖實錄』卷1 태조 1년 10월 신유.
51)『太祖實錄』卷8 태조 4년 9월 경신.
52)『太宗實錄』卷6 태종 3년 10월 을사.
53)『太宗實錄』卷21 태종 11년 5월 신미.

行掃官으로 하였다.[54]

태종 11년 9월에는 당·송 제의와 『상정고금례』, 그리고 명의 禮制를 참작해서 종묘 제례를 정하였다.[55] 그리하여 다음 달 태종은 종묘에 親祀하였는데, 絳紗袍를 입고 왕세자와 백관을 거느리고 謁廟禮를 거행하였다. 이때 종헌관은 영의정부사 하륜이었다.[56] 국왕의 종묘 친사에 왕세자, 영의정이 헌관으로 참가한 것은 『세종실록』「오례」와 『국조오례의』의 내용과 일치한다. 그리고 섭사의 헌관은 사직과 마찬가지로 초헌관 정1품, 아헌관 정2품, 종헌관 종2품, 薦俎官 종2품이었다. 그러다가 세종대에 들어 각도 감사와 장수들이 京官을 겸임했기 때문에 제사를 행할 때 1, 2품 관원이 부족하게 되자 攝行 大祀의 헌관을, 초헌관 1품, 아헌관 2품, 종헌관·천조관 정3품으로 개정하였다.[57]

또한, 宗廟酌獻儀註를 새롭게 정하였다. 태종 15년 3월에 정비된 제사 의식은 「宗廟親祫儀」·「攝事儀」·「朔望奠儀」·「祈告儀」·「薦新儀」·「祭中霤儀」 등이었다.[58] 그리고 『文獻通考』 郊社祈禳門에 "무릇 天地의 큰 災異는 사직과 종묘에 類祭한다"는 것을 근거로 하여 종묘에서 四時大享攝行例에 의하여 날을 골라서 기양하도록 하고, 사직에서는 春秋大祭攝行例에 의하여 거행토록 하였다.[59] 이리하여 종묘와 사직의 祈禳 儀式이 갖추어지게 되었다.

태종 16년 7월에는 고려의 예를 따르고 있었던 종묘의 祝文規式을 고쳤다. 당시 고려의 제도를 이어받아 "某諡大王 某諡王后之靈"이라 칭하던 것을 『儀禮』 小牢饋食의 축문, 『朱文公家禮』 축문제도에 의하여 '之靈' 두 글자를 삭제하고 先后에게는 '某氏'라고 칭하게 하였다.[60]

---

54) 『太宗實錄』 卷19 태종 10년 4월 정유.
55) 『太宗實錄』 卷22 태종 11년 9월 을유.
56) 『太宗實錄』 卷22 태종 11년 10월 신묘.
57) 『世宗實錄』 卷30 세종 7년 11월 계묘.
58) 『太宗實錄』 卷29 태종 15년 3월 신축.
59) 『太宗實錄』 卷31 태종 16년 5월 신해.
60) 『太宗實錄』 卷32 태종 16년 7월 임진.

이상에서 살펴본 바와 같이 종묘 의례는 두 가지 방향에서 정비되어 갔다. 첫째는 고려의 제도를 혁신하는 것이고 두 번째는 천자의 예가 아니라 제후의 예를 준수하는 것이었다. 『예기』에 근거한 左廟右社를 충실히 따르고, 의식에서는『의례』,『주자가례』, 明 禮制를 근거하여 제후의 예로서 정비하였다. 이것은 예의 근본 이념이 유교를 바탕으로 한 것임을 말해준다.

요컨대 조선초의 길례는 태종대 허조에 의해 찬정되고, 이후『세종실록』「오례」로 정리되었다. 따라서『세종실록』「오례」 길례는 조선초의 길례를 정리한 첫 결과물인 셈이다. 여기에는 길례를 대·중·소사의 체제로 나누고, 잡사를 두지 않았다. 그리고『고려사』예지 잡사조에 있었던 제사 중 일부를 중·소사로 수용하고 있다. 이것은 길례가 조선 나름의 제도로 성립되어 갔음을 말해준다. 그러나 辨祀의 내용에 혼란이 있는데, 이것은 길례의 체제가 아직 갖추어지지 못하고 있음을 말해준다. 그리고 원구제를 폐지하고, 종묘의례를 유교이념에 따라 시행하고 있다. 이것은 조선초의 예제가 유교사상을 기반으로 정비되어 갔음을 의미한다.

3.『國朝五禮儀』吉禮의 체제와 내용

『세종실록』「오례」의 완성으로 조선의 의례는 그 모습을 드러내었다. 그러나 완전한 것은 아니어서 여러 가지 사항에서 문제가 제기되었다. 특히 양성지는 祀典 개혁 문제를 본격적으로 제기하였다.[61] 이렇게 하여 五禮는 성종대에 이르러 새롭게 정비되는데, 이것이 바로『국조오례의』이다.『국조오례의』는 성종 5년에 완성되고, 이듬해에 반포되었다.[62]

61) 金澈雄,「梁誠之의 祀典 改革論」『文化史學』21, 2004

『국조오례의』는 길례를 대·중·소사로 변사하고, 이외에 祈告·俗祭·州縣의 항목을 두고 있다. 이를 정리하면 다음과 같다.

<표 10> 『國朝五禮儀』 吉禮의 내용

辨祀	제 사 내 용
大祀	社稷, 宗廟, 永寧殿
中祀	風雲雷雨〈山川城隍〉, 嶽海瀆〈智異山·三角山·松嶽山·鼻白山·東海·南海·西海·熊津·伽倻津·漢江·德津·平壤江·鴨綠江·豆滿江〉, 先農, 先蠶, 雩祀, 文宣王, 歷代始祖(檀君, 箕子, 高句麗始祖, 百濟始祖, 新羅始祖, 高麗始祖)
小祀	靈星, 老人星, 馬祖, 名山大川〈雉嶽山·鷄龍山·竹嶺山·于弗山·主屹山·錦城山·木覓山·五冠山·牛耳山·紺嶽山·義館嶺·楊津溟所·楊津·長山串·阿斯津松串·淸川江·九津溺水·德津溟所·沸流水〉, 司寒, 先牧, 馬社, 馬步, 禡祭, 禜祭, 酺祭, 七祀, 纛祭, 厲祭
祈告	社稷, 宗廟, 風雲雷雨, 嶽海瀆, 名山大川, 雩祀
俗祭	文昭殿, 眞殿, 懿廟, 山陵
州縣	社稷, 文宣王, 酺祭, 厲祭, 禜祭

『국조오례의』의 길례는 대·중·소사와 함께 기고·속제·주현의 항목이 포함되어 있다. 이것은 『세종실록』과 다른 체제이지만, 大·中·小祀 이외의 변사 항목을 둔 점은 고려시대와 같다. 이처럼 『국조오례의』는 『세종실록』「오례」와는 달리 대·중·소사 이외에 기고·속제·주현에 대한 제사가 편제되어 있다. 기고는 비정기적으로 거행하는 제사이며,[63] 속제는 原廟, 眞殿, 山陵 등에서 거행된 왕실 조상제사였다. 州縣의 제사는 所在官이 주재하는 의례였다. 이러한 祈告·俗祭·州縣은 『국조오례의』 길례 체제의 특징을 보여준다.

기고에는 사직, 종묘, 풍운뇌우, 악해독, 명산대천, 雩祀 등이 제사가 올라 있다. 사직과 종묘는 대사에, 풍운뇌우와 악해독, 우사는 중사에, 명산대천은 소사에 올라 있다. 이렇게 보면 기고는 대·중·소

---

62) 『成宗實錄』 卷56 성종 6년 6월 무술.
63) 『國朝五禮儀序例』 時日, "凡祈告〈如水旱疾疫蝗蟲戰伐則祈 … 封册冠婚凡國有大事則告 …〉

사에 부속된 제사로 목적에 따라 비정기적으로 행해지는 의례임을 말해준다.

속제에는 문소전, 진전, 의묘, 산릉이 등재되어 있다. 原廟인 문소전은 5실로 구성되어 있었다.[64] 문소전은 종묘와 구별되는 것으로 국왕의 事親以孝를 위해 설치되었다.[65] 따라서 종묘와 여러 가지 면에서 차이가 있었다. 우선 문소전의 역대 왕은 직계 혈통을 중심으로 하여 봉안되었다. 성종대에는 태조, 태종, 세종, 세조, 예종 등이 봉안되어 있었다. 그리고 문소전의 제향에는 종친이 참여하였는데,[66] 이것은 종묘와 영녕전의 헌관이 관원만으로 정해진 것과 차이가 있다. 이렇게 볼 때 문소전은 王室 家廟의 성격을 띤다.[67]

진전은 穆淸殿, 璿源殿, 永崇殿, 慶基殿, 集慶殿, 奉先殿 등이다. 목청전은 태조 이성계의 진영을 모신 곳으로 원래는 啓命殿으로 불려졌다.[68] 목청전은 개성에 있는 태조의 옛 집이었던 곳을 태종이 태조의 진전으로 삼았다.[69] 璿源殿, 永崇殿, 慶基殿, 集慶殿도 태조의 진영을 모신 진전으로 각각 영흥, 평양, 전주, 경주에 있었다.[70] 그리고 奉先殿은 세조의 진영을 봉안한 진전으로 양주에 있었다.[71] 태조 진전의

---

64) 『國朝五禮儀序例』 吉禮 壇廟圖說, "文昭殿 … 神座前殿 太祖居中南向 昭二位在東西向 穆二位在西東向"

65) 『世宗實錄』 卷54 세종 13년 12월 을묘, "上謂知申事安崇善曰 原廟之設 繼世之君 欲事亡如存 凡所薦享 一如生時 以別於宗廟之祭 我朝旣立文昭廣孝兩殿"
   『世宗實錄』 卷60 세종 15년 5월 을묘, "上 … 曰 報本反始 禮經之常 事亡如存 孝誠之至 故歷代帝王 旣立宗廟 禮尙太古 所以神之也 又設原廟 事以平生 所以親之也"

66) 『國朝五禮儀序例』 吉禮 齊官, "文昭殿四時及俗節攝事〈忌晨同 惟一獻官宗親二品以上 …〉… 文昭殿朔望 … 獻官〈宗親二品理想〉…"

67) 池斗煥, 『朝鮮前期 儀禮研究』, 서울대출판부, 1994, 98쪽.
   韓亨周, 『朝鮮初期 國家祭禮 研究』, 一潮閣, 2002, 105~106쪽.

68) 『世宗實錄』 卷15 세종 4년 1월 갑신.

69) 『世宗實錄』 卷148 지리지 개성유후사.

70) 『世宗實錄』 卷95 세종 24년 6월 신해.

71) 『國朝五禮儀序例』 吉禮 壇廟圖說.

헌관은 관찰사가, 봉선전은 2품이 참여하였다.

의묘는 세조의 장자이며 성종의 아버지인 도원군 이숭의 신주를 모신 곳이다. 이숭은 세조 3년 의경세자로, 성종 1년 懿敬王으로 추증되었다. 이듬해 祀廟를 세워 제사를 받들게 하였는데, 祭品은 文昭殿의 例에 따르게 하였다.72) 그리하여 성종 3년에 의묘를 연경궁 후원에 세우고73) 성종 4년에 신주와 영정을 봉안하였다.74) 의묘는 성종이 국왕에 즉위함에 따라 중요하게 취급되었다. 의묘는 제일이나 헌관에 종친이 참여한다는 점에서 문소전과 동일하였다.

산릉은 목조, 익조, 도조, 환조 등 역대 4조의 능과 건원릉 등 태조 이래의 역대 국왕과 왕비의 능이 포함되어 있다. 祭日은 문소전과 의묘 제사와 같으며, 헌관은 종친이 아니라 관원이 맡았다.

이렇게 보면 속제 중 문소전과 의묘는 事親을 위한 제사 공간이며, 진전과 산릉은 고려의 경우 대사에 올라 있는데 비해,『국조오례의』에는 그렇지 못하여 그 중요도에서 차이가 있다. 아마 이것은 眞影, 身體에 대한 숭배 관념이 퇴색하고, 神主 중심의 제례 관념 때문으로 생각된다.

한편, 州縣儀는 社稷·文宣王·酺祭·厲祭·禜祭 등의 제사가 있다. 포제·여제·영제는 사람의 생활과 밀접하게 관련되어 있다는 점에서 지방의 의례로 구성된 것은 적합한 것이라 볼 수 있다. 그리고 사직·문선왕의 제사는 조선시대가 유교이념을 기반으로 하여 통치체제를 갖추고자 한 것과 관련되어 있다.

사직 의례는 대사와 기고 의례에도 포함되어 있다. 이것은 사직 의례가『국조오례의』에서 매우 중요한 의례임을 말해준다. 한양으로 천도한 후 태조 4년에 세워진 사직단은75) 이어 지방 군현에도 건립이 추진되었다. 예조에서는『홍무예제』에 의하여 府州郡縣에 사직단을

---

72)『成宗實錄』卷9 성종 2년 1월 정해.
73)『成宗實錄』卷25 성종 3년 12월 갑자.
74)『成宗實錄』卷34 성종 4년 9월 무신.
75)『太祖實錄』卷7 태조 4년 1월 갑자.

세워 봄·가을로 제사를 거행하고, 서민에 이르기까지 里社에서 제사 지내게 하자고 하였다.[76] 이러한 예조의 건의에 따라 각 지역에서는 사직단을 건립하고 제사 또한 정기적으로 거행하였던 것으로 보인다. 성종 4년 7월 예조에서 "모든 祀典에 실려 있는 州·縣의 사직단·산천단의 廟位版과 제기·제복 등 일체의 여러 가지 일이 날로 더욱 頹廢하여 신을 공경하는 뜻을 잃었다"[77]고 한 것을 보면 주·현의 사직단이 사전에 등재되어 있었음을 알 수 있다. 그리고 『新增東國輿地勝覽』을 보면 모든 주·현에 사직단이 존재하고 있음이 확인된다.

사직단과 아울러 지방 군현에는 文廟가 성립되어 있었다. 『신증동국여지승람』 祀廟條에는 군현마다 文廟가 건립되어 있음을 확인할 수 있다. 이렇게 지방 주현마다 사직단과 문묘가 갖추어져 있고, 그 제례의 헌관이 守令인 점은 조선의 지방제도가 확립되어 갔던 사실을 반영한 것이다. 그리고 지방 사회에 유교 의례가 확대되어 갔음을 의미한다.

이처럼 『국조오례의』 길례 체제의 특징은 祈告·俗祭·州縣의 항목이 있다는 점이다. 그러면 대·중·소사와 비교하여 기고·속제·주현 의례의 위상은 어떠하였을까. 길례는 그 위상에 따라 의식의 규정에 차이를 두고 있음으로 그 내용을 비교하여 파악해 볼 수 있다. 우선 대·중·소사는 재계에 있어 각각 산재 4일·치재 3일, 산재 3일·치재 2일, 산재 2일·치재 1일로 정해져 있다. 이에 비해 기고와 속제는 산재 2일·치재 1일로 정해져 있다.[78] 그리고 헌관은 대·중·소사가 최하 3품관이 참여하는데 비해 주현 의례의 경우 수령이 맡고 있다. 이렇게 볼 때 대체로 기고·속제·주현 의례는 소사에 준하여 거행된 것으로 생각된다. 결국 『국조오례의』 길례는 대·중·소사 체제를 유지하고 있는 것이다.

---

76) 『太宗實錄』卷11 태종 6년 6월 계해.
77) 『成宗實錄』卷32 성종 4년 7월 임진.
78) 『國朝五禮儀序例』吉禮 齋戒.

한편, 『국조오례의』 길례는 『세종실록』 「오례」와 비교해 여러 면에서 차이점이 발견된다. 첫째, 대사에서 영녕전이 새롭게 등재되어 있다. 왕실 조상 제사를 위해 종묘와 영녕전을 두고, 이를 대사로 하였다. 이 영녕전은 종묘의 성립과 깊은 관련이 있는 제사 공간이었다.

영녕전은 종묘의 담 안 서쪽에 있었다. 태조가 왕이 되자 四祖를 穆王·翼王·度王·桓王으로 추존하고 종묘에 봉안하였다. 태종은 종묘의 4실에 존호를 올리고 묘호를 穆祖, 翼祖, 度祖, 桓祖라 하였다.[79]

이후 태종을 부묘하기 위해 목조를 체천하고자 따로 전각을 세우고 목조의 신주를 옮기고자 하였다. 세종 3년 7월, 추숭된 4조의 奉祀를 위해 종묘 서쪽에 別廟를 세우는 문제가 논의되기 시작하였다.[80] 그리하여 영녕전은 석 달 후 완성을 보았다.[81] 이때 문소전은 5실로 정해졌다.[82] 그리고 春秋 大享이 거행되고, 종묘·사직의 제사와 같이 齋戒는 3일간으로 정해졌다.[83] 이것은 세종 때에 영녕전은 이미 종묘와 같은 대사로 취급되었음을 말해준다. 다음의 자료는 이러한 사실을 잘 말해준다.

> 대사는 춘추의 仲月 上戊와 臘日에는 사직에 제사하고, 四時와 납일에는 종묘에 제향하고, 춘추의 맹월에는 영녕전에 제향한다. 중사는 춘추의 중월에는 풍운뇌우에 제사하고, 中春의 上亥에는 先農에 제향하고, 季春의 上巳에는 先蠶에 제향하고, 孟夏에는 雩祀하고, 춘추의 중월 上丁에는 문선왕에게 석전을 지낸다. 그 나머지의 常祀에는 모두 內殿에서 임금이 친히 傳香하며, 소사에는 外庭에서 승지가 대신 전향한다.[84]

---

79) 『太宗實錄』 卷21 태종 11년 4월 임자.
80) 『世宗實錄』 卷12 세종 3년 7월 무인.
81) 『世宗實錄』 卷13 세종 3년 10월 무술.
82) 『成宗實錄』 卷6 성종 1년 6월 신미.
83) 『世宗實錄』 卷106 세종 26년 12월 계유.
84) 『世宗實錄』 卷132 五禮 嘉禮儀式 傳香儀, "大祀 春秋仲月上戊及臘 祭社稷 四時及臘 享宗廟春秋孟月 享永寧殿 中祀 春秋仲月 祭風雲雷雨 中春上亥 享先農 季春上巳 享先蠶 孟夏雩祀春秋仲月上丁 釋奠文宣王 其餘常祀 皆

이처럼 영녕전이 대사로 올라 있음에도『세종실록』「오례」길례의
변사에는 이러한 사실이 누락되어 있다. 그러나 영녕전이 대사였음은
嘉禮「傳香儀」를 통해 드러난다. 세종대에 이미 종묘와 같은 대사로
취급되었던 영녕전은 문종이 즉위 사실을 종묘·사직과 輝德殿(世宗
妃 昭憲王后 沈氏의 神位를 봉안한 곳)·영녕전에 고하게 된 사실에
도 알 수 있다.[85] 그리하여 영녕전의 제례는 점차 종묘와 같은 위상으
로 정비되었다. 성종 2년 예조에서는 吉禮의 前 儀註에서 永寧殿의 獻
官 1인이 삼헌을 겸하도록 된 것을 고쳐 대사인 영녕전의 헌관을 종
묘의 例에 의하여 삼헌관으로 하도록 하였다.[86] 이리하여『세종실록』
「오례」길례에 변사되지 않았던 영녕전은 실제로는 大祀였으며, 결국
이러한 혼란은『국조오례의』를 편찬하면서 길례 辨祀에 반영됨으로
써 해결되었다.

한편, 역대시조에 삼국의 시조가 새롭게 등재되었다. 세종 11년에
신라·고구려·백제의 시조의 사당을 세운 후 祀典에 기재하고 제사
할 것이 건의되었다.[87] 고구려시조는 檀君祠堂과 合祠하였는데, 단군
은 서쪽에, 동명왕은 동쪽에 있었다. 원래 동명왕의 사당은 仁理坊에
있었다. 이 사당은 고려 때에 제사를 지내던 곳이다. 조선시대에 들어
서는 朔望에 所在官으로 하여금 제사지내게 하였다. 평양 사람들은
이를 東明聖帝祠이라고 했다.[88] 고려의 동명성제사가 있음에도 불구
하고 이와 별도로 동명을 단군과 합사한 것은 조선이 독자적으로 제
례의 정비하고자 하였음을 말해준다.

고구려 시조는 세종 19년 3월, 사전의 개편 때에 중사였으며, 위판
은 고구려시조라고 하였다.[89] 그러나『세종실록』길례에는 삼국시조

於內殿親傳 若小祀則外庭承旨代傳"
85)『文宗實錄』卷1 문종 즉위년 2월 무술.
86)『成宗實錄』卷11 성종 2년 8월 병진.
87)『世宗實錄』卷45 세종 11년 7월 무신.
88)『世宗實錄』卷154 지리지 평안도 평양부.
89)『世宗實錄』卷78 세종 19년 3월 계묘.

제사가 올라 있지 않다. 세조 2년 7월에 고구려시조를 高句麗東明王之位라고 신위를 고쳤다.[90] 그리고 세조 6년 10월에 단군과 동명왕에 대한 親祭儀를 마련하였고, 箕子殿 祭儀를 이에 따라 지내도록 하였다.[91]

한편, 백제의 시조묘는 稷山縣에 세워졌다.[92] 세종 13년 1월에 백제시조, 신라시조, 고구려시조에게 祭田 2결씩 급여되었고,[93] 세종 19년 3월에 중사가 되었다.[94]

신라 시조 혁거세의 사당은 경주에 세워졌다.[95] 역대시조는 신라시조만 제사하자고 주장되기도 하였으나 삼국을 정립한 것으로 보아 삼국의 시조묘를 세우도록 하였다.[96] 이것은 조선초의 역사 인식을 반영한 것이다. 고려가 고구려의 계승 의식을 갖고서 이를 국가제사에 반영한 것과는 달리 조선에서는 삼국 모두를 역사적 계승 관계로 이해한 것이다.

그리고『국조오례의』에는 노인성 제사, 禡祭, 酺祭, 靈祭, 厲祭가 소사로 새롭게 올라 있다. 노인성 제사는 고려시대에 도교의례인 초례로 거행되었다. 독제 역시 태청관에서 도교의례로 거행되었다. 노인성 제사와 독제는『고려사』에서 '잡사'로 올라 있다. 도교의례로 거행된 이들 제사를 소사로 변사한 것은 유교 예를 중심으로 대·중·소사의 길례 체제를 갖추려는 의도를 말해준다.

노인성 제사는 고려의 경우 춘추에 特牲으로 제사되었고, 그 특생은 죽이지 않고 소격전에 보내졌다.[97] 소격전에 보낸 것은 도교의례

---

90)『世祖實錄』卷4 세조 2년 7월 무진.
91)『世祖實錄』卷22 세조 6년 10월 기미.
92)『世宗實錄』卷44 세종 11년 5월 임자.
　　『世宗實錄』卷149 지리지 충청도 稷山縣.
93)『世宗實錄』卷51 세종 13년 1월 을해.
94)『世宗實錄』卷78 세종 19년 3월 계묘.
95)『世宗實錄』卷150 지리지 경상도 경주부.
96)『世宗實錄』卷35 세종 9년 3월 신축.
97)『太宗實錄』卷21 태종 11년 1월 임신.

로 노인성 제사가 이루어졌음을 말해준다. 그러던 것이 태종대에 이
르러 周의 제도에 따라 추분에 南郊에서 제사지내고, 그 祭壇은 宋 政
和 때의 『五禮新儀』에 따라 높이 3척, 동서 길이 1장 3척, 남북 길이
1장 2척, 사방으로 계단 하나씩을 내고 그 壇는 25보로 하였다. 그리
고 『문헌통고』의 「熙寧祀儀」에 의거하여 壇上에는 노인성을, 壇下에
는 角・亢의 位를 두고 氐・房・心・尾・箕의 星과 함께 제사한 것
같다. 세종대에 들어서 춘추 제사는 추분에 지내게 하고 角・亢의 位
는 제거하고 오직 노인성에만 제사지내도록 하였다.[98] 이처럼 고려시
대에 도교의례로 거행된 노인성 제사를 소사 내로 수용하고 있는 것
은 유교 중심의 제사 체제를 갖추려는 의도에서 나온 조처였다.

이와 같이 유교의례를 중심으로 사전을 정비하려는 정책 방향은 종
래 불교와 도교가 담당하던 여러 명목의 제사를 혁파하고 이를 대체
할 새로운 제사의 등장으로 이어진다. 재변에 따른 祈禳 儀式은 고려
의 경우 불교 도량이나 도교의 초례를 통해 이루어져 왔다. 그런데 이
를 대신하여 酺祭와 厲祭가 등장하고 있다.

포제는 황충의 재변을 위해 거행되는 제사였다. 조선시대 들어 황
충이 발생하면 인력으로 이를 제거하는 조처를 내렸다. 황충으로 인
한 농작물 손실을 우려하여 이를 직접 잡게 하거나 이에 대한 예방책
을 강구하였다.[99] 기양을 통한 방법보다는 실제적으로 대응하고 있는
것이다. 황충에 대한 재해법은 이미 農書에서 언급하고 있다.[100] 따라
서 황충의 재해는 天譴으로 받아들이지 않았다. 그러나 한편으로는
포제에 대한 의식을 마련하였다.

　　예조에서 포제를 행하는 의식을 아뢰기를, "신 등이 삼가 『문헌통고』
　를 상고하니, 송 고종 때에 禮部 太常寺에서 말하기를, '… 관원을 보내

---

98) 『世宗實錄』 卷32 세종 8년 5월 임자.
99) 『太宗實錄』 卷33 태종 17년 6월 계축.
　　『世宗實錄』 卷93 세종 23년 9월 신축.
100) 『世宗實錄』 卷78 세종 19년 7월 신해.

어 馬壇에 나아가 제사를 베풀어 '酺神'이라 칭하고 축문은 學士院에서 짓게 하소서. 外方 州에서는 대략 禜祭禮에 의하여 먼저 편한 방향을 택해 땅을 다듬고 表를 세우고 노끈을 매어 壇을 대신하고, 致齋와 行禮·器物 등은 모두 소사와 같이 하소서. 축문은 「蝗이 거듭 생겨서 곡식에 해가 되니, 오직 神은 도움을 내려서 때에 응해 없어지게 하라」하소서'라고 하였습니다. 지금 황충이 곡식을 해치니 京中과 외방의 황충이 있는 州郡에서는 포제를 행하여 기양하되, 경중에서 제사할 곳은 馬步壇에 나아가서 奠物과 祭服을 馬步에 제사하는 例에 의하고, 外官에서는 上項의 外州의 例에 의하소서" 하였다.[101]

이처럼 포제는 독자적으로 제사되지 않고, 馬步壇에서 거행되었다. 그리고 황충에 대한 제사는 「社稷祈告儀」로 거행되기도 하였다.[102] 포제는 성종대에 이르러 정비되어 갔다.

③ 예조에서 아뢰기를, "삼가 『五禮 序例』를 살펴보건대, 황충과 멸구가 발생하면 酺祭를 행하는데, 서울에서는 馬步壇에서, 주현에서는 城의 동쪽에 나아가 제사를 행한다고 하였습니다. 또한 충재가 임박하면 날짜를 점치지 아니한다고 하였습니다. …" 하였다.[103]

④ 예조에서 아뢰기를, "… 1. 『주례』에, 旅師가 봄가을로 酺祭하고, 그 註에, 포는 人物에게 재해가 되는 神이라 하고 대개 또한 壇을 만드는데 신위는 雩禜과 같게 한다고 하였습니다. 지금 『五禮儀』에는 馬步壇에 나아가서 제사한다고 실려 있습니다. 이는 다만 옛 제도에 합하지 않을 뿐만 아니라, 한 단에서 서로 제사지내는 것이 또한 大體에 어긋나니, 馬步壇 가까운 곳에 따로 한 단을 설치하여 제사지내게 하소서" 하였다.[104]

---

101) 『太宗實錄』卷16 태종 8년 7월 癸亥, "禮曹啓行酺祭之儀 臣等謹按文獻通考 宋高宗朝禮部太常寺言 … 差官就馬壇 設祭稱爲酺神 祝文係學士院 撰定若外州者略依禜祭禮 先擇便方 除地立表 施繩以代壇 其致齋行禮器物等並如小祀 祝文曰 蝗蟊荐生害於嘉穀 惟神降祐應 時消殄卽 今蝗虫害穀 京中及外方 有蝗虫州郡行 酺祭祈禳 京中祭處就馬步壇 奠物祭服依祭馬步例 外官依上項外州例"

102) 『世宗實錄』卷65 세종 16년 7월 임인.

103) 『成宗實錄』卷32 성종 4년 7월 기유.

포제가 사전에 오른 것은『국조오례의』였다. 포제는 소사로 올라있는데,「州縣酺祭儀」도 있다. 그러나 포제는 여전히 제단을 두지 못하고 마보단에서 제사지냈는데, 이것은『국조오례의서례』의「壇廟圖說」과 일치한다. 그리고 주현의 포제는 성 동쪽에서 제사를 행한다고 한 것은『국조오례의』의「州縣酺祭儀」와 같다.

한편, 厲祭는 원통하고 억울하게, 혹은 한을 품고 죽은 원기를 달래기 위한 제사이다. 이 원기가 쌓여 병이 생기고, 和氣를 상하여 변괴를 가져온다고 믿었기 때문이다. 여제는 태종 1년 참찬문하부사 권근의 상서에서 처음 주장되었다.[105] 권근은 조선의 길례가『홍무예제』를 따르고 있으면서도 여제만이 거행되지 않고 있다고 지적하였다. 이에 여제를『홍무예제』에 의해 시행하자고 하였던 것이다.

태종 4년 6월, 예조에서 여제의 제사의식을 상정하여 올렸다.[106] 이에 따르면 매년 淸明日과 7월 15일, 10월 초1일에 제사가 없는 귀신을 제사하는데, 主祭官은 개성유후사 당상관이나 한성부 당상관으로 하고, 외방은 그 고을의 수령으로 하였다. 그리하여 서울의 여제단은 창의문 밖에 세워졌다.[107]

그리고 예조의 건의로 여제의 發告祭를 정하는데, 3일 전에 城隍發告祭를 풍운뇌우단에서 치제하도록 하였다.[108] 세종 22년에는 여제儀註가 제정되었는데 성황단에서 發告하고, 北郊壇에서 제사를 행하게 하였다.[109]

여제의 神位는 12위였는데, 세종 25년에 難産으로 죽은 자, 벼락에 맞아 죽은 자, 떨어져 죽은 자 등을 더하여 기록하여 모두 15위로 하였다.[110] 그리고 여제는 지방에서도 거행되었다.[111]

---

104)『成宗實錄』卷40 성종 5년 3월 계축.
105)『太宗實錄』卷1 태종 1년 1월 갑술.
106)『太宗實錄』卷7 태종 4년 6월 무인.
107)『世宗實錄』卷148 지리지 한성부.
108)『太宗實錄』卷32 태종 16년 8월 갑자.
109)『世宗實錄』卷89 세종 22년 6월 기해.
110)『成宗實錄』卷15 성종 3년 2월 계유.

이처럼 여제는 惡疾을 구제하기 위한 제사였다. 그런데 이것은 불
교의 水陸齋와 동일한 성격을 갖는다. 이에 지방민들은 여제를 지내
기 보다 舊例에 따라 수륙재를 더 선호했다. 그러나 수륙재는 이단이
라고 하여 거행에 문제가 제기되었고 대신 여제를 거행해야 한다고
주장되었다.112) 이러한 주장에도 불구하고 수륙재는 폐지되지는 않았
지만, 불교의 齋 대신 여제를 지내야 한다는 생각은 조선초의 예가 유
교를 바탕으로 하여야 한다는 점을 분명히 한 것이다. 그리하여 여제
는 소사로 등재되었던 것이다.

요컨대 『국조오례의』의 길례는 고려와 『세종실록』「오례」 길례와
비교하여 많은 변화가 있었다. 『고려사』 잡사조에 실린 노인성 제사
와 纛祭가 소사로 편제되고, 의식에서 도교의 요소가 제거된 것은 유
교이념을 기반으로 의례가 정비하였음을 의미한다. 그리고, 고려시대
에는 거행되지 않고 있었던 국가제사가 사전에 편입되고 있다. 酺祭,
厲祭 등은 조선시대에 들어 새로이 사전에 오른 제사로 소사로 등재
되었다. 이것은 종래 불교와 도교가 수행하던 제사의 역할을 새로이
조선의 길례로 수용한 결과였다.

그런데 『국조오례의』에서 한 가지 주목되는 것은 '禳'·'謝'는 '雜祀'
로 호칭하며, 그 의례를 생략하고 있다는 사실이다. '禳'이나 '謝' 같은
'잡사'도 자체의 常例가 있었으나 기재하지 않는 것은113) 유교 중심의
사전 체제에 맞지 않기 때문에 祀典 내용에서 제외하였음을 뜻한다.

이렇듯 『국조오례의』는 조선의 길례를 대·중·소사 이외에 기고,
속제, 주현 등으로 나누고 있으며, 祈禳·報謝 등의 '雜祀'는 생략한

---

111) 『世宗實錄』 卷122 세종 30년 11월 경자.
112) 『文宗實錄』 卷9 문종 1년 9월 계축.
    『端宗實錄』 卷5 단종 1년 1월 기묘.
    수륙재에 대해서는 金熙俊, 「朝鮮前期 水陸齋의 設行」 『湖西史學』 30
    참조.
113) 『國朝五禮儀序例』 吉禮 辨祀 細註, "凡祭祀之禮 天神曰祀 地祇曰祭 人鬼
    曰享 文宣王曰釋奠 如禳謝等雜祀 自有常例 今不并載"

다고 밝히고 있다. 그런데 祈・告는 水旱・疾疫・虫蝗・戰伐이 있으면 '祈'하고, 封册・冠婚 등 모든 국가의 大事에 '告'하는 것이다.114) 고려시대에도 이러한 사유 때문에 제사가 이루어지고 있음이『고려사』잡사조에서 확인된다. 따라서 祈告・祈禳・報謝 등은 고려시대의 경우 '잡사'에 속하는 것임을 알 수 있다. 결국『고려사』예지 길례 잡사조에서 그 의례가 생략되었던 것은『국조오례의』에서 '잡사'의 의례를 생략한 이유와 같이 유교식 의례에 맞지 않았기 때문이라고 생각된다.

이상에서 살펴본 바와 같이『국조오례의』는『세종실록』「오례」와는 달리 대・중・소사 이외에 기고・속제・주현에 대한 제사가 편제되어 있다. 기고는 비정기적으로 거행하는 제사이며, 속제는 俗禮에 의한 제사로 原廟, 眞殿, 山陵에서 행해진 제사를 말한다. 그리고 州縣의 제사는 所在官이 주재하는 제례이다. 祈告는 대・중・소사의 국가 제사와 관련하여 제사 목적에 따라 거행된 것이며, 俗祭는 왕실 조상 제사의 일부분으로 大祀의 조상제사를 보완한 것이다. 州縣의 제사는 중앙의 국가제사와 비교되는 것으로 중앙집권체제에 따라 지방 나름의 제의로 설정된 것이다.

『국조오례의』는 길례를 대・중・소사 체제로 편성하고, 이와 비교되는 제사를 기고・속제・주현에 편성하여 국가제례를 종합하였다. 그런데 기고・속제・주현은 소사에 준해서 거행된 제사로 생각된다. 따라서『국조오례의』는 길례를 大・中・小祀 체제로만 편성하였다. 『국조오례의』의 길례는 조선초의 길례를 종합하고 체계화한 것으로 평가된다. 그리하여『경국대전』「예전」에는 의례를『국조오례의』에 의해 시행할 것을 명시하고 있다.115)

---

114)『國朝五禮儀序例』吉禮 時日, "凡祈告〈如水旱疾疫虫蝗戰伐則祈 所祈迫切不卜日 如封册冠婚 凡國有大事則告 …〉"
115)『經國大典』「禮典」儀註, "凡儀註用五禮儀"

조선전기의 길례와 잡사

    원 간섭기 이후 고려의 예제는 제대로 시행되지 못하고 있었던 것 같다. 공민왕대만 하더라도 禮儀司에서 실행하는 의례에 착오가 많아서 예조정랑을 맡고 있었던 박상충이 古禮를 참작하여 條目을 지어 祀典을 삼았다고 한다.[1] 결국 원 간섭기에 변형·혼란된 예제는 공민왕대에 이르러 다시 정비되었던 것이다.

    조선이 건국되면서 예제의 변화는 더욱 두드러졌다. 이 시기 예제는 명의 예제를 준수하는 것과 고려의 예제를 혁신해야 하는 과제가 주어졌다. 그리하여 고려 이래의 道觀이 혁파되고[2] 道場·法席·國

---

1)『高麗史』卷112 열전 25 朴尙衷, "恭愍朝登第 累遷禮曹正郎 凡享祀 禮儀司 悉掌之舊無文簿 屢致錯誤 尙衷參證古禮 序次條貫 手寫之 以爲祀典 後之 繼是任者 得有所據"
   禮儀司는 恭愍王 11년에 禮部를 고친 이름으로, 같은 왕 18년에 다시 禮部라 하였다가 21년에 다시 禮儀司라 고쳤다. 예의사는 恭讓王 元年에 禮曹라 하였다.
   『高麗史』卷76 지 30 백관 禮曹, "恭愍王五年 復立禮部 … 十一年 改禮儀司 … 十八年 復稱禮部 … 二十一年 復改禮儀司 … 恭讓王元年 改禮曹"
2)『太祖實錄』卷2 태조 원년 11월 1일 戊寅.

卜·祈恩·年終還願 등의 각종 불사가 폐지되었다.[3] 그리고 태종 6년 (1397) 이후에는 祈雨나 亡者의 薦度를 위한 水陸齋만 거행되었다.[4] 이처럼 조선초 국가의례는 고려시대의 불교행사와 도교의례를 폐지하고 유교의례를 강화하는 방향으로 나아갔다.

그리고 조선초의 예제는 중국의 제도를 적극 수용하는 방향으로 나아갔다. 이것은 풍운뇌우와 산천·성황을 함께 제사케 한 사실에서 잘 드러난다. 풍운뇌우, 산천·성황을 한 단에 제사하는 것은 문제가 있었다. 즉 天神과 地神을 같은 단에 두었다는 것, 그리고 『홍무예제』의 州縣儀를 국가의례에 적용한 점이 문제로 지적되었다.[5] 그러나 이러한 문제점이 있음에도 여전히 『홍무예제』 주현의에 의해 풍운뇌우와 산천·성황이 함께 제사되었다. 그리하여 『세종실록』「오례」와 『국조오례의』에 그대로 수용되었다.

이처럼 조선초의 예제 정비는 고려의 제도를 혁신하고 유교의례를 중심으로 제후국의 의례를 확립하는 것이었다. 이 과정에서 드러난 조선전기 길례의 변화상을 醮禮, 山川祭, 城隍祭를 통해 살펴보고자 한다.

1. 조선전기의 醮禮

1) 초례와 道觀의 정비

건국 초 조선은 고려의 제도를 혁신하고, 유교 이념을 바탕으로 하여 체제를 정비해 나갔다. 이러한 상황에 따라 대두된 문제 중의 하나

---

3) 『定宗實錄』 卷6 정종 2년 12월 22일 壬子.
4) 이영화, 「조선초기 불교의례의 성격」 『淸溪史學』 10, 1993, 25쪽.
5) 『世宗實錄』 卷83 세종 20년 12월 기사.

는 禮制의 정비였다. 조선초의 예제는 종묘와 사직의 정비와 같이 유교 예제를 따르고 있으면서도,[6] 불교행사와 醮禮는 완전히 개편하지 못하고 고려의 前例를 따르고 있었다. 특히 醮禮는 조선시대에 들어서도 중요한 국가의례의 하나로 거행되고 있었다. 이것은 당시 조선의 집권층이 초례가 국가의례로서 필요한 것임을 인정한 것이며, 도교에 대해 긍정적으로 이해하고 있었음을 말해 준다.[7]

유교에 근거한 예제의 정비는 조선의 지배층이 해결해야할 당면과제였다. 그러나 불교행사와 도교의례의 경우처럼 고려시대의 예제를 완전히 배제하지 못하고 있었다. 제천 의례는 고려시대 이래 원구단에서 이루어지고 있었으며, 조선시대에 들어서도 원구제는 여전히 거행되고 있었다. 명과 조선의 사대 관계로 인하여 조선 국왕은 제천을 할 수 없는 입장이었으나 이것은 어디까지나 대외적인 입장이었고, 여전히 국내에서는 상제에 대한 제사를 국왕이 주재하고 있었다. 그러나 이것은 대외적으로는 문제가 있는 의례였다. 조선은 제후국임으로 조선 국왕의 제천은 僭禮이고 단지 산천신에 대한 제사만이 가능하다는 주장이 꾸준히 제기되었다. 그러나 그때까지 산천제는 왕실이나 관료는 물론 백성 누구나 지내고 있었다.[8] 유교 예제를 실현하는데는 당시 조선의 현실과 많은 차이가 있었던 것이다.

그런데 유교 예제를 기본으로 한 조선초의 예제 정비는 불교와 도

---

6) 『太祖實錄』 卷1 태조 1년 7월 丁未, "王若曰 … 一 天子七廟 諸侯五廟 左廟右社 古之制也 其在前朝 昭穆之序 堂寢之制 不合於經 又在城外 社稷雖在於右 其制有戾於古 仰禮曹詳究擬議 以爲定制 …"

7) 조선시대의 도교에 대해서는 李能和, 李鍾殷 譯, 1981, 『朝鮮道教史』, 普成文化社 ; 車柱環, 1978, 『韓國道教思想研究』, 서울대 출판부 ; 서영대, 1995, 「도교」 『한국사(26)』 등이 참고된다. 그리고 醮禮의 거행에 대해서는 한우근, 「朝鮮王朝初期에 있어서의 유교이념의 실천과 신앙·종교」 『韓國史論』 3, 1986 ; 崔先惠, 「조선초기 태조·태종대 醮祭의 시행과 왕권강화」 『韓國思想史學』 17, 2001 참조.

8) 『定宗實錄』 卷6 정종 2년 12월 무신, "經筵官等對曰 … 天子然後祭天地 諸侯然後祭山川 今我國俗 雖庶人亦皆祭山川 禮當禁之"

교 의례의 폐지·축소 문제와 긴밀하게 연결되어 있었다. 연등회와 팔관회는 물론 여러 명목의 불교 齋會도 점차 폐지되어 갔다. 이러한 불교행사의 정비와 함께 도교 의례도 새로운 변화가 요구되었다.

> ① 예조에서 아뢰기를, "道家에서 별에 제사지내는 醮禮는 간략하고 엄격히 함을 소중히 여겨, 정성스러움과 공경함을 다하여 업신여기지 아니하여야 될 것입니다. 前朝에서는 초례의 장소를 많이 두어 이를 업신여기어 한 곳으로 하지 않았습니다. 원하옵건대, 오직 昭格殿 한 곳만 두고서 청결함에 힘써서 정성스럽고 공경하는데 전념하게 하고, 그 福源宮, 神格殿, 九曜堂, 燒錢色, 太淸觀, 淸溪拜星所 등은 모두 폐지하게 하소서" 하니 임금이 그대로 따랐다.[9]

예조에서는 초례가 간결·엄숙하고 정성과 공경을 다해야 하는데 고려에서 그렇지 못하였으니 이제부터는 昭格殿 한 곳만 두어 정성과 공경에 전념하게 하자고 하였다. 초례 거행에 대한 이러한 비판의 사상적 배경은 아마도 『예기』를 근거로 한 것으로 생각된다. 제사가 '盡誠敬', '以專誠敬'해야 된다는 주장은 『예기』에서 강조되고 있는 내용이다.[10] 결국 초례를 소격전 한 곳만 두자고 한 것은 유교사상의 관점에서 번잡한 도교 행사를 축소해야 한다는 당위성을 주장한 것이다. 그러나 이러한 예조의 건의는 제대로 시행되지 못하였다. 예조의 건의는 태조에게 인정을 받았음에도 불구하고 도교의 제사처가 소격전 한 곳만으로 정리된 것은 아니었다.

---

9) 『太祖實錄』卷2 太祖 원년 11월 무인, "禮曹啓 道家星宿之醮 貴於簡嚴 盡誠敬 以不瀆 前朝多置醮所 瀆而不專 乞只置昭格殿一所 務要淸潔 以專誠敬 其福源宮 神格殿 九曜堂 燒錢色 大淸觀 淸溪拜星所等處 一皆革去 上從之"
　　신격전, 소전색, 청계배성소는 독립된 도교 기구인데 崔先惠, 앞 논문, 373쪽(사료 D)에는 "복원궁의 신격전과 구요당의 소전색과 태청관의 청계배성소"로 번역하였다. 재고하기 바란다.
10) 『禮記』祭統, "誠信之謂盡 盡之謂敬 敬盡然後可以事神明 此祭之道也"
　　『禮記』表記, "子曰 祭極敬 不繼之以樂"

②-1) 兼知禮曹事 金瞻에게 명하여 星宿의 초례를 상정하게 하였다. …
  김첨이 또 글을 올려 임금께 도교를 숭봉할 것을 권하였는데, "…
  국초에 상정하여 福源宮·神格殿·淨事色을 없애고, 京城에 다만
  太淸觀과 昭格殿 두 곳만 남겨 두었습니다. 또 五次의 宮인 良方
  永興郡에 道觀을 세워 초례를 행하였으니, 숭봉하는 예가 갖추어
  졌다 하겠습니다. …" 하였다.[11]

  -2) 예조에서 6조의 직무를 분담하고 소속을 상정하여 아뢰었다. …
  예조는 禮樂·祭祀·燕享·貢擧·卜祝 등의 일을 맡고, … 예조에
  속한 것은 藝文館 … 宗廟署 … 道流房 … 太淸觀·昭格殿 … 社稷
  壇 … 僧錄司 … 이다.[12]

조선초에는 太淸觀과 昭格殿을 두어 초례를 관장하게 하였다. ②-2)
에서 보는 바와 같이 소격전은 태청관과 함께 태종 5년에 예조의 속
아문이 되었다. 조선초의 초례는 국가제사의 하나였으므로 이에 대한
의례를 담당하는 기구가 필요하였는데, 태청관과 소격전은 바로 이러
한 기능을 담당하고 있었던 것이다.

소격전은 태조 4년 정월에 丁夫 2백 명을 징발하여 한양에 새로이
건립한 것이지만, 태청관은 조선시대에 들어서도 그대로 개성에 두고
있었다. 그러다가 태청관은 세종대에 들어 폐지되고 말았다. 세종은
태청관을 한양에 두어야 함을 주장하였다.[13] 그리고 예조에서도 소격
전을 두어 초례하고 있음으로 태청관의 제사는 煩瀆한 것이며, 또 前
朝의 서울인 개성에 그대로 두는 것은 부당하다고 하여 태청관의 폐
지를 요청하였고, 이러한 주장은 그대로 시행된 듯하다.[14]

---

11) 『太宗實錄』卷7 태종 4년 2월 辛卯, "命兼知禮曹事金瞻 詳定星宿醮禮 … 又
  上書勸上 崇奉道敎 其書曰 … 國初詳定 廢福源宮神格殿淨事色 京城只留大
  淸觀昭格殿二所 又於五次之宮 良方永興郡 立觀行醮 崇奉之禮 可謂備矣"
12) 『太宗實錄』卷9 태종 5년 3월 丙申, "禮曹 詳定六曹分職及所屬 以聞 … 禮
  曹 掌禮樂祀祭燕享貢擧卜祝等事 … 禮曹所屬 藝文館 … 宗廟署 … 道流房
  … 大淸觀昭格殿 … 社稷壇 … 僧錄司"
13) 『世宗實錄』卷13 세종 3년 10월 辛卯.
14) 『世宗實錄』卷18 세종 4년 11월 辛未.

그런데, 태청관과 소격전은 단순히 의례를 담당하던 국가기구로서 禮曹에 속해 있었던 것은 아니었다. 태청관과 소격전이 국가기관이 된 것은 道觀의 기능을 가지고 있었기 때문이었다. 세종대에 들어 비록 폐지되기는 했지만 그 이전까지 태청관은 도관의 역할도 수행하고 있었다. 이 같은 사실은 태종 16년 1월에 대사헌 이원이 개경의 태청관에 모셔진 天皇大帝를 소격전에 옮겨서 제사지내기를 청한 것에서 잘 나타난다.[15)

태청관과 함께 소격전 역시 초례를 거행하는 장소이자 神像을 모신 도관의 역할도 수행하고 있었다.[16) 소격전은 그 구조에서도 도관으로 기능하였음을 알 수 있다.

③-1) 소격전에서 아뢰기를, "주상 전하 즉위에 해당한 별[直宿]은 金德太白星입니다. 청컨대 전례에 따라 直宿殿에 移安하여 초례를 행하소서. 상왕전의 즉위에 해당한 별[直宿]은 計都星이니, 十一曜殿에 이안하소서." 하니, 임금이 그리하라고 하였다.[17)

-2) 昭格署는 중국 道家의 행사를 모방하여 太一殿에는 七星의 諸宿를 제사하는데, 그 像은 모두 머리를 풀어헤친 여인의 모양을 하고 있다. 三淸殿에는 玉皇上帝, 太上老君, 寶化天尊, 梓潼帝君 등 10여 위를 제사지내는데, 모두 남자의 형상이다. 그 외 안팎의 모든 壇에는 四海龍王, 神將冥府十王, 水府의 여러 神을 모시어 위패에 이

『世宗實錄』卷106 세종 26년 9월 癸卯, "軍器副正權蹲 上言曰 … 一 開城府內 古大淸觀在文廟之西 頹落歲月已久 其星宿位目 移置成均館釋奠酒庫之側"

15) 『太宗實錄』卷31 태종 16년 정월 庚申, "大司憲李原 留後司太淸觀天皇大帝 昭格殿"

16) "초례를 지내는 장소가 소격전으로 단일화" 되었거나 昭格殿이 "종교적 기관이기 보다는 관부로서의 성격을 지니게" 되었다는 주장도 있다. 崔先惠, 앞 논문, 373~374쪽과 387~388쪽 참조. 그러나 이러한 주장은 당시의 실상과 맞지 않다.

17) 『世宗實錄』卷1 세종 즉위년 9월 을축, "昭格殿啓曰 主上殿下 即位直宿 金德太白星 請依前例移安于直宿殿行醮 上王殿 即位直宿 計都星 移安于十一曜殿 終之"

름을 쓴 것이 무려 수 백이다.[18]

이에 의하면 소격전은 태일전, 삼청전, 직수전, 십일요전 등을 갖추어진 도관임을 알 수 있다. 이처럼 소격전은 神像을 모신 神殿인 동시에 초례를 시행하기 위한 官府였다.

한편, 초례의 거행 장소로는 태청관과 소격전 이외에도 강화도에 塹城壇이, 지방에는 太一殿이 존재하고 있었다. 참성단에서는 춘추로 초례가 거행되고 있었다. 이에 대한 청사가 남아 있어 참성단에서는 초례가 거행되었음을 알 수 있다.[19] 그리고 중앙의 태일전은 태조 6년에 소격전과 합해졌지만[20] 지방의 태일전은 여전히 유지되고 있었다. 太一은 45년을 주기로 乾方에서 艮方으로 그리고 巽方, 坤方으로 옮기는데, 그때마다 해당 지역에는 태일전이 건립되었다. 이에 따라 通州, 義城, 泰安 등에는 태일전을 갖추고 태일에 대한 제례를 행하였던 것이다.[21]

요컨대 조선초의 도관은 국가기구로서 정비되었는데, 태청관과 소격전은 초례를 담당하던 官府이자 道觀이었다. 이외에도 초례는 태일전, 참성단 등의 장소에서 거행되었다.

조선초에 들어서도 활발하게 거행된 초례는 점차 정비되어 갔다. 태종은 1년 8월에 國行 醮禮 가운데에 폐지할 만한 것은 없애고, 다만

---

18) 『慵齋叢話』 卷2, "昭格署 皆憑中朝道家之事 太一殿祀七星諸宿 其像皆被髮女容 三淸殿祀玉皇上帝太上老君普化天尊梓潼帝君等十餘位 皆男子像也 其餘內外諸壇 設四海龍王神將冥府十王水府諸神 題名位版者 無慮數百矣"

19) 『陽村集』 卷29「槧城醮靑詞」
    『春亭集』 追補「摩利山塹城壇醮禮三獻靑詞」

20) 『太祖實錄』 卷12 태조 6년 8월 戊申.

21) 『太宗實錄』 卷24 태종 12년 10월 癸酉, "命修通州太一殿 仍施丹雘"
    『成宗實錄』 卷77 성종 8년 윤2월 丙辰, "前大丘府使崔灝元上書曰 … 韓明澮 … 議 太一殿 … 令觀象監 定方所後 祭儀 一依義城例施行"
    『成宗實錄』 卷81 성종 8년 6월 丙申, "禮曹啓 今據前觀象監正李宗敏啓本 太一殿移建可當坤方 在忠淸道泰安白華山西南 高城寺北高平處"

소재 관사로 하여금 행하게 하였다. 그리고 그 祭文 規式과 奠物의 品數는 『홍무예제』를 준수토록 하였다.[22] 그리하여 8년 1월에는 태종 자신과 靜妃, 上王殿과 大妃殿의 本命醮禮를 폐지하였다. 그리고 9년 12월에는 태일초의 祭日을 정비하여 三元(上元・中元・下元)과 四立 (立春・立夏・立秋・立冬)의 날에 太一醮를 행하도록 하였으며, 通州의 太一醮禮는 매월 삭망에 행하던 것을 三元日에 특별히 사람을 보내어 행하고, 四立日에는 그 고을 수령이 초례를 지내게 하였다. 12년 3월에는 예조에서 鎭兵醮를 행하는 법을 올려, 이전 초례에서 산천신과 용왕 등을 아울러 제사지내던 것을 그만두게 하였다. 13년 3월에는 저녁에 행하던 眞武醮禮를 『眞武經』에 의하여 五更의 初에 거행하게 하였다.

이처럼 유교 의례가 철저하게 준행되지 못했던 조선초의 상황과 더불어 국왕들과 관료들이 도교에 대해 가진 긍정적인 이해를 바탕으로 하여 초례는 정비되어 갔다. 그리하여 초례는 국가의례의 하나로 정비되었다. 다음의 내용을 보면 이러한 사실을 충분히 짐작할 수 있다.

④-1) 임금이 이르기를, "… 지금 天帝・星辰에게 초례하는 일은 그 실제 이치를 알지 못하나 역대 왕과 지금의 중국, 前朝의 王氏가 모두 이 禮가 있었다. 그리하여 일찍이 禮曹와 金瞻 등에게 명하여 옛 문헌을 상고하여 그 사전을 정하고, 번잡하고 허위인 것은 버리게 하였다" 하였다.[23]

-2) 昭格을 殿으로 삼으니 기양의 의례가 엄숙하며, 塹城에 壇이 있으니 또한 삼가 춘추의 초례가 있다. 이는 國典의 일정함입니다.[24]

---

22) 『太宗實錄』 卷2 태종 1년 8월 임신.
23) 『太宗實錄』 卷33 태종 17년 11월, "禮曹參判許稠 請改營昭格殿 以狹隘也 上曰 予未深知佛法 故不信不毁 而任其自爲 今醮禮天帝星辰之事 亦未知其 實理 然歷代帝王 與今中華 前朝王氏 皆有此禮 故曾命禮曹與金瞻等 明考 舊籍 定其祀典 去其煩僞"
24) 『春亭集』追補「三淸靑詞」, "昭格爲殿 旣嚴禳禬之儀 塹城有壇 又謹春秋之 醮 此國典之常爾" 조선초의 초례가 '國典'이라는 견해에 대해서는 崔先惠,

초례는 天帝와 星辰에게 국왕의 무병 장수와 국가의 안녕을 기원하였는데, ④-1)에서는 초례가 '祀典'에 정해져 있다고 하였고, ④-2)에는 소격전과 참성단에서 봄 가을 두 차례에 걸쳐 정기적으로 초례를 거행하고 있음을 밝히고 있다. 그리고 소격전과 참성단의 초례를 '國典'이라 하여 사전에 올라 있는 국가의 공식적인 제례임을 밝히고 있다.

그러면 '祀典'·'國典'으로 정비된 초례의 祭日은 어떠했을까. 우선 초례는 정기적인 祭日에 거행되고 있었다. 우선 국왕을 비롯한 왕실의 주요 인물들의 本命을 맞아 초례를 거행하였다.

　　⑤-1) 仙家의 秘文을 상고하고 醮의 문장을 찾아서 本命의 해를 맞이할 때마다 장수하시기를 간절히 축원하였습니다.[25]

　　　-2) 여러 殿의 本命醮禮를 혁파하였다. 예조에 명하기를, "상왕전·대비전, 그리고 나와 靜妃의 본명초례를 지금 이후로는 다시 설행하지 말라" 하였다.[26]

본명초례는 本命日에 무병장수를 기원하기 위해 거행되었다. 청사에서 '年例'라고 한 것을 보면 국왕의 본명일에 정기적인 초례가 거행되었음을 알 수 있다. 아울러 상왕과 대비, 왕비 등의 본명일에도 초례가 되었다. 본명초례는 태종 8년 정월에 폐지되는 조처가 내려졌지만, 그 이전까지는 정기적으로 거행된 초례였던 것이다.

그리고 정기적인 초례는 三元日과 四立日에도 거행되고 있었다.

　　⑥-1) 三元과 四立日에 太一醮를 행하라고 명하였다. 예조에서 아뢰기를, "通州의 태일 초례는 매월 朔望에 행하지 말고, 三元日에 특별히 사람을 보내어 초례를 행하고, 四立日에는 그 고을 수령으로 하여

앞 논문, 387쪽 참조.
25) 『春亭集』 卷10 「親試文武科合行本命醮年例通行青詞」, "寔稽仙家之籙 聿求淨醮之文 每當本命之辰 庸切永年之祝"
26) 『太宗實錄』 卷15 태종 8년 1월 己巳, "罷諸殿本命醮禮 命禮曹曰 上王殿大妃殿予及靜妃本命醮禮 今後勿復設行"

금 재계하고 정성을 들여 초례를 행하게 하소서" 하니, 그대로 따랐다.[27]

-2) 이 날 저녁은 上元이므로 소격전에서 三界大醮를 행하였다.[28]

-3) 밤에 천둥이 치고 번개가 치고 바람이 불고 비가 왔다. … 대언 서선을 소격전에 보내어 下元日에 초례를 지냄으로 인하여 기양하였다.[29]

三元은 上元, 中元, 下元으로 도교의 중요한 祭日로 이때에 초례가 거행되었다. 그리고 태일초는 종래에 매월 삭망에 거행되다가 태종 9년 12월부터는 삼원일과 사립일에 행해지게 되었다.

이처럼 사전에 올라 있던 초례는 三元日과 四立日, 그리고 本名, 誕日을 맞아 정기적으로 거행되었다. 그리고 천변 기양과 구복을 위해 비정기적으로 열린 초례는 그 종교적 기능을 넓혀나갔다.

2) 醮禮의 거행

조선초에도 여전히 국가의례로 거행된 초례는 다양한 목적에 의해 거행되고 있었다. 조선초의 초례는 時令 調和, 祈雨, 星變 祈禳, 救病 등의 목적으로 거행되고 있었다. 그리고 초례는 太一, 星宿神 등을 대상으로 하였다. 태조대에 거행된 초례를 살펴보면 〈표 11〉와 같다.[30]

---

27) 『太宗實錄』 卷18 태종 9년 12월 경자, "命以三元四立日 行醮于太一 禮曹 啓 通州太一醮禮 除每月朔望 當三元日 特遣人行醮 四立日 令其官守令 齋 宿精究行醮 從之"
28) 『世宗實錄』 卷7 세종 2년 1월 갑인.
29) 『太宗實錄』 卷28 태종 14년 10월 갑신.
30) 태조대의 초례 거행에 대해서는 최선혜, 앞 논문, 〈표 1〉에서 정리된 바 있다. 그러나 ① 사례는 '幸'으로 표기되어 있음으로 초례 거행 사실로 볼 수 없고, ⑧·⑨는 동일한 초례의 사례임으로 이 역시 제외되어야 할 것이다.

〈표 11〉太祖代의 醮禮 (典據 : 『太祖實錄』)

	거행시기	醮禮 대상	거행장소	거행 이유 및 목적	獻官	비 고
1	2년 11월 신유	太一	昭格殿	時令 調和	左承旨 崔迤	
2	3년 5월 정미	太一	昭格殿	祈雨		
3	5년 7월 임술		昭格殿	顯妃 有疾		
4	6년 4월 정미	火星	昭格殿	星變 祈禳	檢校參贊門下府事 崔融	
5	7년 윤5월 신사	開福神	世子殿 南門	王孫의 祈福	永嘉府院君 權僖	
6	7년 8월 갑자		昭格殿	太祖 請命	左政丞 趙浚	
7	7년 8월 병인~기사		昭格殿	太祖 禱病	永安君(定宗)	致齋

　태조대에 행해진 초례에서 제일 주목되는 것은 태일초이다. 太一은 天神을 말하는데, 소격서에는 태일전에 안치되어 있었고, 태일초에는 『太一經』을 읽었다.[31] 이렇듯 태일에 대한 경전과 道殿이 갖추어진 사실로 볼 때 조선시대 초례에서 태일은 가장 중요한 도교신이라 할 수 있다. 그리고 太一이 天神을 의미한다는 점에서 태일초는 제천의 례라 할 수 있다. 그 결과 제천의례의 주관자인 국왕은 초례를 통해 천신에게 기원함으로서 천명을 받은 통치자로서 권위를 강화시키는 역할을 하였던 것이다.[32]

　그리고 開福神醮도 주목된다. 개복신초는 왕실 자손의 탄생을 맞아 이를 기복하는 초례였다. 이에 대해서는 다음이 참고된다.

　⑦ 궁중에서 왕자가 탄생하면 '捲草之禮'라는 것이 있는데, 탄생한 날 다북쑥으로 꼰 새끼를 문짝 위에 걸고, 자식이 많고 災禍가 없는 대신

---

31) 『經國大典註解』 上 吏典, "昭格殿太一殿 太一天之尊神名 天極星其一明者 太一常居也"
　　『經國大典註解』 下 禮典, "太一經 太一醮所讀"
32) 醮禮가 제천행사로서 왕권을 정당화하고 국왕의 신성성을 확립하는 역할을 하였음에 대해서는 金澈雄, 1996, 「高麗中期 道敎의 盛行과 그 性格」 『道敎의 韓國的 變容』, 아세아문화사, 172·187쪽 참조.

에게 명하여 3일 동안 소격전에서 재를 올리고 초례를 베풀게 한다. 상의원에서는 오색 채단을 각각 한 필씩 바쳤고, 남자면 幞頭, 도포, 笏, 烏靴, 金帶를, 여자면 비녀, 背子, 鞋履 등의 물건을 老君 앞에 진열하여 장래의 복을 빌었다. … 갑인년(성종 25년, 1494년) 봄에 元子가 탄생하였을 때 내가 헌관이 되어 행사를 맡았다.[33)]

이에 따르면 국왕의 자녀가 태어날 경우 소격전에서 기복을 위한 초례를 거행하였다고 한다. 실제로 成俔(1439~1504) 자신이 헌관으로 참여한 바 있음을 밝히고 있어 그 사실을 더욱 신빙케 한다. 開福神醮는 왕자의 탄생을 맞이하여 거행되는 국가의례였던 것이다.

이처럼 왕실에서 초례가 거행되고 있었던 것은 조선의 예제가 아직 유교 의례를 중심으로 정비되지 않고 있음을 말해준다. 그러면 각종 의례가 정해지고 사전이 정비되어 갔던 태종대는 어떠하였을까. 태종대에 행해진 초례[34)]의 사례를 정리해 보면 〈표 12〉와 같다.

〈표 12〉 太宗代의 醮禮 (典據 : 『太宗實錄』)

	거행시기	醮禮 대상	거행장소	거행 이유 및 목적	獻官	비 고
1	1년 3월 을해	本命	別殿	태조 祈福		
2	1년 4월 갑술	太一	新都 昭格殿	祈雨·星變	左副承旨 朴信	
3	1년 5월 신축	北斗	昭格殿	太白星變		經天三日
4	1년 5월 기유	金星	新都 昭格殿	祈禳	左承旨 李原	
5	1년 9월 정미		新都 昭格殿	鎭兵		
6	1년 12월 무인	太一		沈霧 祈禳		

33) 『慵齋叢話』卷2, "宮中誕兒 有捲草之禮 誕生之日 蒿索懸于室門扉上 命大臣多子無災者 三日齋于昭格殿 設醮禮 尙衣院供五色彩段各一匹 男則幞頭袍笏烏靴金帶 女則釵簪背子鞋履等物 陳于老君前 以祈退福 … 甲寅春 元子誕生 余爲獻官 行此事也"
34) 태종대에 거행된 초례는 최선혜, 앞 논문, 〈표 2〉에 정리되어 있다. 그러나 여러 부분에서 착오와 누락이 발견된다. 주의를 바란다.

7	2년 7월 계미		昭格殿	祈雨	大臣	
8	2년 9월 갑오		昭格殿	流星・雷電 祈禳, 時令 調和	藝文館大提 學 李詹	
9	2년 10월 경오	太陽	昭格殿	日中黑點		
10	2년 12월 병인	太陽星 火星	昭格殿	星變		
11	3년 2월 갑인	開福神	闕內	왕자 祈福	上洛府院君 金士衡	典據는 3년 2월 戊申條
12	3년 2월 병인		昭格殿	災變 祈禳		
13	3년 9월 정축	金星				
14	3년 10월 을축					靈寶道場
15	4년 3월 임자	三界				
16	4년 5월 신유		昭格殿	禱雨		
17	4년 5월 정묘	金星				
18	4년 10월 신묘	太陰星		달이 軒轅星 을 침범함, 祈禳		
19	4년 12월 기묘	太陽・ 金星		禳災		
20	5년 1월 갑진	太一				
21	5년 4월 경인		昭格殿	禱雨		
22	5년 11월 갑오			雷雨 祈禳		靈寶道場
23	5년 5월 갑인	太一	昭格殿	禱雨	大臣	
24	5년 12월 갑자	太一		雷動 祈禳		
25	6년 7월 병진		昭格殿	禱雨	左政丞 河崙	
26	7년 5월 정묘		昭格殿	禱雨		
27	7년 7월 계해		昭格殿	달이 熒惑星 을 침범		
28	7년 11월 갑자		昭格殿			齋戒
29	8년 12월 무인		昭格殿		趙大臨	未施行
30	10년 6월 신유		昭格殿	祈雨		
31	10년 7월 임신	太陰	昭格殿	달이 心星을 침범	金漢老	
32	10년 9월 을해	太一	昭格殿	時令 調和		
33	12년 10월 갑자	太一	昭格殿			甲子日 醮禮
34	12년 11월 을유	星宿	闕內	祈壽		왕자 不重의 돌

35	13년 3월 경진	眞武	昭格殿			
36	13년 8월 정사	北斗	昭格殿	국왕 救病	參贊議政府事 柳廷顯	政丞 河崙이 靑詞를 지음
37	14년 10월 갑신		昭格殿	雷電風雨震 祈禳	代言 徐選	下元日 醮禮
38	15년 7월 계묘	太乙		祈雨	黃子厚	癸卯日 이전 거행
39	16년 5월 정미	北斗	昭格殿	祈雨	行香使 玉川府院君 劉敞	

먼저, 북두는 만물을 생성하는 능력을 가진 神格[35]으로 신앙되고 있었기 때문에 국왕의 생일을 맞이하여 국왕의 장수를 기원하는 주요 대상이었다. 북두는 사람의 수명을 관장하며, 상서와 재앙을 내리는 존재로 인식되었다.[36] 그리고 金星獨醮, 太陰獨醮, 太陽獨醮 등이 거행되고 있다. 이 초례는 星宿의 변이에 따라 천변이나 기후 변화가 순조로워지기를 기원하기 위해 거행되었다.[37] 천변에 의한 초례의 대상은 주로 태일, 북두, 태양, 태음, 금성 등 星宿에 집중되어 있다. 이들 성수에는 각기 일정한 부분을 주관하는 능력이 있다는 신앙이 자리잡

---

35) 『陽村集』卷29「功臣都監北斗醮禮靑詞」, "星辰居所 令萬化以生成"
　　『陽村集』卷29「功臣都監祝上北斗醮禮靑詞文」, "斗爲天之喉舌 營萬彙之生成"
36) 『陽村集』卷29「誕日醮禮靑詞文」, "億載萬年永作三韓之主 肆陳醮於北斗 敢祝壽於南山"
　　『春亭集』卷10「北斗醮禮靑詞」, "維北有斗 能降祥而降災 … 玆丁彌月 聿峙法壇 倘蟻忱之昭升 而鴻應之不僭"
37) 『陽村集』卷29「金星獨醮靑詞」, "今據日官之上奏 爲陳金耀之失躔 其行犯於軒轅 其忌在於宮掖"
　　『春亭集』卷10「昭格殿行雨雹山崩久雨雷震心星犯月太白晝見月犯南斗之魁祈禳兼消灾度厄太一醮禮 靑詞」, "上天閤下 譴告孔明 小子遇灾 祈傾惟謹"
　　『春亭集』卷10「太陰醮禮靑詞」, "列宿失行 莫非譴告 太陰示變 深切虞憂"

고 있었다.

다음으로는 도교의 호국신앙을 엿볼 수 있는 초례가 있다. 鎭兵醮
나 眞武醮禮가 바로 호국을 위한 목적에서 거행된 초례였다. 이들 초
례에 대해서는 다음의 청사 내용이 참고된다.

　⑧-1) 叛臣은 밖에서 사건을 일으켜 간흉을 부리려 하고, 이웃 敵은 변방
　　　　에서 땅을 요청하니 그 거짓의 속임을 어찌 알겠습니까. … 인력
　　　　으로 능히 구제할 바가 아니요 오직 신의 거룩한 덕이라야 그 도
　　　　움을 얻을 수 있기에 이 초례 의식을 丁辰에 베풉니다.38)

　　-2) 겨울인데도 천둥이 진동하며 날마다 안개가 끼어 침침하니, 모든
　　　　太史의 글을 상고하건대 곧 병란의 징조라 합니다. 남쪽은 왜적의
　　　　침범이 두렵고 북쪽은 오랑캐의 엿봄이 염려되는데 힘써 보존을
　　　　도모한들 누가 막아 주겠습니까.39)

이들 청사 내용에 따르면 鎭兵醮나 眞武醮 등은 六丁神이나 北帝神
을 대상으로 하여 호국을 위한 목적에서 거행된 초례였음을 알 수 있
다. 그리고 眞武醮에는 『眞武經』이 낭송되었다.40)

한편, 태종대에는 靈寶道場이 행해지고 있다. 도교에서는 옥청, 상
청, 태청을 삼청이라 하여 이를 매우 숭배한다. 玉淸境은 天寶君이, 上
淸境은 靈寶君이, 太淸境은 神寶君이 다스린다. 이들 三神은 각각 12
부의 경전을 전수하여 천보군은 洞眞部, 영보군은 洞玄部, 신보군은
洞神部의 敎主가 된다.41) 태종대의 靈寶道場은 상청경의 영보군에게
지낸 것으로 생각된다. 그리고 이 영보도량은 『靈寶經』에 의해 거행

---

38) 『陽村集』卷29「救厄兼鎭兵六丁神醮禮靑詞」, "叛臣生事於外 欲逞奸兇 鄰
　　寇請地於邊 安知詐僞 … 非人力之所能救也 惟神休則尙可賴焉 醮儀旣修於
　　丁辰"
39) 『陽村集』卷29「北帝神兵護國道場靑詞」, "雷當冬而震發 霧連日以沈溟 考
　　諸太史之書 是乃戎兵之兆 … 南憂海寇之侵犯 北慮山戎之覘覦 … 玆陳法
　　醮 望賴神扶"
40) 『經國大典註解』下 禮典, "眞武經 眞武醮所讀"
41) 『雲笈七籤』卷3「道敎三洞宗元」

되었다.[42]

　이상에서 살펴본 바와 같이 태조·태종대의 초례는 천신인 태일을 비롯해, 천변에 의해 북두, 태양, 태음, 금성 등 성수에 대해 기원하였고, 호국을 위해서도 거행되었다. 그리고 태일초에『太一經』을, 진무초에『眞武經』을, 영보도량에서『靈寶經』을 읽는다는 것은 도교에 관한 체계적 神觀과 도교 경전에 대한 이해가 깊었음을 보여준다.

〈표 13〉 세종~성종 시기의 초례

	시 기	초례 대상	장 소	이유 및 목적	獻 官	비 고
1	세종 즉위년 8월 신묘	直星	昭格殿	즉위		
2	세종 즉위년 9월 임신	開福神	昭格殿	왕자 탄생	宜寧府院君 南在	
3	세종 즉위년 9월 을해	太一	昭格殿	時令 調和	同知摠制 李叔畝	
4	세종 1년 6월 신사		昭格殿	祈雨	吏曹判書 맹사성	
5	세종 1년 11월 갑자	太乙星				齋戒
6	세종 2년 1월 임자	開福神	宮庭		右議政 이원	
7	세종 2년 1월 갑인	三界	昭格殿			上元日 醮禮
8	세종 2년 4월 갑자	太一	昭格殿	祈雨		
9	세종 2년 6월 무술	北斗	昭格殿		吉昌君 권규	
10	세종 4년 4월 을묘		昭格殿		左議政 李原	
11	세종 4년 8월 기축		昭格殿	恭妃 救病	右議政 鄭擢	
12	세종 7년 5월 정축	開福神	昭格殿		領議政府事 이직	
13	세종 7년 10월 신사		昭格殿		左代言 趙從生	靈寶道場
14	세종 9년 6월 무진	雷聲普 化天尊	昭格殿	祈雨	上護軍 이진	
15	세종 9년 7월 경자		昭格殿	祈雨		

---

42)『經國大典註解』下 禮典,"靈寶經 靈寶醮所讀"

16	세종 21년 7월 기미	太一		祈雨	
17	세종 21년 7월 신미		昭格殿	祈雨	
18	세종 22년 4월 정유	太一		祈雨	
19	문종 1년 5월 신해	太一		祈雨	
20	문종 2년 5월 계묘		昭格殿		工曹判書 鄭麟趾
21	세조 3년 1월 무인		昭格殿		上元日 醮禮
22	세조 3년 8월 계사		昭格殿	世子 疾病	行上護軍 金守溫
23	세조 4년 5월 무술		昭格殿	祈雨	무술일 이전
24	세조 5년 6월 정사		昭格殿	祈晴	
25	세조 14년 6월 신묘		昭格殿	雷變	
26	예종 즉위년 9월 계미		昭格殿	彗星 祈禳	
27	성종 3년 4월 무진		摩利山 塹城	祈雨	
28	성종 5년 3월 신묘		昭格署 三淸殿	氣候 順調	
29	성종 12년 6월 을사		三淸殿	祈雨	政丞
30	성종 13년 6월 정미		昭格署	大妃 救病	
31	성종 13년 6월 정묘		昭格署	祈雨	
32	성종 15년 11월 을사		摩利山		塹城醮行香 使 行護軍 崔灝元

한편, 조선초의 祀典이 성립되었던 성종대를 기준으로 하여 세종대
에서 성종대까지 행해진 초례의 사례는 〈표 13〉과 같다. 그런데 이때
행해진 초례 중 국왕의 즉위 의례로 행해진 사례가 있어 주목된다. 태
종은 세종에게 전위하고서 前例에 따라 왕이 즉위한 해의 直星을 찾
아 소격전에서 초례를 거행하였다.[43] 이 과정에서 주목되는 점은 세
종이 즉위한 해의 直星에 대해 초례를 지낸 것은 '前例에 의하여' 거행
한 사실이다. 결국 국왕의 즉위를 맞이하여 지낸 直星醮는 즉위 의례
의 하나로 거행되었던 것이다.

---

43) 『世宗實錄』 卷1 세종 卽位年 8월 辛卯, "昭格殿 請依前例 晝上卽位年直星
   行醮禮 從之"

그리고 이 시기에는 강화도 마리산 참성에서 초례가 거행되고 있다. 마리산 참성에서 초례가 행해진 것은 이미 고려시대였다.[44] 매년 봄·가을에 代言을 보내어 초례를 지냈는데, 고려말에 이방원은 代言으로서 참여한 일이 있었다.[45]

조선시대에 들어 태종은 李陽達을 보내어 마리산 참성의 齋室을 옮기기 위해 그 터를 살펴보도록 하였다. 이 일은 代言 元肅이 마리산 참성의 齋宮이 낮다고 하였기 때문이다. 아마 원숙은 마리산 참성에 초례를 지내려 갔다가 그 실정을 직접 보고 건의한 것으로 생각된다.[46] 따라서 이 시기까지 마리산 참성의 초례는 代言에 의해 거행된 것으로 보인다. 그러다가 세종대에 들어 代言 대신 2품 이상을 행향사로 보내도록 하였다.[47]

마리산 참성의 초례는 주로 기우를 위해 거행되었으며, 여기에 모셔진 신위는 옥황상제와 老子, 28星宿 등이 있었다.[48] 그 신위는 서울의 소격전과 대체로 일치하고 있는데, 이것은 마리산 참성의 초례가 소격전의 초례와 대등한 위상을 가지고 있었음을 말해준다.

이상에서 살펴본 바와 같이 조선초의 초례는 왕실과 백성의 안녕을 기원하고 천변을 기양하기 위한 목적으로 거행되었다. 특히 천재지변과 관련된 초례는 그것이 天譴에 의한 것이며, 천변에 앞서 일어난 정치적 사건을 언급하고 그것이 불가피한 일이었음을 밝히고 있다. 이것은 초례가 우주를 관장하는 천제에게 천변의 기양을 주관하는 존재는 국왕임을 천명하는 의례임을 말해준다. 결국 국왕은 초례를 통해 국왕의 권위를 강화하는 명분을 확보하는 근거를 마련하였다.

---

44) 『高麗史』卷26 원종 5년 6월 경술.
　　『高麗史』卷63 지 17 예 雜祀 辛禑 5년 3월 신미.
45) 『世宗實錄』卷148 지리지 경기 강화도호부.
46) 『太宗實錄』卷34 태종 17년 12월 계사.
47) 『世宗實錄』卷42 세종 10년 11월 임술.
48) 『成宗實錄』卷172 성종 15년 11월 을사.
　　『中宗實錄』卷14 중종 6년 6월 신미.
　　『中宗實錄』卷27 중종 11년 12월 경신.

그런데 천인감응설은 도교에 수용되었으며, 청사의 작성자인 儒者들에게도 도교를 이해하는 기반을 제공하였다. 이를 통해 유자들은 초례가 국가의례로 필요한 것임을 긍정적으로 인식하고, 아울러 그 종교적 영험성 또한 인정하게 되었다.

조선초의 군주에게나 성리학자들에게 있어 천변이나 기후 변화 등의 자연 현상은 천견으로 받아들였다. 한 예로 권근은 수창궁의 화재가 천견임을 주장하고 태종의 自責을 통해 그 災變을 물리쳐야 한다고 주장하였다. 이에 권근은 태종에게 효를 독실하게 할 것, 정사를 부지런히 할 것, 朝士를 접견할 것, 경연을 부지런히 할 것, 절의 있는 사람을 포상할 것, 厲祭를 행할 것 등을 상서하고 있다.49) 이러한 修省은 성리학의 기반에서 나온 것이지만, 천인감응설에 따라 초례를 거행하던 당시의 상황을 보면 성리학과 도교가 공존하고 있었던 사상적 분위기를 짐작할 수 있다.

요컨대 천변이나 기후 변화 등의 자연 현상은 인간 세상에 내리는 천견으로 받아들여졌다. 이러한 천견에 의해 기양의 목적으로 초례를 거행하였다. 특히 星宿가 제 궤도를 잃은 것은 하늘이 경고하는 것이며, 이는 대체로 人事의 잘못으로 인한 것이라 하였다. 즉 천변에 따른 초례의 거행에는 천인감응설이 자리잡고 있었다.

> ⑨ 天心이 仁愛하여 좋고 나쁜 조짐을 분명히 보였습니다만, 동물과 식물은 오직 기후가 순조로워야 합니다. 이에 견책을 받았으니 어찌 기도를 하지 않을 수 있겠습니까. … 日官의 말에 따르면 금성이 대낮에 나타났다고 하니, 재앙을 만나 두려워서 어쩔 줄을 모르겠습니다. 이것이 어찌 사람의 힘으로 도모할 수 있는 것이겠습니까. 사실 천제의 마음에 달려 있습니다. 이에 金籙을 상고하여 삼가 玉壇을 설치하였습니다. 아, 하늘이시여, 묵묵히 生成의 권한을 베풀어서 나열된

---

49) 『陽村集』 卷31 「壽昌宮災上書」, "夫災異之興 恒由人作 或先事而示警 或從事而降罪 天意幽遠 固難窺測 然觀人事 可以推知 自古天心仁愛人君 彰示譴告 必欲保佑而全安之 … 一曰篤誠孝 … 二曰勤聽政 … 三曰接朝士 … 四曰勤經筵 … 五曰褒節義 … 六曰行厲祭"

별들을 우러러보는 만물에게 도움의 은혜를 내리소서.[50]

이처럼 재이는 천견으로 인식되고 있었다. 당시 사람들은 재앙이 나타나는 것은 하늘이 사람을 仁愛하기 때문이고, 轉禍爲福은 오직 道力의 도움으로 될 수 있다고 하였다.[51] 그리고, 아래에서 일어나는 人事에 따라 위에서 천변이 반응을 보이니, 하늘과 사람이 감응하는 이치가 현저하다고 하였다.[52] 또한 하늘은 사람이 초래한 것이면 반드시 좋거나 나쁜 조짐을 보이니, 이에 천견을 받아 어찌 정성껏 기도하지 않을 수 있겠는가[53] 하는 내용의 靑詞를 보면 천인감응설에 따라 천변을 천견이라 생각하고 이에 대한 기양을 위해 초례를 거행하였음을 알 수 있다. 이처럼 천인감응설은 초례의 거행에 있어 사상적 근거가 되었다. 그리고 천인감응설은 유교사상과 도교가 사상적으로 공감대를 형성할 수 있었던 배경이 되었던 것으로 생각된다. 즉 천인감응설은 성리학과 도교사상의 공통 분모로서 성리학의 이단론에 의해 도교의 초례가 철저히 배척받지 않았던 이유로 작용하였던 것이다.

3) 초례의 위상

국가의례로 거행된 초례는 어떠한 위상을 가지고 있었을까. 태종은 1년 5월에 北斗醮禮를 소격전에서 행하면서 3일 동안 재계하였는데,[54] 이것은 小祀의 예로 초례를 지냈음을 말해준다. 그리고 세종 때

---

50) 『春亭集』 卷10「昭格殿行祈雨兼星變祈禳醮禮三獻靑詞」, "天心仁愛 照示休咎之徵 品物流形 惟賴雨暘之若 爰承譴告 盖致祈傾 … 聞日官之獻言 乃告金星之現晝 遇灾而懼 無知所爲 玆豈人力之可圖 實惟帝心之所簡 寔稽金籙 恭峙玉壇 嗚呼昊天 默斡生成之柄 瞻仰列宿 咸垂扶佑之私"

51) 『春亭集』 卷10「昭格殿行祈雨兼流星祈禳太一醮禮三獻靑詞」, "出異示灾 實是天心之仁愛 轉禍爲福 惟因道力之扶持"

52) 『春亭集』 卷10「祈雨昭格殿行醮禮靑詞」, "人事感於下 天變應於上 天人感應之理 厥惟顯哉"

53) 『春亭集』 卷10「昭格殿行雷電流星祈禳醮禮三獻靑詞」, "謂天盖高 雖絶形聲之驗 惟人所召 必示休咎之徵 爰承譴告之加 盖致祈傾之懇"

에 三界大醮의 재계를 3일로 하였으며[55] 참성단의 초례 역시 치재 3
일이었다.[56] 이러한 사례로 볼 때 조선초의 초례는 小祀의 예에 따라
거행되었음을 알 수 있다.

그리고 초례를 주관한 헌관을 통해서도 그 위상을 비교해 볼 수 있
다. 태조~성종대에 거행된 초례와 헌관을 보면 〈표 14〉과 같다.

〈표 14〉太祖~成宗代의 醮禮와 獻官

	거행시기	醮禮名	거행장소	獻 官	참 고
1	태조 2년 11월 신유	太一醮	昭格殿	左承旨 崔迤	左承旨 정3품 (『太祖實錄』 1년 7월 정미)
2	6년 4월 정미	火星獨醮	昭格殿	檢校參贊門下府事 崔融	參贊門下府事 정2품
3	7년 윤5월 신사	開福神醮	世子殿 南門	永嘉府院君 權僖	府院君 정1품(『經國大典』 吏典 忠勳府)
4	7년 8월 갑자	醮	昭格殿	左政丞 趙浚	左政丞 정1품
5	7년 8월 병인~ 7년 8월 기사		昭格殿	永安君(定宗)	永安君 致齋
6	태종 원년 4월 갑술	太一醮齋	新都 昭格殿	左副承旨 朴信	左副承旨 정3품
72	원년 5월 기유	金星禳醮	新都 昭格殿	左承旨 李原	左承旨 정3품
8	2년 7월 계미		昭格殿	大臣	2품 이상 (『太宗實錄』 12년 3월 무신, 14년 5월 계사)
9	2년 9월 갑오	醮	昭格殿	藝文館大提學 李詹	大提學=大學士 정2품 (『太祖實錄』 1년 7월 정미)
105	3년 2월 갑인	開福神醮	闕內	上洛府院君 金士衡	府院君 정1품 典據는 3년 2월 戊申條
11	5년 5월 갑인	太一醮	昭格殿	大臣	2품 이상
12	6년 7월 병진		昭格殿	左政丞 河崙	左政丞 정1품
13	8년 12월 무인	醮禮	昭格殿	趙大臨	태종의 사위, 태종 6년 平壤君, 君 종2품

---

54) 『太宗實錄』 卷1 태종 1년 5월 신축.
55) 『世宗實錄』 卷107 세종 27년 3월 정해.
56) 『成宗實錄』 卷172 성종 15년 11월 을사.

					이상, 醮禮 시행하지 못함
14	10년 7월 임신	太陰獨醮	昭格殿	金漢老	태종 10년 2월 경술, 司憲府大司憲(종2) 10년 7월 신미, 判恭安府事
15	13년 8월 정사	北斗醮	昭格殿	參贊議政府事 柳廷顯	參贊議政府事 정2품 政丞 河崙이 靑詞를 지음
16	14년 10월 갑신	下元醮	昭格殿	代言 徐選	代言 정3품
17	15년 7월 계묘	太乙醮		黃子厚	태종 14년 12월 임오 개성부유후 역임(副留守 종2품) 15년 7월 癸卯日 이전 거행
18	16년 5월 정미	北斗醮禮	昭格殿	玉川府院君 劉敞	府院君 정1품, 行香使로 참가
19	세종 즉위 9월 임신	開福神醮	昭格殿	宜寧府院君 南在	
20	즉위 9월 을해	太一醮	昭格殿	同知摠制 李叔畝	同知摠制
21	1년 6월 신사		昭格殿	吏曹判書 맹사성	判書 2품
22	2년 1월 임자	開福神醮	宮庭	右議政 이원	
23	2년 6월 무술	北斗醮	昭格殿	吉昌君 권규	
24	4년 4월 을묘		昭格殿	左議政 이원	
25	4년 8월 기축		昭格殿	右議政 鄭擢	
26	7년 5월 정축	開福神醮	昭格殿	領議政府事 이직	
27	7년 10월 신사		昭格殿	左代言 趙從生	
28	9년 6울 무진		昭格殿	上護軍 이진	上護軍 3품
29	문종 2년 5월 신해		昭格殿	工曹判書 鄭麟趾	
30	세조 3년 8월 계사		昭格殿	行上護軍 金守溫	
31	성종 12년 6월 을사		三淸殿	政丞	政丞 1품
32	15년 11월 을사		麻利山 塹城	行護軍 崔灝元	

초례 헌관의 품계를 보면 세자인 永安君을 비롯하여 1품관에서 3품관까지 다양하게 나타나 있다. 대체로 초례는 3품 이상이 맡고 있음을 볼 수 있다. 이것은 『세종실록』「오례」에서 小祀인 靈星, 馬祖・先牧・馬社・馬步, 禜祭의 헌관이 3품관이 맡고 있었던 사실과 같다. 따라서 태조~성종대 초례를 『세종실록』「오례」와 비교해 보면 소사에 준하는 예로 시행되었음을 말해준다.

그런데 국가제례로서 소사에 준해서 거행된 초례는『세종실록』
「오례」나『국조오례의』와 같은 조선의 祀典에는 기록되어 있지 않다.
그 이유는『국조오례의』를 통해 짐작해 볼 수 있을 것 같다.『국조오
례의』에는 '禳'·'謝'를 '雜祀'로 호칭하며, 그 의례를 생략하고 있다.
즉 '禳'이나 '謝' 같은 '잡사'도 자체의 常例가 있었으나 기재하지 않는
다라고 밝히고 있는데,[57] 이것은 유교 중심의 祀典 체제에 맞지 않기
때문에 사전에서 제외하였음을 뜻한다. 그리고 초례는『고려사』예지
잡사조에 기재되어 있다. 따라서 조선초에 초례는 '잡사'로 인식하였
으며,『국조오례의』에서도 초례를 '잡사'의 범위에 넣어 의례 내용을
생략하였던 것이다. 유교 사상에 따라 예제를 정비했던『국조오례의』
에서 유교식 의례에 맞지 않았던 도교의례를 국가의 공식적인 사전에
기재되는 것은 곤란한 문제였던 것이다.

2. 조선의 산천제

원·명교체기였던 공민왕대는 대내외적으로 많은 변화가 있었다.
그 변화는 고려의 예제에도 영향을 주었다. 공민왕 19년 4월에 명 태
조는 道士인 서사호를 보내어 고려 산천에 제사토록 하였다. 명 태조
는 天地 祖宗의 도움을 힘입어 즉위하였다고 하여 고려 국왕을 책봉
하고 고려의 산천에 제사를 지내려 했다. 즉 명 태조는 '천자는 천지
산천에 제사한다'는 명목 하에 고려의 산천에 제사지낸 것이다. 이것
은 명을 건국한 정당성을 천명하고, 고려가 명나라에 귀부했음을 표
방하려 한 것이다. 이와 함께 명에서는 비서감직장 하상봉을 보내와
祀典의 개혁을 전해 왔다. 명에서는 오악, 오진, 사해, 사독, 각 주부현

---

57)『國朝五禮儀序例』吉禮 辨祀 細註, "凡祭祀之禮 天神曰祀 地祇曰祭 人鬼
　　曰享 文宣王曰釋奠如禳謝等雜祀 自有常例 今不幷載"

의 성황, 역대 충신과 열사, 神祠 등의 사전 개혁을 통보하고 고려도 이를 준행할 것을 요구해 왔다.[58] 이러한 상황은 명 태조가 의례에 대해 깊은 관심을 가진 것과 관련되어 있다.

명 태조는 제사 의례에 비상한 관심을 기울여 건국 초기부터 국가 사전을 개혁하고, 諸神의 封號를 개정하는 등 제사 의례의 정비를 단행하였다. 이와 함께 각종 禮書를 제작하였는데, 『홍무예제』는 명 태조의 명에 따라 만들어진 禮書 가운데 하나였다.[59] 명 태조는 홍무 2년(1369)에 이른바 '천하의 산천'을 明의 嶽·瀆壇에 祔祭케 한다는 원칙을 마련하였는데, 이에 따라 명나라는 고려나 安南 등의 산천을 중국에서 제사하게 하였으며, 이를 明의 祀典에 올리어 神位를 설치하고 제사하였다. 이와 함께 고려나 안남 등지에 제관을 직접 파견하여 그 국내의 산천을 제사케 하였으며, 이를 위해 明帝가 직접 축문을 짓기도 하였다.[60] 이렇게 하여 명의 『홍무예제』는 고려의 국가제사에도

---

58) 『高麗史』 卷42 세가 42 공민왕 19년 7월 壬寅.

59) 『明史』 卷47 지 23 예1 길례1, "明太祖 … 在位三十餘年 所著書可考見者 曰孝子錄 曰洪武禮制 曰禮儀定式 曰諸司職掌 曰稽古定制 曰國朝制作 曰大禮要議 曰皇朝禮制 曰大明禮制 曰洪武禮法 曰禮制集要 曰禮制節文 曰太常集禮 曰禮書 … 明太祖 初定天下 他務未遑 首開禮樂二局 廣徵耆儒 分曹究討 洪武元年 命中書省暨翰林院太常司 定擬祀典 乃歷敘沿革之由 酌定郊社宗廟議以進 禮官及諸儒臣 又編集郊廟山川等儀 及古帝王祭祀感格可垂鑑戒者"

『洪武禮制』의 내용을 보면, 進賀禮儀 5개조, 出使禮儀 9개조, 祭祀禮儀 7개조, 服色 文武官朝服·文武官陪祭服, 文武階勳 文職·武職, 給授文職散官定式, 吏員資格 2개조, 奏啓本格式, 行移體式 在京 8조·在外 12개조, 署押體式 照會式·咨呈式·箚付式·呈狀式·申狀式·平關式·牒呈式·牒上式·下帖式, 官吏俸祿 등이었다. 『洪武禮制』의 제사 예의조는 社稷, 風雲雷雨·山川·城隍, 嶽鎭海瀆·帝王陵廟, 旗纛, 祭厲(祭告城隍文), 里社, 鄕厲(祭告城隍文) 등 7항으로 이들 諸神에 대한 제사와 관련된 제도 및 儀註를 내용으로 하고 있다.

『高麗史』 卷68 지 22 嘉禮 「朝野通行禮儀」에 의하면 禑王 14년 9월에 '朝廷頒降儀注'와 '本國舊儀'를 참작하여 만들었다고 하였다. '朝廷頒降儀注'는 明의 禮制로 생각된다.

적용하게 되었다. 그리하여『홍무예제』의 수용으로 인해 고려말의 산
천제에는 변화가 일어났다.

　고려말에 이르러 산천제는 풍운뇌우・성황과 함께 제사되었다. 공
민왕 19년(1370)에 명의 도사 서사호가 개경 남문 밖에 단을 쌓고 산
천과 풍운뇌우, 성황을 같은 단에서 합제하였다. 이것은『홍무예제』
중에 州縣儀였다. 이러한 제사 방식은 고려의 전통을 무시한 것이었
으며, 고려가 명의 예제를 수용한 결과로 나타난 것이다. 풍운뇌우・
산천・성황을 한 단에서 함께 제사하는 방식은 조선초에도 적용되었
다. 이에 대해서는 다음이 참고된다.

　　　예조에서 諸祀의 제도를 올렸다. 계문은 이르기를, “… 신 등이 두루
　　古典과 前朝를 상고하니, 參酌이 적중함을 얻었으나, 단지 風師・雨師
　　만은 당나라 天寶年間 때부터 그 時를 건지고 物을 기른 공을 논하여,
　　올려서 中祀로 들어갔고 동시에 雷師도 제사하였는데, 당나라가 끝나
　　고 송나라를 거치는 동안은 감히 의논하는 자가 없었습니다. 명의『홍
　　무예제』에 雲師를 더하여 부르기를, ‘風雲雷雨의 神’이라 하여, 산천・
　　성황과 함께 한 단에서 제사하였는데, 지금 본국에서도 이 제도를 준
　　용합니다.”라고 하였다.[61]

　원래 풍운뇌우와 성황을 합쳐서 제사하는 것은『홍무예제』의 州縣
儀였다.[62] 이러한 제의는 공민왕대에 전해져 조선 태종 때까지도 여

---

60)『明史』卷47 지 25 예3 길례3 嶽鎭海瀆山川之祀, “洪武二年 以天下山川祔
　　祭嶽瀆壇 帝又以安南高麗皆臣附 其國內山川 宜與中國同祭 諭中書及禮官
　　考之 安南之山二十一 其江六 其水六 高麗之山三 其水四 命著祀典 設位以
　　祭 三年 遣使安南高麗占城 祀其國山川 帝齋戒 親爲祝文 仍遣官 頒革正山
　　川神號 詔於安南占城高麗”
　　『高麗史』卷42 공민왕 19년 4월, 7월 우왕 11년 9월 참조.
61)『太宗實錄』卷25 태종 13년 4월 신유, “禮曹上諸祀之制 啓曰 … 臣等 歷稽
　　古典前朝參酌之得中 但風師雨師 自唐天寶年間 論其濟時育物之功 陞入中祀
　　幷祭雷師 終唐歷宋 無敢議者 皇朝洪武禮制 增雲師號曰 風雲雷雨之神 與
　　山川城隍 同祭一壇 今本國遵用”
62)『世宗實錄』卷72 세종 18년 4월 신유.

전히 시행되고 있었다. 『홍무예제』는 공민왕의 예제 정비에 영향을 주었고, 조선초의 예제 정비 과정에서도 참고 자료로 이용되었던 것이다.

이처럼 산천·성황·풍운뇌우를 合祀하는 제도는 공민왕 19년부터 시작되어 조선초까지 이어졌다. 세종 21년에 정한 合祀儀에 의하면 풍운뇌우·산천·성황의 神座를 단 위에 설치하되 북쪽으로 남향하게 하였는데, 풍운뇌우는 가운데에, 산천은 왼쪽에, 성황은 오른쪽에 두게 하였다.[63] 이렇게 산천과 성황을 합사하는 것은 이들 제사에 대한 인식을 변화시켰다.

공민왕 때에 명의 『홍무예제』의 영향에 따라 풍운뇌우, 성황과 合祀되기 시작하면서 산천신앙과 성황신앙은 서로 융화되어 가기 시작했다. 고려시대에 산신제는 국가제사 뿐만 아니라 지역 공동체의 제사로 중요시되었는데, 그 이유는 산신이 그 지역을 수호하고 災變을 해결해주는 능력을 가진 존재로 믿었기 때문이다. 그리고 성황제도 지역 수호신의 역할을 수행하고 있었는데, 이러한 기능상의 일치에도 불구하고 산신신앙과 성황신앙은 확연히 구분되었다. 그러나 동일한 기능을 가진 산천과 성황이 합사됨으로 인하여 이들 신앙은 융화와 혼동을 가져오게 되었다.

이러한 변화와 함께 산천신에 대한 봉작이 폐지되어 갔다. 산천신에 대한 봉작은 공민왕 때부터 폐지되기 시작하였다. 공민왕 19년, 명나라는 산천이 상제의 명령을 받는 것일 뿐 국가에서 封號를 더할 수 없다고 하여 악진해독에 대한 봉호를 제거하고 다만 산천의 이름으로 그 神位를 칭하게 하였다.[64] 그러나 이것은 철저히 시행되지 못하고

---

63) 『世宗實錄』卷84 세종 21년 1월 을미.
　　이때의 合祀儀는 『世宗實錄』五禮 吉禮「祀風雲雷雨山川城隍儀」에 반영되었다.
64) 『高麗史』卷42 공민왕 19년 7월, "夫嶽鎮海瀆 皆高山廣水 自天地開闢以至于今 英靈之氣萃而爲神 必皆受命於上帝 幽微莫測 豈國家封號之所可加 瀆禮不敬莫此爲甚 … 夫禮所以明神人正名分不可以僭差 今命依古定制 凡嶽

있었다. 조선시대 들어서도 고려의 예에 따라 명산대천·성황·海島
의 神을 봉작하였던 것이다. 이러한 실상은 다음의 내용에 잘 나타나
있다.

> 이조에서 경내의 명산대천·성황·海島의 神을 봉하기를 청하였다.
> 松岳城隍은 鎭國公이라 하고, 和寧·安邊·完山 城隍은 啓國伯이라 하
> 고, 지리산·무등산·금성산·계룡산·감악·삼각산·백악의 산과 晉
> 州城隍은 護國伯이라 하고, 나머지는 護國神이라 하였다. 대개 대사성
> 유경이 진술한 말에 따라 예조에 명하여 정한 것이었다.[65]

지리산·무등산·금성산·계룡산·감악·삼각산·백악을 護國伯으
로, 이들 외에 여러 명산을 護國神으로 봉하였다. 호국신으로 봉해진
명산이 어디인지는 기록하지 않았으나 조선의 실록을 통해 그 윤곽은
확인해 볼 수 있다. 이를 포함하여 봉작된 산천신을 살펴보면 〈표 15〉
와 같다.

<표 15> 조선시대 산천신의 封爵

봉작대상	봉작 내용 및 신위	봉작 및 신위의 변화	전 거
南山	木覓大王		『太祖實錄』 卷8 태조 4년 12월 무오
智異山	護國伯		『太祖實錄』 卷3 태조 2년 1월 정묘
無等山	護國伯		『太祖實錄』 卷3 태조 2년 1월 정묘
錦城山	護國伯		『太祖實錄』 卷3 태조 2년 1월 정묘
鷄龍山	護國伯		『太祖實錄』 卷3 태조 2년 1월 정묘
紺嶽	護國伯		『太祖實錄』 卷3 태조 2년 1월 정묘
三角山	護國伯		『太祖實錄』 卷3 태조 2년 1월 정묘
白嶽	護國伯		『太祖實錄』 卷3 태조 2년 1월 정묘
	鎭國伯		『太祖實錄』 卷8 태조 4년 12월 무오
無等山	無等山護國伯之神位	護國伯位 삭제	『世宗實錄』 卷49 세종 12년 8월 갑술

---

65) 『太祖實錄』 卷3 태조 2년 1월 丁卯, "吏曹請 封境內名山大川城隍海島之神
松岳城隍曰鎭國公 和寧安邊完山城隍曰啓國伯 智異無等錦城雞龍紺嶽三角
白嶽諸山晉州城隍曰護國伯 其餘皆曰護國之神 蓋因大司成劉敬陳言命禮曹
詳定也 鎭海瀆 幷去其前代所封名號 止以山水本號稱其神 郡縣城隍神號一體改封"

한양 東山	護國		『太祖實錄』卷8 태조 4년 9월 병신
釜淵神	釜淵護國之神	護國 삭제	『世宗實錄』卷49 세종 12년 8월 갑술
白鼠島	白鼠島護國之神	羅帳山之神으로 개칭	『世宗實錄』卷49 세종 12년 8월 갑술
桃串神	桃串護國之神位	桃串之神로 개정	『世宗實錄』卷49 세종 12년 8월 갑술
省草串	省草串護國之神位	省草串之神	『世宗實錄』卷49 세종 12년 8월 갑술
白馬山	白馬護國之神	護國 삭제	『世宗實錄』卷76 세종 19년 3월 계묘
華岳山	華岳護國之神	護國 삭제	『世宗實錄』卷76 세종 19년 3월 계묘
德津溟所	德津溟所護國之神	護國 삭제	『世宗實錄』卷76 세종 19년 3월 계묘
大岑島	大岑島護國之神	護國 삭제	『世宗實錄』卷76 세종 19년 3월 계묘
上樸島	上樸島護國之神	合壇, 護國 삭제	『世宗實錄』卷76 세종 19년 3월 계묘
下樸島	下樸島護國之神	合壇, 護國 삭제	『世宗實錄』卷76 세종 19년 3월 계묘
褥秩島	褥秩島護國之神	合壇, 護國 삭제	『世宗實錄』卷76 세종 19년 3월 계묘
梓木山	梓木山護國之神	護國 삭제	『世宗實錄』卷76 세종 19년 3월 계묘

이상에서 大王, 護國伯, 護國으로 봉작된 名山·海島는 조선초에 국가제사로 거행된 것이다. 그런데 봉작된 명산의 일부는 『세종실록』「오례」길례에는 빠져 있다. 이것은 이들 제사가 어느 시기엔가 길례에서 삭제되었음을 말해준다. 이에 대해서는 다음이 참고된다.

① 지난 기축년(태종 9, 1409)에 다시 상정할 때에, 祀典에 없앴던 것을 뒤에 受敎에 따라 소재관으로 하여금 아울러 춘추로 제사하도록 하고, … 祭品은 中祀의 例에 따라 변·두 각각 10개를, 혹은 小祀의 예에 따라 변·두 각각 8개를, 혹은 각각 2개를 쓰기도 하니, 매우 고르지 않습니다. … 국가에서 행하는 岳瀆山川의 祭品의 例에 따라 국고의 미곡으로 제사하게 하고, 제사 뒤에 감사가 본조에 移文하는 것으로 항식을 삼게 하소서. … 晋州城隍 … 靈巖 月出山 … 光州 無等山 … 황해 관내 牛峯의 朴淵, 瑞興의 釜淵·羅帳山…[66]

② 예조에서 여러 도의 巡審別監의 啓本에 의거하여, 嶽海瀆·山川의 壇廟와 神牌의 제도를 상정하였다. "… 전라도 … 소재관이 제사를 행할 것 … 무진군의 무등산 묘위판은 무등산 護國伯之神位라고 썼는데, 청하건대, 호국백위 네 글자를 삭제할 것 …"[67]

---

66) 『世宗實錄』卷46 세종 11년 11월 계축.
67) 『世宗實錄』권76 세종 19년 3월 계묘.

③ 無等山은 … 신라에서는 小祀로 하였고, 고려에서는 國祭를 지냈고, 본조에서는 州의 관원으로 하여금 제사지내게 한다.[68]

이에 따르면 무등산과 진주성황은 태종 9년(1409)에 사전을 개정할 때 소재관 제사가 되었다. 그리고 ②에 의하면 소재관 제사가 되었지만 護國伯의 봉작은 여전히 神位에 남아 있어 그것을 삭제하자고 건의되고 있다. 그리고 충청도의 月嶽과 道高山도 사전에서 삭제된 경우이다. 즉

月嶽이 淸風에 있다. 〈삼국 때에는 月兄山이라 하여 祀典에 있었는데, 지금은 혁파하였다.〉 道高山이 新昌에 있다. 〈사전에 있었는데, 지금은 혁파하였다.〉[69]

라고 하였다. 그리고 한라산도 국가제사로 제사되다가 소재관 제사가 된 경우이다. 한라산은 태종 18년에 예조에서 漢拏山祭 의식을 올리고, 나주 금성산의 예에 의하여 사전에 싣고 봄 가을에 제사지내게 하였다.[70] 그러나『세종실록』지리지에는 고을 관원이 제사를 지낸다고 하였다.[71]

이처럼 태조~태종대까지 개편한 길례는『세종실록』「오례」와 차이를 보이고 있다. 이것은 고려의 길례를 수용한 단계를 지나 조선 나름대로 길례를 재편하고 있는 상황을 반영한 결과이다. 즉 봉작된 무등산·금성산·계룡산·감악·삼각산·백악산 등의 명산은 국가제사로 행해지다가 세종대에 봉작이 삭제되고 사전에서 제외되면서 국가제사로 거행되지 못하고 소재관이 제사케 하였다.[72]

한편, 조선시대에는 산천을 악해독과 명산대천으로 구분하고 있다.

---

68)『世宗實錄』卷151 지리지 전라도.
69)『世宗實錄』卷149 지리지 충청도.
70)『太宗實錄』卷35 태종 18년 4월 신묘.
71)『世宗實錄』卷151 지리지 전라도 제주목.
72)『世宗實錄』卷29 세종 7년 7월 기사.

그리고 악해독과 명산대천의 제사는 기우와 관련되어 있었다.『국조오례의』에 실려 있는 산천제를 보면,「時旱北郊望祈嶽海瀆及諸山川儀」,「時旱就祈嶽海瀆及諸山川儀」등 祈雨儀式들이다. 즉 조선의 산천제는 기우를 위한 제사였던 것이다.[73] 이것은 산천신은 많은 능력을 가진 영험한 신이라는 관념에 따라 고려의 산천제가 다양한 목적에 의해 거행되었던 단계에서 벗어나고 있음을 말해준다. 즉 산천신은 수해가 나거나 한발 등의 災害가 있게 되면, 산천신에게 제사하여 無事를 빌었던[74] 『춘추좌씨전』의 관념에 따라 의례가 정해졌던 것이다.

요컨대 조선의 산천제는 풍운뇌우, 성황과 함께 거행되었다. 이는 명의『홍무예제』를 수용한 결과였다. 그런데 산천신은 고려시대와 마찬가지로 봉작이 행해졌다. 그러나 이것은 유교예제와 어긋나는 일이었다. 그리하여 봉작이 제거되고 점차 국가제사에서 소재관 제사로 거행되어 갔다. 고려에 비해 조선의 산천제는 그 위상이 점차 낮아져 갔던 것이다. 그리고 악해독과 명산대천의 제사는 오로지 기우제의 기능만을 담당하게 되었다.

3. 조선의 성황제

성황제는 고려 이후 널리 성행하였다. 대체로 고려의 건국과 후삼국 통일에 공로를 세운 장수들이 성황신으로 모셔졌다. 전쟁을 할 때 승리를 기원하기 위하여, 그리고 전쟁에서 승리했을 경우에는 감사의 표시로 성황신에게 제사를 지내곤 했다.[75] 그리고 郡縣의 성황신은 그 지역의 수호신 역할을 담당하게 되었다. 심지어 성황신은 그 고을

---

73) 李煜,「朝鮮前期의 山川祭」『종교학연구』17, 1998.
74)『春秋左氏傳』卷20 昭公 1, "山川之神 則水旱癘疫之災 於是乎禜之 日月星辰之神 則雪霜風雨之不時 於是乎禜之"
75) 金甲童,「고려시대의 성황신앙과 지방통치」『韓國史研究』74, 2~9쪽.

의 자연 재해를 해결해야할 임무를 가진 존재로 인식되었다. 이에 대한 공로로 성황신에게는 제사가 계속 이어졌고, 때로는 봉작을 받기도 하였다. 성황신에 대한 제사는 조선시대에도 계속 이어졌다.

그런데 성황제는 공민왕대에 들어서 변화하기 시작하였다. 공민왕 19년, 명에서는 사신을 보내어 중국에서 행해진 神의 封號 개정을 고려에서도 준수할 것을 요구하였다. 이때 府州縣의 성황을 '某府·州·縣城隍之神'으로 호칭하도록 하고, 성황신이 산천신과 합사되었다.

고려말에 이르러 산천신과 성황신이 함께 배향된 것은『홍무예제』를 수용한 결과였다. 이에 대해서는 다음이 참고된다.

○ 공민왕 19년 7월 壬寅에 帝가 秘書監直長 夏祥鳳을 보내와 조하기를, "… 무릇 오악, 오진, 사해, 사독은 모두 그 前代의 봉한 바 名號를 버리고 다만 山水의 本號로써 그 神을 칭할 것이며 郡縣의 城隍神號도 한결같이 改封할 것이다. … 1. 각 처 州, 府, 縣의 城隍은 某府城隍之神, 某州城隍之神, 某縣城隍之神이라 칭한다. …고" 하였다.76)

○ 우왕 11년 9월, … 張簿, 段祐 등이 와서 조를 내렸다. … 周悼, 雒英 등이 와서 禑를 册하여 국왕을 삼았다. … 周悼 등이 我國의 祀典을 보기를 요구하자 이에 사직과 적전과 풍운을 써서 보였다. 주탁이 충신·열사·효자·순손·의부·절부를 더하여 함께 제사하라고 하였다. … 장부 등이 사직단을 가서 보고 그 제사지내는 집을 짓지 아니한 것을 책하고 또 城隍을 보고자 하였다. 조정의 의논이 높은데 올라가서 나라의 도읍을 두루 보는 것은 불가하다 하여 淨事色을 속여서 성황이라 하고 이를 보여 주었다. 정사색은 곧 星辰을 초례하는 곳이다. 장부 등이 적전을 보자고 요구하였으나 조정이 의논하여 보여주지 않았다.77)

___

76)『高麗史』卷42 공민왕 19년 7월 壬寅, "帝 遣秘書監直長夏祥鳳來 詔曰 … 凡嶽鎭海瀆 革去其前代所封名號 止以山水本號 稱其神 郡縣城隍神號 一體 改封 … 一各處州府縣城隍 稱某府城隍之神 某州城隍之神 某縣城隍之神"
77)『高麗史』卷135 열전 48 우왕 11년 9월, "張溥段祐等 來賜詔 … 周悼雒英 等 來册禑爲國王 … 周悼等 求見我國祀典 乃以社稷籍田風雲以示 悼加以 忠臣烈士孝子順孫義夫節婦 使幷祭之, … 張溥等 往觀社稷壇 責其不營齋廬 又欲觀城隍 朝議以爲不可登高 遍瞰國都 紿以淨事色 爲城隍以示之 淨事色

명 태조는 禮制에 대해 많은 관심을 가진 인물이었다. 명 태조는 『홍무예제』를 통해 元代에 통용되던 각종 제사를 정비하였다. 그러면서 고려에서 그것을 준수할 것을 알려왔다. 성황의 경우 봉작을 삭제하고 단지 해당 郡縣名으로 성황신을 칭하도록 하였다. 그리고 우왕 11년에는 명의 책봉사 장부, 주탁 등이 고려의 祀典에 대한 깊은 관심을 나타내고 있다. 이들은 고려의 사전과 『홍무예제』를 비교하여 그 개정을 요구하고 있는 것이다.

고려말에 이르러 『홍무예제』를 수용함에 따라 조선시대에 들어 산천신과 성황신에 대한 봉작의 삭제와 이들 제사의 合祀 문제가 발생하였다.

> ○ 예조에서 여러 제사의 제도를 올렸다. 계하기를 "… 명나라『홍무예제』에 雲師를 더하여 '風雲雷雨之神'이라 하여, 산천·성황과 함께 한 단에서 제사하였는데, 지금 본국에서도 이 제도를 준용합니다. …" 하였다.78)
>
> ○ 판승문원사 민의생이 글을 올리기를, "… 홍무 3년에 太祖高皇帝께서 도사 서사호를 보내어 松都 남문 밖에 단을 세우게 하고, 이름을 산천단이라 하여, 풍운뇌우와 산천·성황을 한 단에 合祭하게 했으니, 곧 『홍무예제』의 州縣儀입니다. …" 하였다.79)

이에 따르면 명의 『홍무예제』에서 '風雲雷雨之神'이라 하여, 산천·성황과 함께 한 단에서 제사하였는데, 조선초에도 이를 준용하고 있었다. 풍운뇌우와 산천·성황을 한 단에 합제한 것은 『홍무예제』에서 州縣儀였던 것을 받아들여 고려말부터 풍운뇌우, 산천단과 方位 두 곳의 제사를 함께 행하였는데 이것은 조선초기까지 이어졌다.

乃醮星所 張溥等 欲觀籍田 朝議沮之"

78) 『太宗實錄』卷25 태종 13년 4월 신유, "禮曹上諸祀之制 啓曰 … 皇明洪武 禮制 增雲師號曰風雲雷雨之神 與山川城隍同祭一壇 今本國遵用"

79) 『世宗實錄』卷32 세종 8년 4월 을유, "判承文院事閔義生 上書曰 … 洪武三 年 太祖高皇帝 遣道士徐師昊 立壇於松都南門之外 名曰山川壇 以風雲雷雨 與山川城隍 合祭於一壇 乃洪武禮制州縣之事也"

조선 태조 때에 예조는 『홍무예제』에 따를 것을 건의하여 各官의 城隍之神의 작호를 없애고, 단지 '某州城隍之神'이라 부르도록 하였으나 잘 시행되지는 않았던 것 같다. 여전히 고려시대의 爵號와 神像이 그전대로 이어졌던 경우도 있었다. 태종 때에 예제 정비를 논의하면서 이 문제가 다시 건의되어 태조가 이미 내린 교지를 거듭 밝혀 단지 '某州城隍之神'이라 부르게 하고, 봉작은 삭제하였다.80) 그러나 세종 6년에 태왕, 태후, 태자, 태손이라 칭하는 성황과 산신의 칭호, 그리고 壇, 神版을 정리하였다.81) 산천신과 성황신을 봉작한 고려의 전통은 쉽게 바뀌지 않고 있었던 것이다. 결국 세종 19년 3월에 이르러 악해독, 산천의 壇廟와 神牌의 제도를 상정하여 봉작을 삭제하였다.82) 이때에 산신의 경우 海豊郡의 白馬山에게 붙여진 "白馬護國之神"이라는 神號에서 '호국'이 삭제되었다. 함흥의 성황은 位版이 "咸興城隍護國伯神"이었는데, '호국백'을 삭제하였다. 세종 19년에 이르러 산신과 성황신의 봉작이 완전히 삭제되었던 것이다. 그 이전에 행해진 성황에 대한 봉작은 〈표 16〉와 같다.

〈표 16〉 조선시대의 봉작 성황신

봉작대상	봉작내용	변화 내용	전 거
松岳城隍	鎭國公		『太祖實錄』 卷3 태조 2년 1월 정묘
和寧城隍	啓國伯		『太祖實錄』 卷3 태조 2년 1월 정묘
安邊城隍	啓國伯		『太祖實錄』 卷3 태조 2년 1월 정묘
完山城隍	啓國伯		『太祖實錄』 卷3 태조 2년 1월 정묘
永興城隍	啓國伯		『世宗實錄』 卷49 세종 12년 8월 갑술
晉州城隍	護國伯		『太祖實錄』 卷3 태조 2년 1월 정묘
咸興城隍	護國伯	護國白 삭제	『世宗實錄』 卷49 세종 12년 8월 갑술

---

80) 『太宗實錄』 卷25 태종 13년 6월 을묘.
81) 『世宗實錄』 卷23 세종 6년 2월 정사, "上 命詳定提調星山府院君李稷等曰 各處城隍及山神 或稱太王太后太子太孫妃 無理爲甚 是誠妖神 … 唯國君 得祭封內山川 今庶人皆得祭焉 名分不嚴 予則以爲設壇於山下 置神板 只書 某山之神 只行國祭 禁民間淫祀"
82) 『世宗實錄』 卷76 세종 19년 3월 계묘.

다음으로 지적할 수 있는 성황제의 변화는 성황신으로 배향된 존재
들이 지역의 유력자 이외에도 여러 성격의 神靈들이 나타나고 있다는
점이다. 그 지역의 유력자가 아닌 역사적 인물을 성황신으로 배향한
경우가 있다. 당의 蘇定方이 그러한 사례였다. 소정방의 사당은 大興
郡의 大岑島에 있었다. 蘇定方祠의 위판은 '大岑島護國之神'이라고 하
였는데,[83] 고려 때는 봄·가을로 사신을 보내어 香祝을 내려 제사하
였으며, 조선 세종 때는 소재관으로 하여금 제사를 지내게 하였다.[84]
그런데 후에 蘇定方祠는 '護國'이라고 칭호가 삭제되었고, 『신증동국
여지승람』에 의하면 소정방은 대흥현의 성황신으로 나타나 있다.[85]
결국, 조선 세종 때까지 大岑島에 있었던 소정방사는 후에 대흥현의
성황사에 배향되고 있었던 것이다.

또한 산신이 성황신으로 그 신령이 바뀌고 있었다. 현풍현의 琵瑟
山에는 靜聖大王이라는 산신이 있었다. 그런데 『신증동국여지승람』에
는 이 신이 城隍神으로 나타나 있다.[86] 조선시대에 들어서 그 신격이
변하였던 것이다. 이러한 사례는 다음에도 나타난다.

> ① 아득한 천년 古郡에 우뚝 서 있는 외로운 城은 오직 신령이 진압하심
> 이니 행인이 감히 침도 뱉지 못합니다. 본래 하늘에서 정령이 내려오
> 신 것이니, 어찌 瀆鬼나 山英에게 빌겠습니까. 士女들이 분주히 복을

---

83) 『世宗實錄』 卷76 세종 19년 3월 계묘.

84) 『高麗史』 卷56 지리 1 大興郡, "唐蘇定方祠堂 在大岑島〈春秋降香祝致祭〉"
   『世宗實錄』 卷149 지리지 충청도 大興縣, "唐蘇定方祠堂 在大岑島〈高麗時
   春秋遣使降香祝致祭 今但令所在官行祭〉"

85) 『新增東國輿地勝覽』 卷20 대흥현 祠廟, "城隍祠〈在鳳首山 俗傳唐將蘇定方
   爲祠神 春秋本邑致祭〉"
   대흥현의 성황사는 鎭山인 鳳首山에 세워졌다.
   『新增東國輿地勝覽』 卷20 대흥현 山川, "鳳首山〈在縣西二里 鎭山〉"

86) 『三國遺事』 卷5 피은 8 包山二聖, "包山〈鄕云所瑟山 乃梵音 此云包也〉…
   或岳神攸助也 神名靜聖大王"
   『新增東國輿地勝覽』 卷27 현풍현 祠廟, "城隍祠〈在琵瑟山 俗傳靜聖大王
   之神 凡水旱疾疫祈禱輒應 故祭之者輻輳〉"

빌매 아침에 고하면 저녁에 報應하거늘 하물며 국난이 바야흐로 일
어나니 어찌 安然히 구원하지 않으시겠습니까.[87]

② 어리석은 저희들이 거병하던 날부터 우리 천신께서 이 지방을 진압
하신다는 소문을 듣고, 불원천리하고 몸소 祠堂을 찾아 한 번 작은
정성을 펴고 은광을 입게 되기를 바랐더니, 과연 신령의 응보가 곧
나타나서 적괴의 머리를 베게 하여 주셨습니다. 예의상 사례하여야
당연하고 은혜는 저버릴 수 없으므로, 지금 중추 초하루를 맞아 시절
도 서늘하기에 변두를 베풀고 종고를 울립니다.[88]

③ 蔚州는 옛날의 興禮府이다. … 그 望山의 神을 戒邊이라 하는데, 혁혁
한 신령이 복을 내리므로 血食하며 지금까지 이 고을을 진압하고 있
다. 경인년 이후로 海賊들의 난리가 없는 해가 없었다. … 기미년에
이르러 적의 침입이 더욱 심해졌다. … 갑자년 가을에 성균사예 이문
화가 경상도를 廉問하였을 때 戒邊神에 제사지냈다.[89]

①·②는 경주민의 반란을 진압하는 과정에서 거행된 제사에 쓰인
제문의 일부이다. 이규보에 의해서 쓰여진 이 제문은 울주의 계변신
에게 지낸 것이다. ①는 계변신이 반란을 진압해 주시기를 기원하고
있고, ②는 반란을 진압한 후에 지낸 것이다. 이들 제문에는 계변신이
천신이라 하였다. ③는 이첨(1345~1405)이 戒邊城에 대한 記文이다.
울주를 관장하는 신은 계변신이었는데, 이 계변신을 이첨은 울주의
산신이라 하였다. ③에서 '경인년 이후로 해적들의 난리가 없는 해가
없었다', '기미년에 이르러 적의 침입이 더욱 심해졌다'고 하였는데,

---

87)『東國李相國集』卷38「蔚州戒邊城天神祭文」, "云云邈千年之古郡 有巍然之
孤堵 惟靈神兮鎭壓 行人不敢睡路 本從天以降精 豈瀆鬼山英之是偶 紛士女
之祈求 朝而告兮夕以報 況國難之方興 豈安然而不求"
88)『東國李相國集』卷38「戒邊大神謝祭文」, "愚等 自興師之日 聞我天神 鎭此
一方 不遠千里 躬叩祠堂 一申微素 覬荷恩光 果靈應之不遲 致賊魁之梟首
禮當敍謝恩不可負 今者中秋初吉時節淒淸 籩豆斯設 鐘鼓斯鳴"
89)『新增東國輿地勝覽』卷22 경상도 울산군 古跡, "古邑城〈… 今頹廢址 李詹
記 蔚州古之興禮府也 … 其望山神曰戒邊 以赫靈降嘏血食 至今以鎭于州
自庚寅已後 海賊之警無歲無之 … 至于己未賊之侵侮于劇 … 甲子秋 成均
司藝李君文和 廉問慶尙道 祭于戒邊〉"

경인년은 충정왕 2년(1350)을, 기미년은 우왕 5년(1379)을 가리키는 것
으로 생각된다.[90] 따라서 고려시기까지 계변신의 신격은 산신이었다.
계변신이 있는 戒邊城은 신라 말에 鶴이 와서 울기 때문에 神鶴城이
라 하였는데, 이 지역에는 고려 태조 때에 朴允雄이 큰 공이 있어서,
河曲・東津・虞風 등의 縣을 병합하여 興麗府를 설치하였던 곳이었
다. 계변성이 신성한 곳으로 생각되었던 것은 이 지역의 세력을 대표
하는 박윤웅의 등장과 관련되어 있는 것 같다. 그는 태조를 도와 후삼
국시기에 큰 공을 세웠는데, 이로써 하곡・동진・우풍현을 병합하여
흥려부를 설치하는 계기가 되었다. 그런데 이 지역에는 亏弗山神祠가
있었다. 이 신사는 신라의 小祀 중의 于火로 생각된다.[91] 우불산은 신
라 때의 소사였음으로 이 지역의 호족세력인 박윤웅은 독자적인 神祠
를 두었던 것으로 생각된다.

　『세종실록』 지리지에는 이곳 古邑城에 戒邊古祠가 있다고 하였
다.[92] 이 古祠가 원래의 戒邊神祠로 생각된다. 그리고『신증동국여지
승람』에서는 계변신을 성황사라 하였다.[93] 결국 계변신은 천신에서

---

90)『高麗史節要』卷26 忠定王 2년 2월, "倭寇固城竹林巨濟合浦等處 … 倭寇
　　之興始此"
　　『高麗史節要』卷31 辛禑 5년 2월, "倭寇順天兆陽等處 鄭地與戰敗績 … 瑩
　　曰 倭寇侵擾至此 諸相何不憂慮 一鄭地雖勇 其如衆寇何"
91)『三國史記』卷32 잡지 1 신라 小祀, "于火〈生西良郡 于火縣〉"
　　『三國史記』卷34 잡지 3 지리 1, "東安郡 本生西良郡 … 領縣一 虞風縣 本
　　于火縣 景德王改名 今合屬蔚州"
　　『新增東國輿地勝覽』卷22 경상도 울산군 古跡, "古虞風縣〈在今亏弗山下
　　新羅景德王 改于火爲虞風縣 高麗太祖初合 亏弗乃于火之轉〉"
92)『世宗實錄』卷150 지리지 경상도 울산군, "別號 恭化鶴城〈淳化所定 本郡
　　呈稱 本戒邊城 新羅之末 有崔來鳴 故改爲神崔城 高麗太祖時 郡人朴允雄
　　有大功 乃倂河曲東津虞風等縣 置興麗府 後降爲恭化縣〉… 古邑石城〈… 有
　　戒邊古祠〉"
93)『新增東國輿地勝覽』卷22 경상도 울산군, "樓停 大和樓〈… 世傳戒邊天神
　　駕鶴降神頭山 主人壽祿 故或謂之鶴城 …〉… 祠廟 城隍祠〈在古邑城內 則
　　戒邊城神也〉… 古跡 神鶴城〈卽戒邊城 在郡東五里 金克己 所謂戒邊神駕鶴
　　降神頭山 則是 今只有遺址〉"

산신으로 변하였다가 그후 조선시대에 들어서 성황신으로 바뀌고 있음을 알 수 있다.

한편, 성황제는 국가제사의 위상에 변화가 있다. 『세종실록』「오례」에는 全州城隍과 永興城隍이 소사에 올라 있었다. 그러나 국초에는 여러 곳의 성황이 사전에 올라 있었다.

④ 이조에서 경내의 명산대천·성황·海島의 神을 봉하기를 청하였다. 松岳城隍은 鎭國公이라 하고, 和寧·安邊·完山 城隍은 啓國伯이라 하고, 지리산·무등산·금성산·계룡산·감악·삼각산·백악의 산과 晉州城隍은 護國伯이라 하고, 나머지는 護國神이라 하였다. 대개 대사성 유경이 진술한 말에 따라서 예조에 명하여 정한 것이었다.[94]

⑤ 晉州城隍. 〈국초에는 춘추로 향과 축문을 내려서 제사를 행하였는데, 지금은 다만 所在官으로 하여금 행하게 한다.〉[95]

⑥ 예조에서 산천의 祀典 제도를 올렸다. "… 전라도의 全州城隍·錦城山 … 영길도의 永興城隍·咸興城隍·沸流水 … 등은 小祀이다. … 경상도의 晉州城隍, 永吉道의 顯德鎭·白頭山은 옛날 그대로 소재관에서 스스로 행하게 하였다. …"[96]

④에 의하면 명산대천·성황·海島의 신을 공·백으로 봉작하고 있는데, 이것은 국가제사의 祭場이었기 때문에 내려진 조처였다. 松岳城隍, 和寧(=永興)·安邊·完山(=全州) 城隍, 晉州城隍은 성황신으로 국가제사로 정해진 곳이었다. 이들 지역이 국가 祭場으로 등장한 것은 큰 의미가 있다. 송악성황은 당시 도읍의 성황이라는 의미가 있다. 그리고 이들 지역은 왕실 조상의 世居地거나 陵이 자리하고 있는 등 왕실과는 밀접한 관련이 있는 곳이었다.[97]

---

94) 『太祖實錄』卷3 태조 2년 1월 정묘.
95) 『世宗實錄』卷150 지리지 경상도 진주목.
96) 『太宗實錄』卷28 태종 14년 8월 신유.
97) 태조 2년, 和寧府는 永興府가 되었다. 安邊府의 瑞谷縣에는 翼祖의 智陵이 있다. 咸州에는 定陵(桓祖의 능), 義陵(度祖의 능), 德陵(穆祖의 능)이 있다.

태종 14년에 사전을 정할 때에 전주성황·영흥성황·함흥성황은 소사였으나 진주성황은 소재관이 행하도록 하였다. 진주성황은 晉州가 현비 강씨의 內鄕였기 때문에 국가제사로 거행되었다. 그러나 한씨 소생인 태종이 집권함으로써 진주성황은 국가제사로 거행되지 못하고, 소재관이 그 제사를 담당토록 한 것이다. 진주성황이 국가제사에서 탈락된 반면 함흥성황이 소사로 등재되었다.

함흥은 태조 이성계가 성장한 곳이다. 태종은 태조의 병이 위독하였을 때 안변과 정주·함주의 성황신에게 기도하게 하였을 정도로 함흥성황은 큰 의미가 있다.[98] 함흥성황은 "咸興城隍護國伯神"이라 하여 "호국백"의 봉작을 받은 신이었다.[99] 그러다가 함흥성황은 국가제사가 아니라 소재관에 의해 제사가 이루어졌다.[100] 그리하여『세종실록』「오례」에는 전주성황과 영흥성황이 소사에 올라 있었다. 그러나 전주성황과 영흥성황은 이후 폐지되어『국조오례의』에는 삭제되고 말았다. 이것은 국가제사로서 성황신이 그 기능을 상실하였음을 말해 준다.

『국조오례의』에서 삭제된 성황신은 厲祭에 대한 發告祭로 제사되었다.『國朝五禮儀序例』吉禮 祝版에 의하면 성황은 "高深莫測 衛我邦家 人民其依 功利斯多"라 하여 국가를 衛護하고 민들이 의지한다고 하였다. 그리고 성황의 發告 祝板에는 "將以某月某日 設壇北郊 祭之闔境 無祀鬼神 庶資神力 召集赴壇"이라 하였다. 그러나 국가제사에 있어 성황제는 厲祭에 속해 있었다. 여제 축문에 의하면

> 厲祭에는 敎書를 내려 온 나라 안의 無祀鬼神에게 고한다. 유사에게 명하여 城北에 단을 모으고 두루 나라 안에 있는 제사를 지내주지 못하는 귀신들을 제사지내 준다. 또 그곳 성황신으로 하여금 모든 영혼들을 소집하고 이 제사를 주장하게 하는 바이다.[101]

---

98)『太宗實錄』卷15 태종 8월 4월 병오.
99)『世宗實錄』卷76 세종 19년 3월 계묘.
100)『世宗實錄』卷155 지리지 함길도 함흥부.

라 하였다. 여제는 제사를 받지 못하는 뭇 귀신을 제사지내는 것인데, 그러한 일을 성황신에게 담당케 하였다. 제사의 주체가 성황신이 아니라 無祀鬼神이었던 것이다. 이렇게 볼 때 고려말에 산천신과 合祀되어 그 위상이 격하된 성황신은 조선초에 이르러 여제에 부속됨으로써 여전히 그 지위를 확보하지 못하고 있었던 것이다. 그러나『신증동국여지승람』에 의하면 모든 지방 군현에는 사직단, 문묘와 함께 성황사, 厲壇이 있었던 것으로 보아 조선중기 이후 군현의 성황신은 독립된 제사로서 지위를 확보해 갔던 것으로 생각된다.[102]

이렇게 군현의 소재관이 중심이 되어 행해진 성황제는 淳昌 城隍堂 현판의 발견으로 그 실태를 한층 잘 파악할 수 있게 되었다.「淳昌城隍堂懸板」은 성황제와 성황신앙에 대한 풍부한 자료를 제공해 주고 있다.[103] 우선 그 내용을 살펴보면 다음과 같다.[104]

---

101)『國朝五禮儀序例』「厲祭祝文」.
102)『新增東國輿地勝覽』에 의하면 성황사는 경기도 44, 충청도 54, 경상도 67, 전라도 58, 강원도 26, 황해도 23, 평안도 42 등으로 모두 336개소이고, 산신사는 경기도 12, 충청도 5, 경상도 10, 전라도 12, 강원도 7, 황해도 6, 함경도 2, 평안도 1 등 모두 55개소이다.
　　이에 대해서는 柳洪烈,「朝鮮의 山土神 崇拜에 대한 小考」『민속의 연구』1, 정은사, 1985, 255쪽.
103) 이 현판은 1992년 전라북도 淳昌에서 발견되어 학계에 소개되었다. 이후 학계의 주목을 받아 그 내용이 한글로 번역되었다.
　　楊萬鼎,「淳昌城隍大神 事蹟懸板의 發見과 그 考察」『玉川文化』1, 1993.
　　南豊鉉,「淳昌城隍堂 懸板에 대하여」『古文書研究』7, 1995.
　　그리고, 순창문화원과 한국종교사연구회에서 학술회의를 열어 자세한 연구를 진행하였다. 그 성과는 다음의 책으로 묶여져 발간되었다.
　　한국종교사연구회 편,『성황당과 성황제－淳昌 城隍大神事跡記 研究』, 민속원, 1998.
104) 이 현판은 淳昌 銅田里 소재 薛氏 祭閣 '平山齋'에 보관되어 있었던 것을 1992년에 玉川鄕土文化研究所에서 발견, 소개하였다. 현판의 크기는 가로 180cm 세로 54cm이고, 송판 두 장을 붙여 만들었다. 記文은 음각으로 총 1,676자이다.
　　원문과 번역은 남풍현,「淳昌 城隍堂 현판의 판독과 해석」『성황당과 성

㉠ 고려 薛公儉은 樞密院副使 愼의 아들이다. 愼의 어머니 趙氏는 젖이 네 개이고[105] 여덟 아들을 낳았다. 세 아들이 과거에 올라서 國大夫人에 봉해졌는데, 愼이 그 중의 하나다. 공검은 고종 때 과거에 올라 벼슬이 參理에 이르렀을 때 나이가 많아 물러나기를 비니 中贊을 加職하여 치사케 하였다. 죽은 뒤 文良의 諡號를 내리고 충렬왕의 묘정에 배향케 하였다. 공검은 청렴하고 사물을 대할 적에 공손하였으며, 몸가짐이 검소하였다. 조관 중에 6품 이상의 관원이 親喪을 당하면 평소에 서로 알지 못하였을 지라도 반드시 소복을 입고 가서 조문하였다. 자기를 방문하는 사람이 있으면 귀천을 따지지 않고 신을 거꾸로 신고 급히 나가 맞이 하였다. 언젠가 병이 들어 누워 있을 때 蔡洪哲이 가서 진찰을 하였다. (공검이) 베 이불을 덮고 왕골자리에 거처하여 쓸쓸하기가 중이 사는 것과 같았다. 채홍철이 나와서 탄식하기를 "우리 무리가 공을 바라보니, 이른바 땅벌레가 黃鶴에 비교되는 것과 같다"고 하였다. 〈事跡이 『여지승람』에 실려 있다.〉

高宗 원년으로부터 嘉靖 42년 癸亥에 이르기까지는 350년이다.

㉡ 祠堂의 책임자에게 牒文을 보낸다. 대대로 世傳하여 準用할 것.

淳昌의 城隍大王

위의 貼文을 만들어 올리는 일은 至元 18년(충렬왕 7, 1281) 정월 초 9일에 左副承旨 廉升益이 王旨를 입으로 전달받아, 松嶽을 머리로 삼아 국내의 名山大川의 爵位를 加封시켜야 한다는 教旨에 의거하여 金紫光祿大夫 三韓功臣 門下侍(… 缺落 …)將軍 無量眷屬으로 결정하여 첩문을 보낸다. 貼이 이르거든 준행할 것.

至元 18년 辛巳(1281) 9월 일에 摠郞 朝散大夫 趙 〈서명〉

至元 辛巳年으로부터 嘉靖 癸亥年(조선 명종 18년, 1563)에 이르기까지는 282년이다.

淳昌의 城隍大夫와 三韓國大夫人

위의 貼文을 만들어 올리는 일은, 元貞 2년(충렬왕 22년, 1296)에 王

황제』, 1998, 민속원, 52~56쪽을 참조했음.

105) '四乳'는 대체로 "네 쌍둥이" 혹은 "네 번 출산했다"로 해석해 왔다. 그러나 『論衡』 「骨相」편에 의하면 "사람이 하늘의 명을 받는다면 그것이 몸에 드러난다"고 하였고, 그래서 황제는 龍顔이며, 순은 눈동자가 둘이고, 문왕은 '四乳' 즉 "젖이 네 개"였다고 한다. 아마도 순창 성황당 현판의 '사유'는 『논형』을 인용한 것으로 조씨와 그 후손의 위대성을 강조하려는 표현으로 생각된다.

旨가 있었고, 이를 다시 申聞하여 大德 元年(1297) 11월 초9일(… 缺落
…) 名山大川의 神祇들의 尊號를 더 높게 시키라는 교지가 있다는 京里
摠郞 林仲沅의 報狀에 근거하여(… 缺落 …)

　　大德 원년 丁酉(1297)으로부터 嘉靖 癸亥年(조선 명종 18년, 1563)에
이르기까지는 267년이다.

ⓒ 이제 우리의 위대한 성황신은 本郡 薛氏 문중의 어른으로 높고 높은
문벌의 氏族이다. 성품과 행실이 淸麗하고 일찍이 과거에 올랐다. 청렴
하고 정직하며 덕이 두루 미치고 仁에 和協하여 벼슬이 1품으로 삼한
공신에 이르렀다. 성황신으로 의탁하니 영험이 많아 나라에서 제사를
지내고 여러 차례 봉작을 더하여 御印을 찍은 공문을 받은 것이 많았
다. 세월이 오래 되어 國祭는 폐지되었으나 이후에도 온 경내의 사람
들이 지금도 받들어 삼가 제사를 행하니 물이 흐르듯 저절로 이루어져
서 이어 짐이 끝이 없다. 해마다 5월 1일에서 5일까지 향리 5명을 번갈
아 정하여 각자 그의 집에 堂을 설치하여 大王이 夫人을 거느리게 하
고 큰 깃발을 세워 표시하였다. 무당의 무리들이 어지러이 떼지어 모
시고 나열하여 뭇才를 하며 순행하여 제사를 받드니, 역시 지금껏 폐지
되지 않는 것은 신령스런 신의 덕이 사람들의 눈마다 엄숙히 들어 있
어서 이다.

　　지금 우리의 二天(郡守)인 綾城 梁氏는 본래 문벌 좋은 씨족으로 일
찍이 生員試에 壯元으로 뽑혔고, 다음에 과거에 올랐으며 또 金試에 장
원하여 文名이 자자하였고, 성품과 행실이 뛰어나고 올바른 翰林學士
이다. 올해 仲春에 郡守가 되어 大神을 받드는 실상을 살펴보니 무당의
무리들이 어지럽고 혼잡스러우며 심지어 마을에 횡행하기까지 하여
그 폐단이 헤아릴 수 없이 많으니 참으로 부당하였다. 淫祀를 물리치
고 左道의 어지러움을 바르게 한 뒤에, 단지 초하루와 보름에만 제사를
거행하되 祭物을 정결하게 준비하고 眼前에서 부리는 믿을 만한 衙前
을 보내어 제사지내는 前日에 齋戒를 하고 정성을 다해 제사를 행하였
다. 5월 초하루에 또 吏房 邑世彦, 醫生 吳仁豪와 祝文을 맡은 貢生 林大
春을 보내어 역시 재계를 하고 지성으로 제사를 행하였다. 吏房 邑世彦
이 전에 職牒이 祠宇에 있다는 말을 듣고 꺼내오게 하여 열어보니 정
말로 많았다. 그러나 좀이 먹어 알아보지 못하는 것이 많아 단지 몇 장
만을 볼 수 있었다. 이에 현판에 기록하여 새기어 후세에 보여주는 것
이니, 무릇 대소 인원들은 恭敬하고 공경할지어다.

　　옛사람이 이르기를, "山城大母가 元나라 초기에 그의 아홉 아들을
데리고 성터를 굳게 쌓아 郡의 雄居를 받들고 많은 곡식을 비축하였다.

이어 관가에 귀속시켜서 나라의 곡식이 되게 하였다" 하니 그 공이 매우 크다. 이에 靈神이 되어서 태수가 친히 나아가 奠을 드리니 그 세월이 오래되었다. 인하여 폐지하고 대신 眼前 通引을 보내어 해마다 4월 그믐날에 冠帶를 단정히 하고 驛馬를 타고 가니 앞뒤에는 사람들이 걸어서 따르고 무才하는 사람들을 벌려 서게 하였는데 지금까지 그대로 이를 지켜 거행한다. 가물 때면 비를 빌어 그 靈神의 은덕이 또한 온 경내의 백성들에게 미치니, 아, 지극하다 하겠다. 이 역시 끝에 붙여 새긴다.

이 貼文은 嘉靖 癸亥年(조선 명종 8년, 1563) 여름에 戶長 趙仁亨, 吏房 邕世彥등이 기록하고 林栢이 쓴 것인데 현판이 티끌에 묻혀 새긴 글자가 희미해졌다. 호장 林命龍, 이방 崔元立, 부이방 崔信, 有司 林慶復이 힘을 써서 다시 새겨 그 전하여짐이 영원하게 하였다. 崇禎 6년 癸酉(인조 11, 1633) 9월 下澣에 邕孝曾은 쓰다.

㉣ 공경히 생각건대 神明은 살았을 적에는 縉紳이었고 죽어서는 英靈이 되었다. 麗朝 이후로 禮가 지극히 높고 나라와 관가에서 제사를 지내어 끊이지 않았다. 위에서 서술한 것을 상고하여 보면 남긴 자취가 밝게 드러나 높고 높은 盛德을 다 기록할 겨를이 없다. 中古로 내려오면서 儀式이 중간에 끊어졌으므로 바꾸어 奠을 드리는 일을 처음으로 거행하게 되었다. 세월이 여러 번 바뀌고 祠宇가 자주 바뀌어 갈수록 좁아지게 되었다. 경신년(1740)에 前戶長 林桂郁이 慨然히 새로 꾸미고자 하여 무당의 무리들에게서 재물을 모으고 감독하여 수리하게 하였는데 사당의 모양과 방향 및 배치가 잘못되었으며 또 좁아져서 신을 경건하게 길이 모실 곳이 못되었다. 2년이 지나 계해년(1743) 여름에 前千摠 林大榮, 前戶長 崔德謙・朴永碩 등이 옛 사당을 철거하고 새로운 사당으로 바꾸어 지었는데, 옛 규모를 크게 늘리고 이어서 단청을 하니 堂宇의 화려함은 말할 필요가 없다. 또 부부의 神像을 공경히 고쳐 아름답게 하니 그 분칠한 얼굴과 모습이 살아 있는 것과 흡사하여 사람들로 하여금 눈을 닦고 보게 하였다. 일을 겨우 열흘이 넘지 않아서 완공하였으니 강개한 마음으로 일을 능란하게 잘 처리하고 정성을 바쳐 神을 섬기는 사람이 아니라면 어찌 그렇게 되었는가! 대체로 우리 아전들이 일을 맡은 이래로 鄕吏들이 여기에 부지런히 애쓴 것은 전후에 한결같이 똑 같았다.

이제 이 林大榮은 곧 위에 말한 林命龍의 손자이고, 崔德謙은 곧 崔信의 형 仁의 5대손이고, 林桂郁은 곧 林栢의 5대손이다. 이들이 선대의 업적을 이어 아름다운 일을 실천할 것이 가상하다. 옛 일을 더듬고 지금의 일에 感傷하는 탄식이 사람들로 하여금 감격하고 간절하게 하니 이 또한 우리 고을이 이 신당에 정성을 두었다는 것을 알겠다. 이는 우연한 일이 아니니 어찌 밝게 應驗하여 자손을 길이 도와주는 도리가 없겠는가! 나 같은 사람은 한갓 남의 공덕을 부러워하여 어리석고 졸렬한 嫌疑를 까맣게 잊고 감히 거친 말로 남 대신 이 글을 지어 그 아름다운 일을 드러내고, 인하여 뒤에 태어나 여기에 뜻을 둔 사람이 뒤를 이어 보수하기를 기다린다. 乾隆 8년(영조 19년. 1743) 端陽節에 昌寧 曹楨玉은 참람히 짓고, 戶長 草溪崔大謙은 삼가 쓰다.

嘉靖 계해년으로부터 지금 계해년까지는 모두 181년이고, 崇禎 계유년으로부터 지금 계해년까지는 111년이다.

化士 林大榮 崔德謙 林桂郁 朴永碩

別座 白光釆

時任

戶長崔大謙 吏房曺夏郁 副戶長崔得培 副吏房任桂郁

吏房李重培 禮房薛昌蓮 兵房曹廷玉 刑房朱聖祿 曹后英

工房李重培 承發金萬才 都書員李重盛 米大同色林桂郁

木大同色朴永碩 本倉色李啓興 營倉色朴永碩 砲保色崔浚謙

山城色崔得培 社倉色李重釆 官廳色崔重碩 禁承色朴聖番

御榮色李重燁 通引林世遇 林桂葉

木手李戒學 金榮 供餉僧心悅 刻手僧萬基 堂漢 金

癸亥年에 중수하고 겨우 10년밖에 되지 않았는데 그 터가 움츠러들면서 갑자기 사당이 무너졌다. 관가에 고하고 邑民들에게 알리어 함께 힘을 모아 改建하였다.

乾隆 19년(영조 30년, 1754) 甲戌 10월 15일

戶長 林桂震 吏房 崔大謙 成造色 成得厚

乾隆 19년 10월 일에 중건하여 70년이 지나 또 무너졌다. 각 廳房이 상의하여 재물을 내어 옛 재목을 철거하고 규모를 크게 늘리어 새로 지었는데, 鄕中에서 각 面의 鄕約所에도 助力하도록 하여 改建하였다.

道光 3년(순조 23년, 1823) 癸未 5월 일

時任 戶長 林峻孝 吏房 曹益煥 監官 薛敬志 色吏 崔錫厚 申性旭

현판의 내용을 시기별 혹은 내용별로 구분하여 보면 대체로 다음과 같다. 첫 번째는 순창 성황당의 神格인 설공검에 관한 내용을 싣고 있다(㉠). 두 번째 부분은 성황신에 대한 봉작에 관한 것이다(㉡). 세 번

째는 성황신에 대한 撰者의 평가와 성황제를 언급한 부분이다(ⓒ). 네 번째로는 조선시대의 성황제와 성황당 수리에 관한 내용이다. 끝에는 성황당 수리에 관한 명단이 실려 있다(ⓔ).

「순창 성황당 현판」은 대체로 다음과 같은 점에서 주목된다. 첫째는 순창의 성황당이 고려시대부터 존재했다는 것이다. 至元 18년의 공문과 大德 원년의 기록에 吏讀가 섞여 있다는 것은 그 만큼 신빙성을 반증해 준다. 두 번째로 지적할 수 있는 것은 고려에서 조선에 걸친 순창의 성황신앙을 살펴볼 수 있다는 점이다. 「순창 성황당 현판」은 연대순으로 기록되어 있어 신앙의 연속성을 살필 수 있고, 아울러 고려와 조선의 성황신앙이 어떤 차이가 있었는지도 나타나 있다. 세 번째로는 성황신의 신격이 나타나 있어 성황신앙의 성격을 파악하는 데 좋은 자료가 되고 있다는 점이다.

그러면 먼저 「순창 성황당 현판」에 나타난 성황당의 연혁을 살펴보면, 순창의 성황당은 고려시대에 시작하여 조선후기까지 이어지고 있었음이 성황당 현판에 잘 나타나 있다. ㉠의 말미에 "高宗 원년으로부터 嘉靖 42년 계해(조선 명종 18년, 1563)에 이르기까지는 350년이다." 하였고, ㉡ 부분에서 "至元 신사년(충렬왕 7, 1281)으로부터 嘉靖 계해년에 이르기까지는 282년이다", "大德 원년 정유(1297)로부터 嘉靖 계해년에 이르기까지는 267년이다"고 하여 성황당이 고려 때부터 있었음을 밝히고 있다.

그리고 ㉢의 끝 부분에서 "이 貼文은 嘉靖 계해년 여름에 戶長 趙仁亨, 吏房 邕世彦 등이 기록하고 林栢이 쓴 것인데 현판이 티끌에 묻혀 새긴 글자가 희미해졌다. 호장 林命龍, 이방 崔元立, 부이방 崔信, 有司 林慶復이 힘을 써서 다시 새겨 그 전하여짐이 영원하게 하였다. 崇禎 6년 癸酉(인조 11, 1633) 9월 下澣에 邕孝曾은 쓰다"라고 하였다. 따라서 종래의 현판을 다시 쓴 기준 연대는 조선 명종 18년(1563, 嘉靖 42년 계해)이었다. 전해진 현판의 글씨가 희미해지자 명종 18년과 인조 11년에 다시 써서 전하게 되었던 것이다.

또한 ㉣에서는 "乾隆 8년(영조 19년, 1743) 端陽節에 昌寧 曺楨玉은
참람히 짓고, 戶長 草溪 崔大謙은 삼가 쓰다. 嘉靖 계해년으로부터 지
금 계해년까지는 모두 181년이고, 崇禎 계유년으로부터 지금 계해년
까지는 111년이다", "계해년에 중수하고 겨우 10년밖에 되지 않았는
데 그 터가 움츠러들면서 갑자기 사당이 무너졌다. 관가에 고하고 邑
民들에게 알리어 함께 힘을 모아 改建하였다", "乾隆 19년(영조 30년,
1754) 甲戌 10월 15일 중건하여 70년이 지나 또 무너졌다. 각 廳房이
상의하여 재물을 내어 옛 재목을 철거하고 규모를 크게 늘리어 새로
지었는데, 鄕中에서 각 面의 鄕約所에도 조력하도록 하여 改建하였다.
道光 3년(순조 23년, 1823) 계미 5월 일"이라고 하였다. 조선후기에 들
어서 순창의 성황당은 여러 번에 걸쳐 개축하였음을 알 수 있다.

이처럼 순창의 성황당은 고려와 조선시대에 걸쳐 존재했던 것이 확
인되는데, 이들 내용에 따라 성황제의 변화 과정을 살펴보면 다음과
같다. 현판의 첫 부분에 설공검(1224~1302, 고종 11년~충렬왕 28년)
에 대한 사실이 실려 있다. 주요 내용은 설공검의 家系와 官歷, 그리
고 그의 인품에 대한 칭송 등이다. 그리고 이러한 내용이 『동국여지
승람』에 전하고 있다고 밝히고 있다. 그러나 그 내용은 『고려사』薛
公儉傳에 그대로 실려 있다.[106]

『고려사』와 『신증동국여지승람』에서 전하고 있는 설공검의 家系와
官歷은 그의 家乘이나 고려의 史書에서 채록한 것으로 생각된다. 그
의 인품에 대한 내용은 이제현의 『櫟翁稗說』에서 요약한 것이다.[107]

---

[106] 『高麗史』卷105 列傳 18 薛公儉, "薛公儉 淳昌郡人 父愼 登第 以吏幹稱
官至樞密院副使 愼母趙氏 四乳而生八子 三子登科 封國大夫人 公儉 … 卒
年七十九 謚文良 性廉謹正直 接物以恭 持已以儉 朝官六品以上 有親喪 雖
素不知 必素服往弔 有造謁者 無貴賤 倒屣出迎 嘗臥疾 蔡洪哲 往診之 布
被莞席 蕭然若僧居 出而嘆曰 自吾輩望公 所謂壞虫之與黃鶴 配享忠烈廟"
[107] 『櫟翁稗說』全集 2, "薛文景公 儉廉謹好禮 朝官六品以上 有父母之喪 必
素服往弔 鄕黨後生來謁 亦具衣冠下階辺之 嘗臥疾 蔡洪哲 入內寢診 視弊
莞席 蕭然若僧居 出而嘆曰 自吾輩望公 所謂壞虫之與黃鶴也"

이 내용은 설공검의 덕행을 잘 알려주는 사실로 받아들여져 『고려사』
에 인용되어 전해진 것으로 보인다. 이러한 그의 禮節은 후대에 모범
이 되는 행동으로 여겨졌다. 이익은 『星湖僿說』에서 "고려 중찬 설공
검은 禮를 좋아하였다. 무릇 벼슬이 6품 이상인 자로서 부모의 초상
을 당하면 비록 본래부터 모르는 자일지라도 반드시 素服을 입고 가
서 조문하였으니, 이런 좋은 뜻은 마땅히 본받아 규례로 삼아야겠다"
라고 하였던 것이다.[108]

그런데 ⓒ부분에서 "공경히 생각컨대 神明은 살았을 적에는 縉紳이
었고 죽어서는 英靈이 되었다. 고려조 이후로 예가 지극히 높고 나라
와 관가에서 제사를 지내어 끊이지 않았다"고 하였다. 이러한 사실로
볼 때 설공검은 사후에 순창의 성황신으로 배향되었는데, 그 이유는
그의 모범적인 덕행 때문이었던 것으로 생각된다. 그리고 충렬왕의
배향공신이 됨으로써 순창 지역의 대표적인 인물로 평가되고 있었던
점도 크게 작용하였을 것이다.

두 번째 부분은 성황신에 대한 봉작에 관한 것이다. 순창 성황당 현
판에는 충렬왕 7년(1281, 至元 18년) 9월에 있었던 성황신을 加封하는
공문서의 내용을 싣고 있다. 성황신에 대한 봉작은 文宗 9년 3월에 宣
德鎭의 성황신사에 '崇威'라는 號를 내리고 있는 것이 첫 사례였다. 그
런데 성황신에 대한 加號는 사전에 등재된 것에 한하여 이루어지고
있었다. 이것은 사전에 등재된 성황이 곧 국가로부터 배려를 받는 신
앙 대상이었음을 의미한다. 결국 성황신에게 神號를 부여한 것은 곧
국가가 성황신을 관장하고 있었다는 표시인 것이다. 따라서 순창의
성황신이 국가제사로서 祀典에 등록된 시기는 충렬왕 7년이 하한이
된다.

「순창 성황당 현판」에서 언급되고 있는 세 번째 내용은 성황신에
대한 撰者의 평가와 성황 제사를 언급한 부분이다. 순창의 성황신 설

---

108) 『星湖僿說』卷22 薛公儉條, "高麗中贊薛公儉好禮 凡六品以上 有父母之喪
素不知者 必素服往 此意亦好宜爲法例"

공검의 인품을 칭송하고 성황신이 영험하여 '國祭'가 이어졌음을 말하고 있다. 그리고 순창 지역에서 매년 5월 1일부터 5일까지 성황제가 거행되고 있다고 하였다. 이러한 제사는 巫覡에 의해 주도되었는데, 조선시대에 들어서 지방 향리를 중심으로 제사되고 있음을 밝히고 있다.

명종 8년(1563)의 貼文은 戶長 趙仁亨, 吏房 邑世彦 등이 기록하고 林栢이 쓴 것이며, 호장 林命龍, 이방 崔元立, 부이방 崔信, 有司 林慶復이 현판에 다시 새겼다. 1740년에 前戶長 林桂郁이 성황당을 수리하였고, 1743년에 前千摠 林大榮, 前戶長 崔德謙・朴永碩 등이 옛 사당을 철거하고 사당을 새로 지었다. 이러한 일련의 일에 이 지역 출신들이 대를 이어 참여하고 있다. 林命龍의 손자가 林大榮이고, 崔信의 형 仁의 5대손이 崔德謙이며, 林栢의 5대손은 林桂郁이다. 이렇게 성황당에 관여한 이들은 이 지역의 토호세력으로 생각된다. 따라서 조선시대에 들어서 성황제는 지방 향리층을 중심으로 제사되었던 것이다. 그리고 이러한 사정은 순창 성황신의 배향과 관계가 있다.

순창의 성황신으로 설공검이 배향된 것은 그가 이 지역의 유력자였기 때문일 것이다. 지역의 유력자가 성황신으로 배향되기 시작한 시기는 고려초였다. 金忍訓은 梁山郡 城隍祠에, 金洪術은 義城縣 城隍祠에, 孫兢訓은 密陽都護府 城隍祠에, 申崇謙은 谷城縣 城隍祠에, 金摠은 順天都護府 城隍祠에, 각각 배향되어 城隍神으로 숭배되고 있었던 것이 그 사례들이다.[109]

---

109) 지역 출신의 유력자가 해당 지역의 성황신으로 배향되고 있는 것은 조선 초에도 나타나고 있다. 『成宗實錄』 卷269 성종 23년 9월 乙未條에 "熙止曰 內需司書題 往咸興 祈禱城隍 盛陳儀仗 前後鼓吹 稱城皇神爲太祖 以咸興爲興王之地也 然安有此理 上曰 予不知也 然非自今始"라 하였다. 함흥은 태조 이성계가 고려말에 세력을 떨쳤던 곳이다. 따라서 이 지역 사람들은 태조에 대한 경외심이 남달랐을 것이다. 이성계를 함흥의 성황신이라 한 것은 자연스러운 결과라 할 수 있다.
한편, 지역의 유력자들이 성황신으로 배향된 사례 외에 山神으로 숭배된 경우도 있었다.

　네 번째로는 조선시대의 성황제사와 성황당 수리에 관한 내용이다. 끝에는 성황당 수리에 관한 명단이 실려 있다. 이러한 일에 이 지역의 향리들이 주도적으로 참여하고 있다. 化士, 別座, 戶長, 吏房 등이 이 일을 주도하고 있으며, 이들은 성황당 수리를 위해 그 사실을 관가에 고하고 邑民들과 함께 재건하였다. 이 일은 지방관에 의해 주도되는 것이 아니라 별좌, 호장이 邑民들의 참여를 독려하여 완성한 것이다. 이것은 조선후기의 성황제가 지방 향리층에 의해 주도되었음을 말해 준다.

　요컨대 조선의 예제를 정비하면서 고려시대에 성황신에게 주어졌던 봉작이 제거되었고, 神像도 철거되어 神主로 대신하였다. 성황신은 고려말에 이르러『홍무예제』의 영향으로 풍운뇌우·산신과 합사되고 있었다. 이러한 사정은『세종실록』「오례」에서도 마찬가지였다. 그리고『국조오례의』를 보면 성황제는 厲祭의 發告祭가 되었는데, 이것은 독립적인 제사가 되지 못하고 국가제사로서 그 위상이 낮았음을 말해 준다. 그런데『신증동국여지승람』에서는 군현마다 사직단, 문묘, 여제단과 함께 성황사가 기재되어 있다. 이것은 성황제가 군현에서 소재관의 관할 하에 행해진 제사였음을 의미한다.

　순창의 성황당 현판은 고려와 조선의 성황제를 종합적으로 살펴 볼 수 있는 좋은 자료이다. 이에 따르면 순창의 성황신으로 설공검이 배향되었는데, 그 이유는 그가 훌륭한 인품을 가진 순창의 대표적인 유력자였기 때문이었다. 그리고 순창의 성황신은 고려시대에 國祭로 받들어졌고, 조선시대에 들어와 지방 향리를 중심으로 제사되어 이 지역의 공동체 의례, 즉 洞祭로 변화되었음을 알 수 있다. 결국 고려시대에 국가제사였던 성황제는 조선시대에 들어서 군현의 소재관 제사로 그 위상이 격하되었던 것이다.

　『新增東國輿地勝覽』卷40 전라도 順天都護府 人物, "高麗 朴英規〈… 死 爲海龍山神〉朴蘭鳳〈死爲麟蹄山神〉" 祠廟, "海龍山祠〈事見人物下〉"

제5장

한국중세 길례의 특징

禮는 吉·凶·軍·賓·嘉禮 등의 五禮로 구분되는데, 그 중에서 祭
禮인 吉禮가 가장 중요하게 여겨졌다. 인간에게 神異함을 보여주거나
보답을 주는 존재는 모두 神으로 간주되는데, 이러한 대상은 祀典에
실려 국가제사가 행해졌다. 이러한 길례를 파악할 수 있는 자료는
『三國史記』祭祀志, 『高麗史』禮志, 『世宗實錄』「五禮」, 『國朝五禮儀』
등이다. 이 자료들은 각 왕조 禮制와 국가제사의 특징을 보여준다. 그
리고 왕조의 기본 이념을 禮로 표현한다는 점에서 그 수록 내용은 그
왕조의 사상과 신앙의 특성을 드러내고 있다고 할 수 있다.

신라와 고려, 조선의 길례를 비교해 보면 각 시대마다 특징을 발견
할 수 있다(〈표 17〉 참조).

〈표 17〉 길례의 비교

	『三國史記』祭祀 新羅條	『高麗史』吉禮	『世宗實錄』吉禮	『國朝五禮儀』
特祀	始祖廟, 神宮, 社稷, 五廟, 八禖, 先農, 仲農, 後農, 風伯, 雨師, 靈星			
大祀	三山 〈奈歷·骨火·穴禮〉	圜丘, 方澤, 社稷, 太廟, 別廟, 景靈殿, 諸陵	社稷, 宗廟	社稷, 宗廟, 永寧殿
中祀	五岳, 四鎭, 四海, 四瀆,	籍田, 先蠶, 文宣	風雲雷雨〈山川城	風雲雷雨〈山川城

	俗離岳, 推心, 上助音居西, 鳥西岳, 北兄山城, 淸海鎭	王廟		陞), 嶽海瀆, 先農, 先蠶, 雩祀, 文宣王, 歷代始祖(檀君, 箕子, 高麗始祖)	陞), 嶽海瀆, 先農, 先蠶, 雩祀, 文宣王, 歷代始祖(檀君, 箕子, 高句麗始祖, 百濟始祖, 新羅始祖, 高麗始祖)
小祀	霜岳, 雪岳, 花岳, 鉗岳, 負兒岳, 月奈岳, 武珍岳, 西多山, 月兄山, 道西城, 冬老岳, 竹旨, 熊只, 岳髮, 于火, 三岐, 奔黃, 高墟, 嘉阿岳, 波只谷原岳, 非藥岳, 加林城, 加良岳, 西述	風師, 雨師, 雷神, 靈星, 禜祭, 馬祖, 先牧, 馬社, 馬步, 司寒, 諸州縣文宣王廟	靈星, 名山大川, 司寒, 馬祖, 先牧, 馬社, 馬步, 七祀, 禜祭, 全州·永興城隍		靈星, 老人星, 馬祖, 名山大川, 司寒, 先牧, 馬社, 馬步, 禖祭, 禜祭, 酺祭, 七祀, 蠟祭, 厲祭
雜祀(別祀)	四城門祭, 部庭祭, 四川上祭, 日月祭, 五星祭, 祈雨祭, 四大道祭, 壓兵祭, 辟氣祭	壓兵祭, 醮, 南海神, 城隍, 川上祭, 老人星, 五溫神, 名山大川, 箕子祠, 東明聖帝祠, 藝祖廟, 禖祭, 蠟祭			
祈告					社稷, 宗廟, 風雲雷雨, 嶽海瀆, 名山大川, 雩祀
俗祭					文昭殿, 眞殿, 懿廟, 山陵
州縣					社稷, 文宣王, 酺祭, 厲祭, 禜祭

　　신라의 경우『삼국사기』雜志 祭祀條를 보면 대·중·소사에 앞서 始祖廟, 神宮, 社稷과 先農, 仲農, 後農, 風伯, 雨師, 靈星 등의 제사를 기재하고 나서 비로소 삼산을 대사에, 악진해독을 중사에, 명산을 소사에 각각 등재하였다. 그리고 소사 끝 부분에 四城門祭, 部庭祭, 日月祭, 祈雨祭 등을 기록하였다.『삼국사기』에는 신라의 제사를 대·중·소사 이외에 별도의 제사들을 편제하고 있는데, 소사 다음의 제사를 "或因別制 或因水旱 而行之者也"라고 하였다. 이렇듯 신라의 祀典 체제는 대·중·소사 이외에 별도로 辨祀 항목을 설정하고 있었음을 알

수 있다. 즉 신라는 국가제사를 別祀, 大祀, 中祀, 小祀, 雜祀로[1] 혹은 特祀, 大祀, 中祀, 小祀, 別祀로[2] 나누고 있었던 것으로 이해된다.

신라는 대·중·소사라는 중국의 제사 체제를 받아들이고 있었지만, 삼산·오악·악해독·명산만을 대·중·소사로 등재하고 있다. 신라 고유의 제사는 特祀나 雜祀(혹은 別祀)로 구분하여 싣고 있다. 신라의 祀典 체제는 신라 고유적인 내용과 중국적인 것이 혼재되어 있으며, 전체적으로 볼 때 特祀·雜祀(혹은 別祀)와 대·중·소사의 이원 체제로 祀典을 나누고 있음을 알 수 있다.

고려의 길례는 신라의 祀典 체제와 마찬가지로 기본적으로는 二元 體制를 유지하고 있으나 大祀를 우선하여 등재하고 中祀·小祀·雜祀의 순서대로 체제를 갖추고 있는 것으로 보아 신라보다는 중국의 사전 체제에 다가가는 양상을 띤다. 그리고 신라의 사전 체제와 차별성을 보이는데, 산신제가 대·중·소사에 등재되지 않은 것은 이러한 사정을 말해준다. 이것은 중국식의 예제와도 어긋나는 것으로 고려 독자적인 사전 체제라 할 수 있다. 이렇게 고려의 사전이 독자적인 체제와 내용을 가지게 된 것은 고려의 정체성을 보여준다. 즉 후삼국의 혼란기를 극복하는 과정에서 신라와의 단절과 고구려의 계승 의식으로 기인한 것이고, 나아가 중국과 대등하다는 의식 구조에 나온 결과로 생각된다.

그리고 고려 길례 체제의 특징은 대·중·소사와 함께 '雜祀'라는 항목이 있다는 점이다. 잡사는『세종실록』의 길례와『국조오례의』에는 없는 항목이다. 따라서 잡사는 고려만의 독특한 국가제사라 할 수 있으므로 잡사의 내용이 고려길례의 특징이라 할 수 있다.『고려사』 길례의 '잡사'라는 항목은『고려사』예지 편찬자에 의한 것이며,『상정고금례』의 기준은 아니었다. 길례를 대·중·소사로 구분하는 것은 중국 吉禮의 편제 방식이었으며, 이러한 방식은『세종실록』「오례」나

---

1) 辛鍾遠,「新羅 祀典의 成立과 意義」『新羅初期佛教史研究』, 민족사, 1992.
2) 崔光植,「新羅와 唐의 大祀·中祀·小祀 비교연구」『韓國史研究』95, 1996.

『국조오례의』의 辨祀에 그대로 수용되었다. 그러나 통일신라나 고려는 길례를 대·중·소사 만으로 변사하지는 않았다.

고려의 악진해독, 명산대천, 纛祭 등이 대·중·소사로 편제되지 않았다는 것은 다른 시대나 중국과도 비교되는 독특한 점이다. 당과 송의 제도에 의하면 악진해독은 중사에, 산천은 소사로 분류되어 있었다. 신라와 대·중·소사로, 조선에서는 중·소사로 등재하고 있다. 그러나 『고려사』 예지 길례에는 이른바 '잡사'로 분류되어 있는 것이다.

『고려사』 예지 '잡사'조는 제사의례가 누락되어 있으며, 단지 연대기 자료만 나열되어 있다. 이렇게 볼 때 고려의 길례에서 '잡사'가 차지하는 위치는 大·中·小祀에 비해 그리 높지 않았던 것처럼 느껴진다. 그러나 '잡사'는 출처가 불분명한 제사를 연대기 순으로 모아 놓은 고려의 토착적인 '雜多한 제사'라 아니라 '대·중·소사'의 체제와 구별되는 '未分等第'된 고려의 國祭였다.

'잡사'의 제사는 원래 '미분등제의 제사'였으나 『고려사』의 편찬자들이 대·중·소사라는 辨祀의 틀 속에 얽매어 소사 뒤에 '잡사'라고 하여 첨부하였다. 그리고 제사의 내용을 볼 때 『국조오례의』의 祈告는 고려시대의 잡사와 같은 성격의 제사로 생각되며, 『국조오례의』를 편찬함에 있어 사전 체제에서 제외한다고 밝힌 禳·謝 등도 고려의 '잡사'로 생각된다.

이처럼 『고려사』 예지 길례의 두드러진 특징은 대·중·소사와 함께 잡사라는 항목이 있다는 점이다. 잡사는 『세종대』의 「오례」와 『국조오례의』에는 없는 항목이다. 따라서 잡사는 고려만의 독특한 국가제사라 할 수 있으며, 잡사의 내용이 고려 길례의 특징이라 할 수 있다. 잡사 중에서도 초례와 산천제, 성황제는 매우 중요한 국가제사였다.

고려의 길례는 대·중·소사와 잡사의 이원체제를 갖추고 있으나, 신라보다는 중국의 사전 체제에 다가가는 양상을 띤다. 그러나 그 제사 내용을 보면 중국의 유교 예제를 철저히 시행하고 있는 것은 아니었다. 대사에 등재된 원구·방택 등을 고려가 중국의 예제를 받아들이면서도 중국과의 대등한 의식 속에서 고려의 독자적인 국가제사를 유지하고 있음을 알 수 있다.

고려의 길례는 유교사상만을 기반으로 하지 않았으며, 제후의 예를 따르지 않았다. 원구제와 태묘제에서 알 수 있듯이 천자의 예를 채택했다. 몽고와의 전란기였던 고종 41년 10월에 행해진 태묘 제사의 祈告文에 의하면,

> 祖는 功이 있고 宗은 德이 있어 禘祭에는 帝를 配하고 郊祀에는 天에 配하여 9廟 가운데 靈을 쉬시고 優足의 道를 百世下에 드리웠나이다. … 上帝께 請命하시와 宣威하시기를 當年과 같이하여 반란과 모략이 제거되고 모든 지역이 繕保되며 胡兵이 스스로 무너져 臘月이 못되어 군사를 돌이키게 하시고 民力이 남음이 있어 봄이 되거든 農事를 지어 옛날같이 安堵하여 배부르게 먹고 모두 和樂하여서 紀綱의 맥락이 다시 떨치고 宗廟의 血祀가 뻗어나도록 하소서.[3]

라고 하였다. 고려의 태묘 의례는 禘祭에 帝를 配하고 郊祀에 天을 배향하였고, 태묘가 9묘임을 밝히고 있다. 그리고 기원 내용을 상제께 請命하여 백성들은 평안히 농사에 전념할 수 있게 해 달라는 것이다. 태묘가 9묘로 구성되고 상제에 기원하는 것은 천자의 예이다. 이처럼 고려의 태묘는 천자의 예로 거행되었다.[4]

그런데 고려의 길례는 도교와 토착신앙이 포함되어 있었다. 이것은 고려시대의 사상이 다원적이었다는 것을 말해준다.『고려사』예지 잡사조에 실려 있는 제사를 보면 도교제사가 주종을 이루고 있고, 이외

---

3)『高麗史』卷24 고종 41년 10월 戊子, "命宰臣 祈告太廟曰 … 祖有功而宗有德 禘配帝以郊配天 棲靈九廟之中 垂裕百世之下 … 伏望 上以念王業之艱難 下以憫生民之憔悴 恕已往之過愆 哀卽今之形勢 請命于上帝 宣威若當年 叛謀沮摧 列域繕保 胡兵自潰 未臘而班還 民力有餘 及春而耘稼 按堵如故 鼓腹咸熙 紀綱脈絡之復振 宗廟血祀之永延"

4) 金澈雄,「고려시대 太廟와 原廟의 운영」『國史館論叢』106, 2005.

에 산천제, 성황제 등이 보인다. 도교 제사가 고려에서 국가제사로 받아들여지고 있었다는 것은 이 시기에 불교, 유교와 함께 도교가 三敎의 하나로 널리 숭배되고 있었음을 말해준다.

醮禮는 장수와 평안을 기원하기 위하여 모든 재앙과 액을 제거해주도록 지고신인 천에게 탄원하는 도교의례였다. 초례는 별들이 반짝이는 밤하늘 아래에서 행하여지는데, 天皇 뿐만 아니라 모든 星宿에게 분향하고 예물을 드리는 제사의식이었다. 고려에서는 星宿 신앙으로 이해되기도 하였고, 천제 및 산천제를 포함하는 종합 제례로도 인식되었다.

고려시대의 초례는 祭天 이외에 祈雨, 祈雪, 祈農, 祈風雨調順 혹은 星變, 災變 등의 자연 현상이나, 本命에 대해 거행하여 국왕의 무병장수를 기원하였다. 이러한 초례는 고종대에 들어서 전란에 대한 기양을 위해 거행되어 호국적인 측면이 강조되었다.

초례는 제천행사로서 국왕의 권위 강화와 밀접한 관련이 있었다. 도교는 원시천존, 옥황상제를 최고신으로 하는 신앙 체계를 가지고 있었는데, 고려의 국왕들은 이러한 신들로부터 백성의 통치를 부여받은 존재로 여겨졌다. 지고신의 대리자로서 국왕이 존재한다는 인식은 바로 유교의 천명 사상과 일치하는 것이다. 이렇게 볼 때 도교는 국왕의 신성성과 그 권위를 강화하는 역할을 수행하고 있었다.

도교제례와 함께 산천제도 고려사회에 큰 영향을 미치고 있었다. 특히 산악은 인간의 소원을 하늘에 전해주는 통로로 생각되었다. 따라서 산신은 인간의 염원을 상제에게 전하여 문제를 해결해줄 수 있는 능력을 가진 존재로 신앙되었다.

신라시대 이래 산신은 호국신이었다. 산신이 병란이 일어났을 때 국가와 백성을 수호한다는 관념은 고려에서도 마찬가지였다. 병란이 발생하였을 때나 군사적 목적을 위해 산신에 제사하였다. 산천신에 대한 제사와 함께 그 능력을 발휘한 보답으로 산천신에게 德號, 爵號, 勳號 또는 官職이 수여되었다. 이것은 산신을 인격신으로 보았기 때문이다. 산천신에 대한 봉작은 신라에서 시작되었는데, 고려에 들어와서도 행해졌으며, 조선시대에도 계속 이어졌다. 그러나 세종 때에 이르러 유교를 통해 예제를 정비하면서 완전히 사라지게 되었다.

산신과 함께 성황신은 공동체신앙의 중요한 부분이었다. 성황신은 원래 중국에서 발생한 지역의 수호신이었다. 나말여초에 지방에서 독자적인 세력이 등장하게 되자 지역을 중심으로 한 신앙으로 성황신앙이 주목되기 시작하였다. 그것은 지역의 단합과 지역민에 대한 자발적 복종을 성황신앙을 통해 구현하려는 의도였다. 후에 그 지역의 유력자들은 성황신으로 배향되어 지역민의 토착신앙으로 정착되었다.

그런데『고려사』嘉禮의「王太子稱名立府儀」에 의하면, "왕이 몸소 경령전에 나아가 享告하기를 儀式과 같이 하고, 太廟 및 別廟, 神祠에는 使臣을 보내어 奏告한다"[5]고 하였다. 神祠에 대해서도 국가 의식의 사실을 奏告하고 있는 것으로 보아 토착신앙에 대한 위상을 짐작케 한다. 그리고 이것은 토착신앙이 고려사회에 널리 성행하고 있음을 말해준다.

이처럼 고려의 길례는 사상의 융화와 다양성을 가지고 있다. 즉 초례청사의 내용에는『서경』홍범의 五事나 五福 사상을 원용하고 있는데, 이것은 유교와 도교가 서로 융화되고 있음을 볼 수 있다. 청사를 지은 김부식, 최유청, 김극기, 이규보, 민사평, 이곡, 정포 등은 모두 과거 합격자들로서 유학을 기본으로 하고 대부분 불교에도 심취하고 있었던 성향을 보이고 있다. 이들은 문한관으로서 청사를 남긴 것이지만, 민사평의 청사를 제외하고 모두『동문선』에 실린 것을 보면 뛰어난 문장임이 분명하다. 아마도 이들이 가진 도교 지식은 상당한 수준이었을 것이다. 그리고 그들이 도교에 대해 상당한 지식을 가진 것은 도교가 고려사회에 성행하고 있었기 때문이며, 유학자인 그들로서

---

5)『高麗史』卷66 지 20 예 嘉禮「王太子稱名立府儀」, "奏告 其日五頃後 王
  躬詣景靈殿 享告如儀 太廟及別廟神祠 遣使奏告 大觀殿陳設 臨軒遣使 竝
  如封册儀"

도 큰 반감이 없었던 것으로 이해된다. 결국 고려사회는 신앙적인 면에서 三敎가 會通적인 경향, 혹은 복합성을 보이고 있다고 생각한다.

한편, 조선의 사전은 고려시기와는 달리 중국의 유교 예제와 제후례를 충실하게 따르고 있었다. 원구·방택이 대사에서 제거되고, 문선왕과 역대시조에 대한 제사가 중사로 등재된 것은 조선의 예제가 유교를 기반으로 하여 중국식 예제를 철저히 따르고 있음을 말해준다. 이와 함께 고려시대에 성행한 초례나 川上祭 등이 길례에서 완전히 사라지고 있다. 조선시대에 들어서 제사 체제나 내용에서 철저하게 유교식 예제가 준용되고 있음을 알 수 있으며, 이것은 유교 사상의 심화와 밀접한 관련이 있다.

조선의 길례는『세종실록』「오례」로 정리되었다. 여기에는 길례를 대·중·소사의 체제로 나누고, 잡사를 두지 않았다. 그리고『고려사』예지 잡사조에 있었던 제사 중 일부를 중·소사로 수용하고 있다. 이것은 국가제사가 조선 나름의 제도로 성립되어 갔음을 말해준다. 그리고 원구제를 폐지하고, 종묘의례를 유교이념에 따라 시행하였다. 이것은 조선초의 예제가 유교사상을 기반으로 정비되어 갔음을 의미한다.

『국조오례의』의 길례는 고려와『세종실록』「오례」길례와 비교하여 많은 차이가 있었다.『고려사』잡사조에 실린 노인성 제사가 소사로 편제되고, 의식에서 도교의 요소가 제거된 것은 유교이념을 기반으로 의례가 정비하였음을 의미한다. 그리고, 고려시대에는 거행되지 않고 있었던 국가제사가 사전에 편입되고 있다. 酺祭, 厲祭 등은 조선시대에 들어 새로이 사전에 등재된 제사들이다. 이것은 종래 불교와 도교가 수행하던 제사의 기원과 역할을 국가제사로 수용한 결과였다.

『국조오례의』의 길례는 조선초의 국가제사를 종합하고 체계화한 것이다.『국조오례의』는『세종실록』「오례」와는 달리 대·중·소사 이외에 祈告·俗祭·州縣에 대한 제사가 편제되어 있다. 기고·속제는 대·중·소사의 국가제사와 관련이 있으며, 주현 제사는 중앙의 국가제사와 비교된다. 즉 기고는 대·중·소사의 일부로 제사 목적에 따라 거행된 것이며, 속제는 왕실 조상 제사의 일부로 俗禮에 따라 행해진 의례였다. 그리고 주현 제사는 중앙집권체제에 따라 지방 나름의 제의로 설정된 것이다. 이렇게 하여『국조오례의』는 길례를 대·중·소사 체제로 편성하고, 이와 비교되는 제사를 기고·속제·주현 등으로 편제하여 길례를 종합하였다. 그런데 기고·속제·주현 제사는 소사에 준해서 거행된 것으로 생각된다. 결국『국조오례의』는 길례를 대·중·소사 체제로 편성하고 있는 것이다.

이처럼 조선시대에는 대사, 중사, 소사 체제를 기본으로 하고 있었다.『세종실록』길례와『국조오례의』에는 제사 대상에 따라 天神에 지내는 것을 祀, 地祇에 지내는 것을 祭, 人鬼에 지내는 것을 享, 文宣王에게 지내는 것을 釋奠이라 하여, 이러한 구분에 따라 각각 의례를 정하였다.『세종실록』길례에는 모든 국가제사를 대·중·소사로 구분하였다. 그리고『국조오례의』에서는 대사, 중사, 소사, 기고, 속제, 주현 등으로 辨祀하고 있다. 대·중·소사 이외의 변사를 둔 것은 고려의 사전 체제와 같다. 그러나 고려의 '잡사'가 대·중·소사와 같은 위상을 가진 국가제사인데 비해,『국조오례의』의 기고, 속제, 주현은 소사에 준하는 예로 행해졌다. 결국『국조오례의』길례는 대·중·소사 체제를 유지하고 있다.

요컨대『고려사』예지 길례,『세종실록』「오례」길례,『국조오례의』길례는 각 시기의 사상성을 띠고 있다. 그리하여 한국중세의 길례는 사상의 다양성을 가진 고려의 사전 단계에서 벗어나 점차 유교이념을 중심으로 하여『세종실록』「오례」길례,『국조오례의』길례로 정비되어 갔다. 즉 고려의 길례는 대·중·소사 체제와 '잡사(미분등제)' 체제로 운용했으나 조선의 길례는 '잡사(미분등제)'를 제거하고 대·중·소사 체제로만 편제했다. 고려의 길례는 유교례와 더불어 도교의례, 토착의례를 포괄하여 구성하였으나 조선 길례는 그 체제나 내용에서 유교례를 채택하였던 것이다.

결 론

五禮 중 가장 중요하게 여겨진 것은 국가제사인 吉禮였다. 길례는 제사 대상을 天神, 地祇, 人鬼 등으로 나누고, 이에 대한 제의를 각각 祀, 祭, 享이라 하여 이에 따라 의례의 절차를 정했다. 그리고 길례는 그 중요도에 따라 大祀・中祀・小祀로 구분하였다.

국가에서 인정한 길례는 祀典에 기록되는데, 이는 후대에 祭祀志나 禮志의 길례로 정리되어 그 실상을 알려준다. 한국고대의 길례는『三國史記』雜志 祭祀條에 나타나 있으며, 고려의 길례는『詳定古今禮』,『高麗史』禮志 吉禮를 통해 알 수 있다. 그리고 조선의 길례는『世宗實錄』五禮와『國朝五禮儀』에 상세히 기록되어 있다. 여기에는 각 왕조가 가진 길례의 특징이 잘 나타나 있다.

『고려사』예지 길례를 보면 대사・중사・소사 이외에 雜祀라는 항목이 있다. 대・중・소사와 달리 제사 의례는 실려 있지 않고, 단지 그 거행 사실만이 연대 순서로 기록되어 있다. 이러한『고려사』예지의 辨祀와 기록 방식은 잡사를 어떻게 구분한 것인지 불분명하게 한다. 대사・중사・소사・잡사로 구분되었는지 아니면 잡사가 소사에 편입되어 대사・중사・소사〈잡사〉로 나누어지는지 확실하지 않다.

'잡사'는『삼국사기』제사지,『세종실록』의「오례」나『국조오례의』에는 없는 항목이다. 따라서 '잡사'는 고려 길례의 특징이라 할 수 있다. 그리고 고려의 '잡사' 중의 몇몇 제사는 조선시대에 들어 길례로 편입되었다. 따라서 '잡사'는 한국중세의 길례를 이해하고자 할 때 가장 주목해야 할 것이다. 이에 본 연구는 고려시대부터 조선전기까지

한국중세의 길례가 어떠했는지, 체제와 내용, 그리고 잡사에 대해 해명해보았다. 이를 요약, 정리하면 다음과 같다.

『고려사』예지 서문에 의하면 고려 예제는 태조대에는 논의되지 못하다가 성종대에 이르러 유교식 예제로 성립되었고, 예종이 예의상정소를 통해 예제를 정비하였으며, 의종대에야 祀典인『상정고금례』가 완성되었다고 하였다. 과연『고려사』편찬자의 표현대로 태조대에는 예제를 정비할 겨를이 없었던 것일까.

『고려사』嘉禮 雜儀에는 연등회와 팔관회에 대한 의례가 수록되어 있다. 연등회와 팔관회는 태조 때부터 정기적으로 거행되고 있었다. 태조의 「훈요십조」에 의하면 "연등은 부처를 섬기는 것이요, 팔관은 天靈과 五嶽·名山大川·龍神 등을 섬기는 것"이라 하였다. 이런 의미로 볼 때 태조대의 연등회는 불교행사였으며, 팔관회는 불교를 비롯한 천신·산천신·용신 등의 토착신앙을 포함한 다신적인 성격을 가진 의례로 생각된다.

그리고, 태조 왕건은 도교제례인 醮禮를 거행하였다. 초례 거행은 태조 7년, 道觀인 九曜堂의 건립과 관련되어 있다. 구요당에 대해 불교 사원이라는 주장이 있지만, 道觀임이 분명하다.『고려사』와『고려사절요』에 의하면 구요당에서는 초례만이 거행되고 있기 때문이다. 그리하여 최승로는 "星宿之醮"가 거행됨을 언급하였고,『고려사』예지 길례 잡사조에, "國家故事 往往遍祭天地及境內山川于闕庭 謂之醮"라고 하여 초례가 '국가고사'임을 밝히고 있다.

태조는 불교와 산천신앙을 중시하였고, 도교에도 관심을 가지고 있었다. 이에 따라 태조는 연등회, 팔관회, 초례 등의 다양한 제례를 거행했다. 이는 고려 건국 때부터 국가제례가 갖추어져 갔음을 의미한다.

한편, 성종 원년에 최승로가 불교 행사와 "山嶽之祭", "星宿之醮", "別例祈祭" 등을 비판하고, "我朝宗廟社稷之祀 尙多未加法者"이라고 지적하였다. 이러한 사실에서 알 수 있듯이 성종대의 국가의례는 유교 사상을 기반으로 재편되었다. 성종대에 시행한 길례는 원구, 적전, 종묘, 사직, 석전제 등이었다. 그런데 성종은『예기』에 깊은 이해를 가지고 있었고, 최승로·이양 등도『예기』나『주례』를 근거로 하여 의례 정비를 건의하였다. 그리하여 성종대의 예제는『예기』·『주례』를 바탕으로 유교의 예 사상을 수용하면서 정비되었다. 즉 성종대는 고려의 길례가 유교 예로 정비되는 획기적인 시기였던 것이다.

유교식 예제의 시행은 곧 불교 행사를 비롯한 전통 의례의 축소 혹은 폐지를 의미했다. 이는 반발을 불러와 성종대에 폐지된 의례는 현종대에 이르러 복구되었다. 이렇듯 전통과 유교 의례 사이의 갈등은 고려식의 예제가 완비되는 과정이었다. 예종대의 예의상정소는 고려 전통의 예제와 송의 예제 등의 유교례를 절충하여 고려 예제를 확정 짓는 역할을 하고 있었다. 예의상정소에서 정비된 예제는 의종대에 이르러『상정고금례』의 완성으로 이어졌다.

『상정고금례』는 고려 당대의 祀典으로 고려 예제를 파악하는 일차 자료이다. 이 사전은『고려사』예지의 편찬과 조선초기 예제의 정비 과정에서 참고한 중요한 자료였다. 그런데『상정고금례』의 편찬 시기 는 인종대와 의종대로 나타나고 있다. 이에 연구자들도 그 의견이 갈 라져 있다. 그러나『상정고금례』는 의종 15년(1161)에 편찬된 것이 확 실하다. 이는『고려사』명종 18년의 史論, 그리고『동사강목』에서 확 인된다.

『상정고금례』는 현재 남아 있지 않지만, 그 일부 내용은『고려사』 예지와 조선왕조실록에서 수록되어 있다.『상정고금례』에는 원구제, 태묘 의례와 같은 유교의례, 연등회와 팔관회 등의 불교의례, 그리고 太一과 같은 도교의례가 함께 수록되어 있었다. 즉 고려는 유교의례, 불교행사, 도교의례를 국가의례로 거행하고 있었다. 이것은 고려의 예 사상이 유교, 불교, 도교를 기반으로 하였음을 말해준다. 이것은 고려가 불교를 기반으로 한 사회로서, 예제 운용에 있어 유교와 도교 사상을 수용하였음을 보여준다.

그런데 『상정고금례』는 『고려사』 예지 길례와 비교해 몇 가지 점에서 차이가 발견된다. 우선 『상정고금례』에는 도교의례가 포함되어 있었다. 도교의례인 초례는 『고려사』 예지 雜祀條에 거행 사실만이 기록되어 있다. 그리고 길례의 辨祀에 차이가 있다. 『고려사』 예지 길례의 辨祀는 대사, 중사, 소사, 잡사로 되어 있는데 비해 『상정고금례』에는 '잡사'라는 항목이 없었다. '잡사'조의 제사들을 『상정고금례』는 '未分等第'라고 하였다.

『詳定古今禮』에서 '未分等第된 제사'는 조선 세종 때까지만 하더라도 '잡사'로 지칭되지 않았다. 『고려사』 예지의 편찬 단계에 와서야 고려의 길례를 辨祀하면서 이를 대·중·소사로 나누고, 『상정고금례』에서 '미분등제된 국가제사'를 '잡사'라고 하여 『고려사』 예지에 기록하였다. 고려시대에 '미분등제' 되어 있었던 '잡사'도 길례였다.

고려시대의 '잡사'에서 가장 큰 영향을 끼친 제사는 초례, 산천제, 성황제 등이었다. 고려시대의 도교는 천지, 성수, 산천에 대한 복합신앙이었다. 특히 초례는 제천의례로서 매우 중요한 의미가 있었다. 국왕은 초례의 주관자로서, 천명을 받은 통치자임을 강조하여 그 권위를 강화시킬 수 있었다. 그 결과 유교의 천명사상과 함께, 도교의 제천은 국왕의 통치권을 강화시키는 역할을 하고 있었던 것으로 생각된다.

초례는 매우 빈번히 거행되었는데, 정기적인 초례는 국왕의 생신을 맞이하여 국왕의 장수와 안녕 등을 기원하거나 三元節에 행해졌다. 부정기적인 초례는 장수의 기원, 천재지변의 제거, 풍우 순조 등을 위해 거행되었다.

초례는 『고려사』에서 '잡사'로 지칭되었으나 대사에 준하는 국가제사였다. 즉 초례는 천지제사를 포함하고 있어 원구·방택과 동일한 성격을 가진 점, 주로 국왕이 직접 행했던 사실, 그리고 제관의 지위가 대사인 원구·사직·태묘와 같았던 점 등으로 볼 때 대사에 준하는 위상을 가진 국가제사였다.

한편, 산천제도 중요한 국가제사 중의 하나였다. 그런데 산천제는 대·중·소사로 편제되지 않았다. 신라와 조선, 그리고 중국의 경우 악진해독, 명산대천을 대·중·소사로 등재한데 반해 고려의 산천제는『고려사』예지 길례에 이른바 '雜祀'로 분류되어 있다. 고려의 산천제가 '未分等第' 또는 '잡사'라고 할지라도 중요한 국가제사였다.

고려는 명산대천의 제사를 위해 중앙관직을 가진 제고사를 파견하였다. 이들의 관품은 小祀를 담당한 三獻官과 비슷하였으며, 3일 동안 재계하고 제사를 거행하였다. 이렇게 볼 때 제고사에 의해 거행된 지방의 산천제는 小祀의 예에 따른 것으로 생각된다. 한편, 개경의 崧山廟는 희생으로 대뢰를 사용한 점, 서경 목멱묘의 제사는 정2품관이 제관을 맡은 점 등으로 보아 大祀의 예로 거행된 것으로 보인다. '잡사' 조에 실린 산천제는 대사 혹은 소사의 예로 거행된 국가제사였던 것이다.

산천제와 함께 성황제도 지역의 중요한 의례였다. 성황신은 중국에서 지역의 수호신으로 기능하고 있었는데, 신라말 혹은 고려초에 성황신앙이 수용되었다. 성황신사는 문종 9년을 기점으로 점차 사전에 등록되기 시작하였다. 사전에 실릴 수 있었던 성황신은 국가로부터 영험성이나 공로가 인정되었다는 것을 의미한다. 그리고 이것은 성황신에 대한 봉작으로 이어졌다. 그리하여 성황제는 산천제와 함께 지역공동체의 중요한 제사가 되었다.

사전에 실린 성황제는 해당 지역의 지방관이 주관하였다. 성황제는 정기적으로 봄·가을에 거행했는데, 국가제사로 행해진 성황제는 중사나 소사의 예로 거행되었다. 그리고 국가 성황제를 위해 城隍位田이 책정되어 있었다. 성황위전의 확보는 국가제사로 거행된 성황제에 대한 국가의 관심을 보여준다.

이렇듯 고려의 예제는 유교의례와 전통제례가 함께 공존하였다. 즉 유교의례는 대·중·소사로, 전통제례는 辨祀하지 않고 미분등제(잡사)로 두었다. 그러나 유교의 예 관념에 의하면 미분등제의 '잡사'는

淫祀일 뿐이었다. 그리하여 성리학이 심화되면서 불교의 비판과 함께 '음사' 문제가 본격적으로 제기되기 시작하였다. 결국 이들 의례는 조선시대에 들어 祀典이 정비되면서 삭제 또는 유교의례로 대체되어 갔다.

조선의 건국세력들은 고려의 제도를 개혁하고 조선 나름대로 국가 체제를 정비해 나갔다. 그리하여 조선의 예제는 유교를 바탕으로 하여 구성되었다. 조선의 길례는 『조선경국전』禮典, 『세종실록』「오례」, 『국조오례의』 등으로 정리되었다. 이러한 조선의 祀典은 고려 길례를 비판, 수정하여 형성된 것이다.

『조선경국전』「예전」에는 宗廟, 社稷, 籍田, 文廟, 諸神祀廟 등의 제사를 언급하였고, 「工典」에는 城隍·岳瀆 제사에 대해 말하고 있다. 이들 제사가 조선 태조대에 사전을 정비하면서 가장 중요하게 취급된 국가제사였던 것으로 생각된다. 그러나 이것 외에 많은 제사들이 누락되어 있어 사전이 완전히 체계화된 것이라고는 할 수 없다. 그렇지만 『예기』의 예 사상을 근거로 국가제사의 기본틀을 제시하고 있다. 유교이념을 중심으로 사전을 개편해야 된다는 점을 분명히 밝히고 있는 것이다. 이렇게 하여 정리된 사전이 『세종실록』「오례」 길례였다.

『세종실록』「오례」 길례는 대사·중사·소사로만 변사하고 있다. 그리하여 『상정고금례』의 '미분등제', 혹은 『고려사』 길례의 '잡사'조의 제사는 중사·소사 내로 편입되었다. 즉 악·해·독을 중사에, 명산대천을 소사에 등재하였다. 그리고 중사에 풍운뇌우를 등재하였으며 이에 산천·성황을 附祀하였다. 이것은 『洪武禮制』를 적용했기 때문이다. 이렇게 길례를 대사·중사·소사로만 변사하려는 것은 조선의 예제가 중국의 예제와 유교례에 접근하려는 방향으로 정비되고 있음을 말해준다.

그런데 『세종실록』「오례」는 여러 가지 사항에서 문제가 제기되었다. 이렇게 하여 성종대에 새롭게 정비되는데, 이것이 바로 『국조오례의』였다. 『국조오례의』는 길례를 대·중·소사로 변사하고, 이외에

祈告・俗祭・州縣의 항목을 두었다. 이것은『세종실록』과 다른 체제이지만, 大・中・小祀 이외의 변사 항목을 둔 점은 신라・고려시대와 같다.

祈告・俗祭・州縣은『국조오례의』길례 체제의 특징을 보여준다. 기고는 비정기적으로 거행하는 제사이며, 속제는 原廟, 眞殿, 山陵 등에서 거행된 왕실 조상 제사였다. 州縣의 제사는 所在官이 주재하는 의례였다. 그러면 대・중・소사와 비교하여 기고・속제・주현 의례의 위상은 어떠하였을까. 기고와 속제는 산재 2일・치재 1일로 정해졌다. 그리고 헌관은 대・중・소사가 최하 3품관이 참여하는데 비해 주현 의례의 경우 수령이 맡았다. 이렇게 볼 때 대체로 기고・속제・주현 의례는 소사에 준하여 거행된 것으로 생각된다. 결국『국조오례의』길례는 대・중・소사 체제를 유지하고 있는 것이다.

한편, 도교의례는 조선시대에 들어서도 여전히 국가의례로 거행되었다. 조선은 제후국을 자처하면서도 의례에 있어서는 원구제의 설치와 폐지를 반복하고 제천의례인 초례를 지냈다. 이것은 고려시대의 전통을 아직 떨쳐내지 못했음을 뜻한다.

초례는 재계 3일에, 헌관의 품계가 대체로 3품 이상이 맡고 있었음을 볼 때 小祀의 예로 거행되었음을 알 수 있다. 그런데 초례는『세종실록』「오례」나『국조오례의』와 같은 조선의 祀典에는 기록되어 있지 않다. 그 이유는『국조오례의』를 통해 짐작해 볼 수 있을 것 같다.『국조오례의』에는 '禳'・'謝'를 '雜祀'로 호칭하며, 그 의례를 생략하고 있다. 즉 '禳'이나 '謝' 같은 '잡사'도 자체의 常例가 있었으나 기재하지 않는다라고 밝히고 있다. 이것은 유교 중심의 祀典 체제에 맞지 않기 때문에 사전에서 제외하였음을 뜻한다. 초례는『고려사』예지 잡사조에 기재되어 있다. 따라서『국조오례의』의 편찬자들은 초례를 '잡사'로 인식하여『고려사』의 경우처럼 의례 내용을 생략했던 것이다.

산천제와 성황제는『세종실록』길례와『국조오례의』에서 중사나 소사로 등재되었다. 그러나 이전 시기와 다른 변화가 일어났다. 즉 산천, 풍운뇌우, 성황이 함께 제사되었다. 이것은 『홍무예제』 州縣儀의 내용이었다. 이러한 제사 방식은 고려의 전통을 무시한 것이었으며, 명의 예제를 수용한 결과였다. 이러한 변화와 함께 산천신에 대한 봉작이 폐지되어 갔다. 무등산·금성산·계룡산·감악·삼각산·백악산 등의 명산은 국가제사로 행해지다가 세종대에 봉작이 삭제되고 사전에서 제외되었다.

조선의 성황신은 『홍무예제』 州縣儀에 따라 산천신과 합사되었다. 그리고 봉작이 삭제되고 단지 '某府·州·縣城隍之神'으로 호칭되었다. 성황제는 소사에 등재되었다. 태종 14년에 사전을 정할 때에 전주성황·영흥성황·함흥성황은 소사였다. 이후 진주성황 대신 함흥성황이 소사로 등재되었다. 나중에 함흥성황은 국가제사에서 제거되고 소재관에 의해 제사가 거행되었다. 그리하여 『세종실록』「오례」에는 전주성황과 영흥성황만이 소사에 올라 있다. 그러나 『국조오례의』에는 이 마저 삭제되고 말았다. 이것은 국가제사로서 성황신이 그 기능을 상실하였음을 말해준다.

『국조오례의』에서 삭제된 성황신은 厲祭에 대한 發告祭로 제사되었다. 산천신과 合祀되어 그 위상이 격하된 성황신은 이제 여제에 부속됨으로써 더욱 그 위상이 낮아져갔다. 그렇지만 『신증동국여지승람』에 의하면 모든 지방 군현에는 사직단, 문묘와 함께 성황사, 厲壇이 있었다. 이것으로 보아 조선중기 이후 군현의 성황신은 지역공동체의 제사로서 기능하였다.

조선의 성황제가 어떻게 변화해 갔는지는 순창의 성황당이 잘 보여준다. 순창의 성황신은 고려시대에 국가제사로 거행되었으나 조선시대에 들어서 군현의 소재관 제사로 그 위상이 격하되었다. 그리고 중기 이후 지방 향리를 중심으로 제사되어 지역의 공동체 의례, 즉 洞祭로 변화해갔다.

이상에서 살펴본 바와 같이 한국중세의 길례는 사상의 다양성을 가진 고려의 祀典에서 벗어나 점차 유교이념을 중심으로 하여 『세종실

록』「오례」길례,『국조오례의』길례로 정비되어 갔다. 즉 고려의 길
례는 대·중·소사 체제와 '미분등제(잡사)' 체제로 운용했으나 조선
의 길례는 '미분등제'를 제거하고 대·중·소사 체제로만 편제했다.
고려의 길례는 유교례와 더불어 도교의례, 토착의례를 포괄하여 구
성하였으나 조선의 길례는 그 체제나 내용에서 유교례를 채택했던
것이다.

참고문헌

1. 資 料

『三國史記』   『三國遺事』   『高麗史』   『高麗史節要』

『高麗圖經』   『東國李相國集』 『拙藁千百』   『東人之文四六』

『稼亭集』   『牧隱集』   『牧隱詩藁』   『益齋集』

『三峰集』   『陽村集』   『太祖實錄』   『太宗實錄』

『世宗實錄』   『世祖實錄』   『成宗實錄』   『龍飛御天歌』

『慵齋叢話』   『國朝五禮儀』   『經國大典』   『經國大典註解』

『新增東國輿地勝覽』『東文選』   『星湖僿說』   『五洲衍文長箋散稿』

『高麗墓誌銘集成』 『朝鮮金石總覽』 『韓國金石全文』『高麗名賢集』

『禮記』   『周禮』   『春秋左氏傳』 『史記』

『隋書』   『舊唐書』   『新唐書』   『宋史』

『元史』   『通典』   『雲笈七籤』   『文獻通考』

2. 著 書

김기덕, 『高麗時代 封爵制 硏究』, 청년사, 1998.

김창현, 『고려 개경의 구조와 그 이념』, 신서원, 2002.

金忠烈, 『高麗儒學史』, 고려대출판부, 1984.

金泰坤, 『韓國民間信仰硏究』, 집문당, 1983.

金海榮, 『朝鮮初期 祭祀典禮 硏究』, 집문당, 2003.

나희라, 『신라의 국가제사』, 지식산업사, 2003.

朴龍雲, 『高麗時代史』(上·下), 일지사, 1985·1987.

_____, 『고려시대 開京 연구』, 일지사, 1996.

邊東明, 『高麗後期 性理學受容硏究』, 일조각, 1995.

辛鍾遠, 『新羅初期佛敎史硏究』, 민족사, 1992.

안지원, 『고려의 국가불교의례와 문화』, 서울대출판부, 2005.

柳東植, 『韓國巫敎의 歷史와 構造』, 연세대출판부, 1975.

李能和, 李鍾殷 譯, 『朝鮮道敎史』, 보성문화사, 1977.

李範稷,『韓國中世禮思想硏究』, 一潮閣, 1991.

李丙燾,『高麗時代의 硏究』, 아세아문화사, 1980.

李恩奉,『韓國古代宗敎思想』, 集文堂, 1984.

李貞信,『高麗 武臣政權期 農民・賤民抗爭硏究』, 고려대 민족문화연구소, 1991.

李熙德,『高麗儒敎政治思想의 硏究』, 一潮閣, 1984.

張東翼,『高麗後期外交史硏究』, 一潮閣, 1994.

池斗煥,『朝鮮前期 儀禮硏究』, 서울대출판부, 1994.

車柱環,『韓國道敎思想硏究』, 서울대출판부, 1978.

蔡尙植,『高麗後期佛敎史硏究』, 一潮閣, 1991.

崔光植,『고대한국의 국가와 제사』, 한길사, 1995.

최종성,『조선조 무속 國行儀禮 연구』, 일지사, 2002.

한국종교사연구회 편,『성황당과 성황제』, 민속원, 1998.

韓永愚,『朝鮮前期社會思想硏究』, 지식산업사, 1983.

韓亨周,『朝鮮初期 國家祭禮 硏究』, 一潮閣, 2002.

許興植,『高麗佛敎史硏究』, 一潮閣, 1986.

卿希泰,『中國道敎史』(1・2・3), 四川人民出版社, 1988・1992・1993.

福永光司,『道敎思想史硏究』, 岩波書店, 1987.

小林正美,『中國의 道敎』, 創文社, 1998.

窪德忠, 최준식 譯,『道敎史』, 분도출판사, 1990.

任繼愈,『中國道敎史』, 上海人民出版社, 1990.

酒井忠夫 外, 崔俊植 譯,『도교란 무엇인가』, 民族社, 1990.

宗力劉群,『中國民間諸神』, 河北人民出版社, 1986.

3, 論 文

姜英卿,「韓國 傳統信仰의 政治・社會的 機能 硏究」, 숙명여대 박사학위논문, 1991.

_____,「新羅 山川信仰의 機能과 意義」『淑大史論』16・17, 1992.

강은경,「고려시대 祀典의 制定과 運用」『한국사연구』126, 2004.

高英津,「15, 16世紀 朱子家禮의 施行과 그 意義」『韓國史論』21, 1989.

金甲童,「高麗時代의 城隍信仰과 地方統治」『韓國史硏究』74, 1991.

_____,「高麗時代의 山嶽信仰」『韓基斗華甲紀念 韓國宗敎思想의 再照明』(上),

1993.

金甲童, 「고려시대 순창의 지방세력과 성황신앙」『韓國史研究』97, 1997.

_____, 「高麗時代 淳昌의 城隍信仰과 그 意味」『성황당과 성황제』, 민속원, 1998.

김기덕, 「고려시대 城隍神에 대한 封爵과 淳昌의 城隍大神事跡 현판의 분석」『성황당과 성황제』, 민속원, 1998.

金塘澤, 「詳定古今禮文의 편찬시기와 그 의도」『湖南文化研究』21.

金杜珍, 「新羅의 宗廟와 名山大川의 祭祀」『韓國古代의 建國神話와 祭儀』, 일조각, 1999.

金映遂, 「智異山 聖母祠에 就하야」『민속의 연구』Ⅰ, 정음사, 1985.

金應煥, 「李仁老 文學에 나타난 道教思想」『道教와 韓國文化』, 아세아문화사, 1988.

金勝惠, 「『東文選』醮禮青詞에 대한 宗教學的 考察」『道教와 韓國思想』, 汎洋社出版部, 1989.

金昌賢, 「고려시대 개경 궁성 안 건물의 배치와 의미」『韓國史研究』117, 2002.

金澈雄, 「高麗中期 道教의 盛行과 그 性格」『史學志』28, 1995.

_____, 「雪谷 鄭誧의 생애와 道教觀」『韓國史學報』1, 1996.

_____, 「李奎報의 道教觀」『韓國思想史學』13, 1999.

_____, 「고려시대의 山川祭」『한국중세사연구』11, 2001.

_____, 「고려 國家祭祀의 體制와 그 특징」『韓國史研究』118, 2002.

_____, 「조선초의 道教와 醮禮」『韓國思想史學』19, 2002.

_____, 「『詳定古今禮』의 편찬 시기와 내용」『東洋學』33, 2003.

_____, 「조선초기 祀典의 체계화 과정」『文化史學』20, 2003.

金泰永, 「朝鮮初期 祀典의 成立에 대하여」『歷史學報』58, 1973.

金海榮, 「조선초기 國家 祭禮儀의 정비와 洪武禮制」『清溪史學』9, 1992.

_____, 「朝鮮初期 祀典에 관한 研究」, 한국정신문화연구원 박사학위논문, 1993.

_____, 「詳定古今禮와 高麗朝의 祀典」『國史館論叢』55, 1994.

_____, 「朝鮮初期 祀典의 改編 推移와 整備 過程」『朝鮮時代의 社會와 思想』, 1998.

_____, 「朝鮮初期 文廟 享祀制에 대하여」『朝鮮時代史學報』15, 2000.

金炯佑, 「高麗時代 國家的 佛教行事에 대한 研究」, 동국대 박사학위논문, 1992.

_____, 「高麗時代 燃燈會 研究」『國史館論叢』55, 1994.

羅喜羅, 「新羅의 國家 및 王室 祖上祭祀 研究」, 서울대 박사학위논문, 1999.

南豊鉉, 「淳昌城隍堂 懸板에 대하여」『古文書研究』7, 1995.

_____, 「淳昌 城隍堂 현판의 판독과 해석」『성황당과 성황제』, 민속원, 1998.

盧明鎬, 「李資謙一派와 韓安仁一派의 族黨勢力」『韓國史論』17, 1987.

_____, 「高麗時代의 多元的 天下觀과 海東天子」『韓國史研究』105, 1999.

朴慶華, 「高麗時代의 道敎와 民間信仰」『哲學思想의 諸問題』4, 한국정신문화연구
　　　원, 1986.

朴龍雲, 「高麗時代 海州崔氏와 坡平尹氏 家門 分析」『白山學報』23, 1977.

朴贊洙, 「文廟享祀制의 成立과 變遷」『鄭在覺古稀紀念 東洋學論叢』, 1984.

朴昊遠, 「高麗 巫俗信仰의 展開와 그 內容」『민속학연구』1, 1994.

_____, 「高麗의 山神信仰」『민속학연구』2, 1995.

_____, 「중국 성황의 사적(史的) 전개와 신앙 성격」『민속학연구』3, 1996.

_____, 「韓國 共同體信仰의 歷史的 研究」, 한국정신문화연구원 박사학위논문,
　　　1997.

徐慶田・梁銀容, 「高麗道敎思想의 研究」『圓光大學校論文集』19, 1985.

徐永大, 「민속종교」『한국사』16, 국사편찬위원회, 1994.

_____, 「풍수・도참사상 및 민속종교」『한국사』21, 국사편찬위원회, 1996.

_____, 「韓國・中國의 城隍信仰史와 淳昌의 〈城隍大神事跡〉」『성황당과 성황제』,
　　　민속원, 1998.

辛鍾遠, 「三國史記 祭祀志 研究」『史學研究』, 1984.

_____, 「新羅 祀典의 成立과 意義」『新羅初期佛敎史研究』, 民族社, 1992.

孫晉泰, 「朝鮮의 累石壇과 蒙古의 鄂博에 就하여」『朝鮮民族文化의 研究』, 을유문
　　　화사, 1948.

安智源, 「高麗時代 國家 佛敎儀禮 研究」, 서울대 박사학위논문, 1999.

梁銀容, 「高麗道敎の 淨事色について」『大學院研究紀要』9, 京都佛敎大, 1981.

_____, 「高麗道敎의 淨事色考」, 『韓國宗敎』7, 1982.

_____, 「高麗時代의 道敎와 佛敎」『道敎와 韓國思想』, 汎洋社出版部, 1987.

_____, 「福源宮 建立의 歷史的 意義」『道敎와 韓國文化』, 亞細亞文化社, 1988.

_____, 「도교사상」『한국사』16, 국사편찬위원회, 1994.

柳洪烈, 「朝鮮의 山土神崇拜에 대한 소고」『민속의 연구』1, 정음사, 1985.

李基白, 「新羅 五岳의 成立과 그 意義」『震檀學報』33, 1972 ; 『新羅政治社會史研
　　　究』, 一潮閣, 1974.

李範稷, 「高麗史 禮志 분석」『韓㳓劤停年紀念史學論叢』, 1981.

_____, 「高麗史 禮志 吉禮 검토」『金哲埈華甲紀念史學論叢』, 1983.

_____, 「高麗史 禮志 軍禮, 賓禮의 검토」『明知史論』창간호, 1983.

_____, 「朝鮮初期의 禮學」『歷史敎育』4, 1986.

李範稷, 「國朝五禮儀의 成立에 대한 一考察」『歷史學報』122, 1988.

_____, 「高麗時代의 經學」『國史館論叢』5, 1989.

_____, 「朝鮮前期의 五禮와 家禮」『韓國史研究』71, 1990.

李世賢, 「麗代의 雜祀와 그 信仰性에 대한 研究」『群山大論文集』7, 1984.

이영화, 「조선초기 불교의례의 성격」『淸溪史學』10, 1993.

李 煜, 「朝鮮前期의 山川祭」『宗敎學研究』17, 1998.

_____, 「조선 전기 유교국가의 성립과 국가제사의 변화」『韓國史研究』118, 2002.

李種殷, 「靑詞研究」『韓國學論集』7, 1985.

李種殷·梁銀容·金洛必, 「高麗中期 道敎의 綜合的 研究」『道敎思想의 韓國的 展開』, 亞細亞文化社, 1989.

李惠求, 「別祈恩考」『韓國音樂序說』, 서울대출판부, 1984.

李熙德, 「王道와 天災地變－『高麗史』權敬中傳의 檢討－」『韓國史研究』99·100, 1997.

趙芝薰, 「累石壇, 神樹, 堂집信仰 研究」『趙芝薰全集』7, 일지사, 1973.

趙興胤, 「巫敎思想史」『韓國宗敎思想史』Ⅳ, 연세대출판부, 1998.

_____, 「朝鮮前期의 民間信仰과 道敎的 性向」『韓國思想史大系』4, 한국정신문화연구원, 1991.

朱雄英, 「麗末鮮初의 社會構造와 儒敎의 社會的 機能」, 경북대 박사학위논문, 1993.

池斗煥, 「國朝五禮儀 編纂過程(1)」『釜山史學』9, 1985.

_____, 「朝鮮前期 文廟儀禮의 整備過程」『韓國史研究』75, 1991.

蔡美夏, 「三國史記 祭祀志 新羅條의 分析」『韓國古代史研究』13, 1998.

崔光植, 「韓國古代의 祭儀 研究」, 고려대 박사학위논문, 1990.

_____, 「新羅와 唐의 大祀·中祀·小祀 비교연구」『韓國史研究』95, 1996.

崔柄憲, 「高麗中期 李資玄의 禪과 居士佛敎의 性格」『金哲埈華甲紀念史學論叢』, 1983.

崔先惠, 「조선초기 태조·태종대 醮祭의 시행과 왕권강화」『韓國思想史學』17, 2001.

최종성, 「무속의 國行儀禮 연구」『宗敎研究』16, 1986.

韓㳓劤, 「朝鮮王朝初期에 있어서의 儒敎理念의 實踐과 信仰·宗敎」『韓國史論』3, 1976.

韓政洙, 「高麗時代 籍田儀禮의 도입과 운영」『歷史敎育』83, 2002.

許興植, 「佛敎와 融合된 王室의 祖上崇拜」『東方學志』45, 1983 : 『高麗佛敎史研

究』, 1986.

許興植, 「朝鮮初 山川壇廟의 制定과 位相」『단군학연구』 4. 2001.

_____, 「世宗時 山川壇廟의 分布와 祭儀의 變化」『淸溪史學』 16·17. 2002.

黃元九, 「高麗史 禮志의 編年的 一考察」『李弘稙回甲史學論叢』, 1969.

_____, 「朱子家禮의 形成科程」『人文科學』 45. 1981.

찾아보기

김 철 웅 金澈雄

단국대 사학과를 졸업하고 고려대 대학원에서『고려시대 雜祀 연구』로 박사학위를 받았다. 고려대·단국대·이화여대 강사를 거쳐 현재 단국대 동양학연구소에 재직 중이다.

주요논문 : 「이규보의 도교관」(『韓國思想史學』13, 1999), 「고려시대의 산천제」(『한국중세사연구』11, 2001), 「고려 국가제사의 체제와 그 특징」(『한국사연구』118, 2002), 「조선초기 祀典의 체계화 과정」(『文化史學』20, 2003), 「고려와 송의 해상교역로와 교역항」(『중국사연구』28, 2004), 「고려시대 태묘와 원묘의 운영」(『國史館論叢』106, 2005)

고려사학회 연구총서 ⑰

한국중세의 吉禮와 雜祀   정가 : 13,000원

2007년 1월 15일 초판인쇄
2007년 1월 25일 초판발행

저   자 : 김 철 웅
회   장 : 한 상 하
발 행 인 : 한 정 희
발 행 처 : 경인문화사
편   집 : 김 경 주
　　　　　서울특별시 마포구 마포동 324-3
　　　　　電話 : 718-4831~2. 팩스 : 703-9711
　　　　　www.kyunginp.co.kr / 한국학서적.kr
　　　　　E - mail : kyunginp@chol.com
　　　　　登錄番號 : 제10-18호(1973. 11. 8)

ISBN : 978-89-499-0457-3 93910